CAPTAIN

JORDAN HENDERSON

ジョーダン・ヘンダーソン自伝

ジョーダン・ヘンダーソン
岩崎晋也 訳

TOYOKAN BOOKS

2011年6月にリヴァプールに加入したとき、究極の野望として抱いたプレミアリーグ制覇の夢を、2020年に達成。この信じがたい旅を終えて、山頂へ到達した満足感に浸っている。この最高の夜に、新型コロナウイルス蔓延のためファンは不在だったが、コップスタンドでトロフィーを掲げたことは全員の心に刻みこまれた
©Laurence Griffiths, PA Images/Alamy Stock Photo

生後23か月、母と。1992年のFAカップ決勝、サンダーランド対リヴァプール戦の日。このふたつのクラブはのちに、僕にとってきわめて重要なクラブになる

いつも僕を支えてくれた父と

少年のころはサンダーランドの熱狂的なファンで、父（左）は亡くなったクリスおじさん（右）と従兄弟のスコットとともにクラブのレジェンド、ナイアル・クインと引き合わせてくれた。この撮影のあと、ナイアルと、彼と前線でコンビを組んでいたケヴィン・フィリップスとともにジムでヘッドテニスをした

チームは強豪で、1999年には多くのトロフィーを勝ち取った

フルウェル・ジュニアーズでのプレー。8歳

2008年3月、FAユースカップのマンチェスター・シティ戦で
©Christopher Lee/Getty Images Sport via Getty Images

子供時代の英雄のひとり、ロイ・キーンと。サンダーランドとプロ契約を交わした輝かしい一日

リヴァプールで躍進を遂げた年の、すばらしいひととき。2013年12月のトッテナム戦（5対0で勝利）で2点目を奪い、祝福する僕。ブレンダン・ロジャーズとはたくさんの時間をともに過ごし、成長させてもらった
©John Powell/Liverpool FC via Getty Images

決して忘れることのない日――2011年8月、古巣サンダーランドを相手に、アンフィールドでリヴァプールでのデビューを飾る。ステファン・セセニョンとボールを奪いあう。試合は1対1の引き分け
©Clive Brunskill/Getty Images Sport via Getty Images

2015年1月、リーグカップ準決勝チェルシー戦でジエゴ・コスタと睨みあう。このときを最後に、彼といざこざは起こしていない
©Paul Ellis/AFP via Getty Images

スティーヴン・ジェラードについて、僕に言えることなど何もない。子供のころはロールモデルで、リヴァプールではメンターであり、心の支えだった。偉大なるクラブで彼のあとを継いで主将を務めたことは、僕のキャリアで最大の名誉のひとつだ
©Peter Byrne, PA Images/Alamy Stock Photo

イングランドに生まれた子供すべての夢。2016年10月、リュブリャナで行われたワールドカップ予選スロベニア戦で、はじめてイングランド代表の主将を務めた
©Laurence Griffiths/Getty Images Sport via Getty Images

時間が止まった瞬間。2018年ロシア・ワールドカップの決勝トーナメント初戦、コロンビア戦のPK戦でダビド・オスピナにセーブされる。幸いチームは勝利を収め、準決勝まで勝ち進んだ
©Michael Regan/FIFA via Getty Images

家族は僕のすべて。2020年2月のこの日、わが家は3人目の子供、マイルズを迎えた

モハメド・サラーがPKで先制点を決める。2019年チャンピオンズリーグ決勝トッテナム戦　©Alex Caparros/UEFA via Getty Images

フィルジル・ファン・ダイクが後ろについていればどうにかなる。2018年4月のウェスト・ブロム戦
©John Powell/Liverpool FC via Getty Images

2019年6月、リヴァプールファンが「ヨーロッパ全土を制覇」したと歌うなか、マドリード、エスタディオ・メトロポリターノで優勝トロフィーを掲げる　©Soccrates Images/Getty Images Sport via Getty Images

ユルゲン・クロップを抱きしめる。監督への感謝の表現だ
©Jan Kruger/UEFA via Getty Images

チャンピオンズリーグ決勝を制したあと、父と涙に暮れる
©PHC Images, Alamy Stock Photo

トッテナム戦の勝利を永遠に刻みつける

試合後のパーティで親友のライアン・ロイヤルと。3歳のころから一緒で、兄弟のような存在だ

ユーロ2020で、PK戦を前にベンチに戻る
©Shaun Botterill/UEFA via Getty Images

人種差別をはじめとする差別との闘いに終わりはない
©Andrew Powell/Liverpool FC via Getty Images

2022年7月、バッキンガム宮殿でウィリアム皇太子から大英帝国勲章を授与される
©Dominic Lipinski, PA Images/Alamy Stock Photo

2020年6月、プレミアリーグのトロフィーを手に入れた晩に。左からアダム・ラララーナ、ジェームズ・ミルナー、僕、アンディ・ロバートソン
©Pool/Getty Images Sport via Getty Images

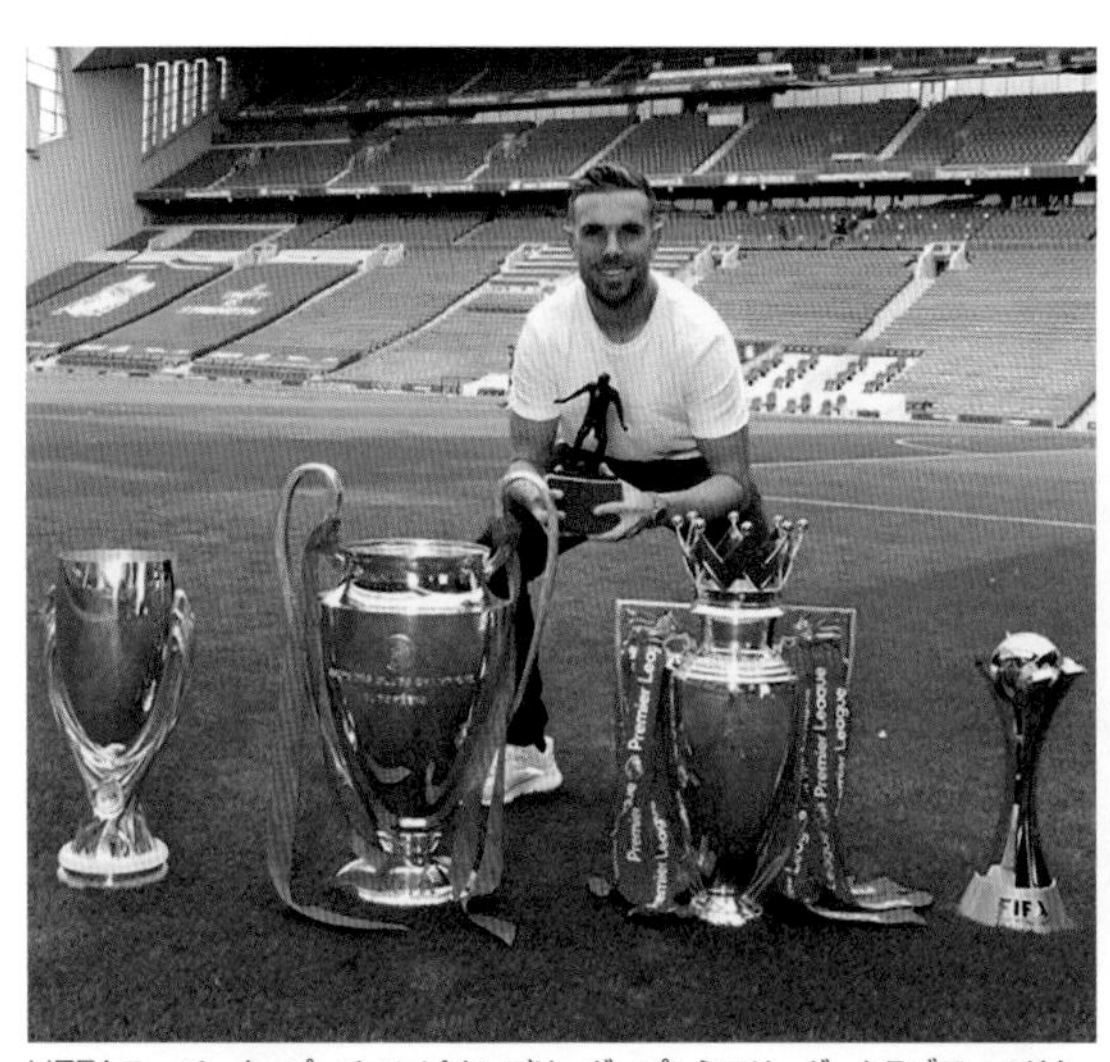

UEFAスーパーカップ、チャンピオンズリーグ、プレミアリーグ、クラブワールドカップのトロフィーとともにアンフィールドで

2022年2月のリーグカップ決勝の相手はチェルシーだった
©Andrew Powell/Liverpool FC via Getty Images

これまでにリヴァプール市内を2度パレードしたが、いずれも僕の人生の最高の日であり、忘れられない経験になった。この写真は2022年の驚異的なシーズンを終えた直後のもの。カルヴィン・ハリス（中央の白いシャツ）がパーティにふさわしい音楽を提供してくれた　©Andrew Powell/Liverpool FC via Getty Images

リヴァプールでも家庭でも、僕は勝者に囲まれている。レベッカ、エレクサ、アルバ、マイルズとともにいれば何もかもがうまくいく

家族、友人、監督、そしてチームメイトへ。

目次

ジョーダン・ヘンダーソン　個人成績

クラブチーム

年	チーム	プレミアリーグ 出場	プレミアリーグ 得点	FAカップ戦 出場	FAカップ戦 得点	UEFA杯/CL 出場	UEFA杯/CL 得点
2008-2009	サンダーランド	1	0	0	0	-	-
2009-2010		33	1	2	0	-	-
2010-2011		37	3	1	0	-	-
2011-2012	リヴァプール	37	2	5	0	-	-
2012-2013		30	5	2	0	10	1
2013-2014		35	4	3	0	-	-
2014-2015		37	6	7	0	6	1
2015-2016		17	2	0	0	6	0
2016-2017		24	1	0	0	-	-
2017-2018		27	1	1	0	12	0
2018-2019		32	1	0	0	11	0
2019-2020		30	4	0	0	7	0
2020-2021		21	1	1	0	6	0
2021-2022		35	2	5	0	12	1
2022-2023		35	0	2	0	4	0
	通算	431	33	29	0	74	3

イングランド代表

年	国際Aマッチ 出場	国際Aマッチ 得点
2010	1	0
2012	4	0
2013	2	0
2014	11	0
2015	4	0
2016	10	0
2017	4	0
2018	12	0
2019	7	0
2020	3	0
2021	10	2
2022	6	1
2023	7	0
通算	81	3

リヴァプール成績

	プレミアリーグ				FA杯	EFL杯	CL	UEFA杯	監督
	順位	勝	引分	負					ケニー・ダルグリッシュ
2011-2012	8位	14	10	14	準優勝	優勝	-	-	
2012-2013	7位	16	13	9	4回戦	4回戦	-	ベスト32	ブレンダン・ロジャーズ
2013-2014	2位	26	6	6	5回戦	3回戦	-	-	
2014-2015	6位	18	8	12	準決勝	準決勝	GL	ベスト32	
2015-2016	8位	16	12	10	4回戦	準優勝	-	準優勝	ブレンダン・ロジャーズ／ユルゲン・クロップ
2016-2017	4位	22	10	6	4回戦	準決勝	-	-	ユルゲン・クロップ
2017-2018	4位	21	12	5	4回戦	3回戦	準優勝	-	
2018-2019	2位	30	7	1	3回戦	3回戦	優勝	-	
2019-2020	優勝	32	3	3	5回戦	準々決勝	ベスト16	-	
2020-2021	3位	20	9	9	4回戦	4回戦	ベスト8	-	
2021-2022	2位	28	8	2	優勝	優勝	準優勝	-	
2022-2023	5位	19	10	9	4回戦	4回戦	ベスト16	-	

第1章 僕がいなくても

2013年12月18日、父が妻のドナを連れてわが家を訪れていた。キッチンテーブルに集まってスツールにすわり、父が話を切りだすのを待っている。サンダーランドで暮らしている父から、伝えなければならないことがあると連絡があって以来、その日が近づくごとに不安が高まっていた。いい話であるはずがなかった。

父のブライアンは現役時代、警察官だった。話をするのは決して上手ではない。正直に言えば、それは僕も同じだ。弱みを人に見せるような性格ではないところも受け継いでいる。地元のイングランド北東部では、つらいことがあってもじっと我慢するのが美徳とされる。たぶん、それはいまも変わっていないだろう。

僕は感情を汲みとるのが上手なほうだと思う。ただしそれは人の気持ちであって、自分の気持ちとなるとそうはいかない。そのせいでいろいろな経験をしてきた。人を助けることには積極的でも、助けられる側になるのは苦手だ。人の問題には手を貸したいと思うのだが、自分のこととなるといつも、殻に閉じこもってひとりで処理しようとする。

自分の問題は人に触れさせず、人の問題には助け船を出す。それが僕のやりかただった。選手生活のなかで何度か起こったごたごたも、たぶんそれが原因だ。僕はときどき、ほかの人には些細と思われるようなことが気になってしかたがない。自分の正しさを証明するためにキャリアを過ごしてきたと感じることがあるのも、きっとそのせいだろう。

僕という人間にはさまざまな要素が奇妙に混ざりあっている。自信はないわけではない。自分はいいサッカー選手だと思う。仕事量の豊富さは認められていると思うし、与えられた才能を十分に生かしていることを誇りに思う。また、僕にとってサッカーはフィールドで走りまわっているときだけのものではなかった。それはわずかな部分にすぎない。試合でポジションについている時間以外でも、いつもリヴァプールやイングランド代表のために働いてきた。

とはいえ、自分は手にした栄光や賞賛に値するのかという疑いはぬぐいされない。リヴァプールで優勝トロフィーを掲げたときは、ユルゲン・クロップ監督こそこの役目にふさわしいと思ったし、ジェームズ・ミルナーもともにこのステージに立つべきではないかと考えていた。

これはみんなでやったことだ。誰かひとりの力でトロフィーを勝ち取ったわけではないのに、なぜ僕ひとりがトロフィーを受けとらなくてはならないのか。２０１９年６月、マドリードでトッテナムを破り、チャンピオンズリーグで優勝したときは、トロフィーを掲げてほしいとクロップに言った。優勝できたのは、あなたがチームの進むべき道を示し、全員でそれに従ってきたからこそだ、と。ところが、その申し出は拒絶された。ミルナーには、ステージで一緒に並んでトロフィーを受けとってほしいと言った。だが、やはり断られた。

僕はこの本を、『僕がいなくても』というタイトルにしたかった。ここ数年、リヴァプールがトロフィーを獲得したときはいつもそう感じているからだ。僕がいなくてもチームは優勝しただろう、と。僕はルイス・スアレスでもスティーヴン・ジェラードでも、フィルジル・ファン・ダイクでも、モハメド・サラーでもない。僕がいたから勝ったわけではない。当然、自分の役目は果たしてきたが、僕はチームが勝つ究極の要因ではなかった。僕はそう考えてきたし、プロになってからずっとその考えは変わっていない。

僕が主将でなくても、チームに所属していなくても、リヴァプールは同じように優勝できただろう。たしかに主将として高く評価されるかもしれないが、チームが上向いたのはクロップのおかげだ。2015年10月の監督就任時から、選手たちは彼の方針を受け入れた。既存の選手たちは彼のもとで向上した。新加入の選手たちはそれまで以上のレベルに達した。

クロップのもとで僕がキャプテンマークをつけたが、もしかりにミルナーが主将に指名され、僕はチームを去っていたとしても、クロップがチームにもたらした強烈な野望と信念で、リヴァプールは同じように成功を収めていただろう。少し自分に厳しい評価かもしれないが、ほんとうにそう感じているのだ。

2015年の7月、スティーヴン・ジェラードがロサンゼルス・ギャラクシーに移籍したとき、リヴァプールの主将に任命された。彼がしてきたことをそのまま引き継ぐことはできないというのは明らかだった。スティーヴィーはリヴァプールのアカデミー出身で、クラブとも密接な関係にあった。また、エムリン・ヒューズやフィル・トンプソン、グレアム・スーネスといったレジェンドと同じ道を歩むことになるが、伝説の主将たちと自分を比べはしなかった。僕は自分なりにこの役目を果たさなければならない。

まず、間違いなくできるのは更衣室でチームの選手全員の助けになることだった。仲間に手をさしのべることで、頼りがいがあり、困ったことがあれば話に来ることができる存在にはなれるはずだ。チームメイトたちに自分を捧げる――その点は、いまに至るまでずっと変わっていない。

主将として、僕はそれを方針とした。そのおかげで、ピッチの内外で全員の力を引き出すことができたと思っている。僕は誰とでも深く結びつくことができる。スーパースターでない僕は、すべての選手に最高のパフォーマンスを発揮してほしかったし、仲間だと思ってほしかった。みんなより高い位置にいて、近寄りがたい人物になるのは嫌だった。

いつでも、勝利を目指すために、ほかの選手たちとよい連携を築きたいと思ってきた。選手たちの向上の役に立ちたかった。スティーヴィーがしてきたことすべてを代わりにやることはできない。それは主将になったときからわかっていた。それを目指してもいなかった。ともかく、自分らしくふるまうしかない。また、主将として必要な、自分よりも他者を優先できるという資質は備わっていた。ちなみにスティーヴィーは、その資質を持ち、しかもチームの象徴だった。

ここにも僕の矛盾がある。リーダーとして賞賛されるのは心地よくないのに、いつもリーダーでありたいと願ってきたし、またその資質もあった。イングランドのU21でも、サンダーランドのユースチームでも主将を務めていた。どこにいても、僕はリーダーとしての素質があると認められてきた。

僕はいつも、すべてをきちんとしようとした。サッカーを愛し、正しい生きかたをしてきた。だからその点では模範となることができた。ピッチの上では、いつもリーダーでありたかったが、主将だからといって特別なことはしたくなかった。求めたのは仲間たちが揺るぎなく結びついていることだ。チームメイトたちが僕を見て、「俺たちはキャプテンを信頼してる。俺たちは彼のために死んだってかまわないし、彼は俺たちのために死をもいとわない」と思うような絆で結ばれたチームを作りたかった。そんなリーダーになろうと思ってずっとやってきた。

リヴァプールの主将に任命されたとき、告知は控えめにしてほしいとお願いした。動画はなしで、短いコメントと数枚の写真だけにするようクラブに伝えた。そのころ、主将交代があったクラブはよく、街に出て派手な告知用の動画を撮影し、ソーシャルメディア・チャンネルに投稿していたが、それはまったく僕らしくなかった。そんなことは真っ平だったし、考えるだけでも嫌だった。スティーヴィーが去ってしまったという事実を受けとめるだけでもファンにとっては大きなことなのに、僕が彼の後を引き継ぐのを騒ぎたてることなどできなかった。

外からはどう見えるかということはわかっていた。おそらくはリヴァプール史上最高の主将であり、過去最高の選手のひとりであるスティーヴン・ジェラードから、主将がジョーダン・ヘンダーソンに変わる。「どうなってしまうんだろう」と、人々は言うだろう。「お先真っ暗だ」——外からは、きっとそう見えているだろう。自分では、チームをまとめるだけの力はあると感じていたが、誰もが不安だったはずだ。最初は、キャプテンの腕章をつけると少し居心地が悪く、落ち着かなかった。

リヴァプールに加入したのは2011年のことだが、とくに最初の数年は、深い闇のなかにいることもあった。プレーが悪かったり、求められる水準に達していなかったりした。リヴァプールがサンダーランドに支払った移籍金に見合った働きではなかった。そのため、練習のあと、リヴァプールから数キロ北にあるフォームビーの自宅に帰ると、サッカーのことについてはパートナーのレベッカ（ベック）とも誰とも話さなかった。

そのころは、自分だけでなくベックにも、あまり友人がいなかった。僕たちが知りあったのは11歳のときで、一緒にサンダーランドからここに引っ越してきたばかりだった。ふたりとも、まだ20代に入ったばかり。彼女には誰も知り合いがいないうえに、家のなかでは僕が不機嫌にしていた。なぜ僕に我慢できたのか、いまもときどき不思議に思うくらいだ。

最近、あのころの暮らしや、僕の機嫌の悪さについてどう思っていたのか聞いてみた。すると、陰気な人だと思っていたという答えが返ってきた。まさにそのとおりだ。僕は落ちこむと、チームの誰にもその理由を話さなかった。重荷になってしまうと思って、殻を閉ざしていた。みんなそれぞれにやらなきゃならないことがある。誰だって問題を抱えてる。僕が怪我をしたとか、調子が悪いとか、そんな話はされたくないだろう。そんなことを思って、僕は決して感情を打ち明けようとしなかった。少なくともあのころはそうだった。

当時のことを、いまでは笑い飛ばせるようになった。クロップ在任期間の前半だった2017年11月に、チャンピオンズリーグのグループリーグでセビージャに3点リードを追いつかれて引き分けに終わったとき、僕は自分を責めた。そうした事態を食いとめるべき中盤の底でプレーしていた自分がこんな結果を招いたのだと失望した。

僕はすべての責任を自分で背負いこんでしまったのだが、それはチームに不運が重なったことの結果だった。こんなことがあると、さまざまなことを考えてしまうものだ。ともかく、僕はそうだった。このシステムの守備的ミッドフィールダーとして十分な能力が自分にあるのか。どうしてこれほどのゴールを献上し、ぶざまな姿をさらしてしまったのか。持てる能力を発揮するために、何をすればよいのか。僕はこうした問いへの答えを求めていた。チームの力になりたかった。誰かにこのことを話したかった。だから翌日に、いちばん親しいチームメイトのひとりであるアダム・ララーナに、迎えに行くから一緒にトレーニングに行こうとメールを送った。アダムは聡明な男だ。率直で、いつもありのままの自分でいる。彼は何かを察したのか、車に乗りこんでしばらく黙っていたあと、「大丈夫か？」と尋ねた。僕は思いをすべてさらけ出した。


2013年のクリスマスの前週に話を戻そう。僕は父とレベッカ、ドナとともにキッチンのテーブルに集まり、父が話すのを待っていた。そのとき、リヴァプールはアーセナル、マンチェスター・シティ、チェルシーとともにプレミアリーグの上位争いをしている最中で、ひさびさに優勝争いに加わっていた。リヴァプールに来たときからずっと、1990年以来のリーグ制覇に貢献したいという思いを抱いていた。まえの週の日曜には敵地のトッテナム戦で5対0の勝利を収めていた。僕もゴールを決めており、加入してから最高のゲームのひとつだった。

ところが、50代後半だった父はそのころ、僕にずっと告げないまま、自分の身に起きたことに耐えていたのだった。11月には手術が必要な病気だと判明していたのだが、僕のキャリアで最高のシーズンに影響を及ぼすことは避けたいと考えたのだ。何よりも大事なのはサッカーだ。サッカーこそ僕が求めるものであり、絶対に妥協してはならないものなのだ、と。

サンダーランドのユースチームに所属していたころ、父はときどき育成機関であるアカデミー・オブ・ライトでの練習のあとで居残ってクロスの練習をするのにつきあってくれた。サイドからクロスを上げるために、父は何度もパスを出した。苦手の左足の練習をさせたこともある。上達するために、できることはなんでもしてくれた。

チームメイトには猛練習を鼻で笑う連中もいた。「見ろよ、ヘンドがまだやってるぞ。よく飽きないもんだな」。だが、そんなことを言われても、まるで気にしなかった。長時間の練習は僕にとってごく普通のことだった。嫌々ではなく、大好きでやっていた。父もサッカーが僕のすべてであることをわかっていた。だから困難を克服し、ようやくリヴァプールで足場を固めはじめた僕の勢いを止めたくないと思ったのだ。だがいまや、もうこれ以上は待てないところまで来ていた。

父は詳しい話をした。首の嚢胞（のうほう）を除去したときに腫瘍が見つかった。いくつか検査をすると、さらに舌にもべつの腫瘍があった。咽頭（いんとう）ガンだった。ベックは泣きはじめた。しかし、父はとても前向きだった。

外科手術を受け、その後もしばらく治療を受けなければならないが、まったく問題ない、と父は僕を安心させるように言った。父親とはそうしたものだ。話が終わると、全員黙りこんだ。言うべき言葉を探すのはむずかしかった。僕は力を合わせて病気に立ち向かうことを決意し、父には決して動揺を見せなかった。そのあとはテレビを見て、早めに眠りに就いた。これが困難を乗り越えるための僕たちのやりかただった。それでもやはり、世界が足元から揺らいでしまいそうだった。

つぎの日はいつものように練習に行った。何があっても、僕はつねにそうしてきた。このやりかたには、賛同できないという人が多いかもしれない。すべてをひっくり返してしまうような知らせを受けても、僕はまるで何事もなかったかのように普段の生活を再開する。だからその日もメルウッドの練習場へ行った。昨日の話についても、自分の思いも、実はどうしたらいいかさえわかっていないことも、誰にも言わなかった。

長女のエレクサは5か月ほどまえの7月5日に生まれたばかりだった。この子は自分の祖父をちゃんと認識することがないままになってしまうのではないかという思いが湧き起こってきて、どうしてもぬぐいされなかった。だがこれについても、僕は心のなかに留めた。殻に閉じこもり、誰とも話しあうことはなかった。

クラブに伝えたくないと思ったのは、チームに影響を及ぼすことを恐れたからだ。特別扱いやお目こぼしは望まなかった。これから、感情が抑えられなくなる日が来るかもしれない。そんなときに、何を言っても相手の気持ちを楽にさせることはできず、何を話せばいいかわからないとみんなに思わせるのは嫌だった。気まずい思いはしたくなかった。

手術は2014年1月14日だったが、そのまえの週に、父は僕のところへ来て言った。「わたしはまだおまえがメルウッドで練習している姿を見たことがない。そのうち見に行ってもいいか」。いつもならたぶん、「トレーニングの見学は認められてないんだ」と答えただろう。それでも、このときは父がそう言った理由がわかったから、断ることはできなかった。

この先、何が起こってもおかしくなかった。手術と治療に耐えきれなかった場合のことを考えて、父はいまのうちに念願を叶えようと思ったのだ。とはいえ、これは僕にとってむずかしい問題だった。すでに書いたように、父のガンについては誰にも知られたくなかった。だが、この願いは断れない。どうしたらいいかわからなかった。

ブレンダン・ロジャーズ監督にも、ほかの選手たちにも知られたくなかった。すると、ちょうどいい機会が訪れた。1月5日には本拠地のアンフィールドでFAカップのオールダム戦があり、2対0で勝っていた。翌日は出場した選手のリカバリーのため、軽い練習にあてられていた。そこに一緒に来てトレーニングを見ようと父を誘った。

メルウッドの受付で父の入場の手続きをして、監督やほかの選手に出くわさないように祈りながら、急いで上の階の食堂へ連れて行った。食堂のバルコニーからは、トレーニング場が一望できる。そこに父をこっそり連れ出せば練習が見られると思ったのだ。父はいまもときどき、そのバルコニーに居あわせたルイス・スアレスの娘、デルフィナと楽しく過ごし、塗り絵に色をつけるのを手伝ってあげた思い出を語る。

父の見学は困ったことばかりではなかった。チームはいま、カークビーのすばらしい最新トレーニング施設に移ったが、僕は、至るところで歴史が感じられるメルウッドが大好きだった。1960年代にトレーニング・グラウンドの反対、クラウンロード側の入場門近くに建っていたクラブハウスで、ビル・シャンクリーが腰を下ろしていた姿を思い浮かべることができる。なんという場所だろう。はじめてそこに行ったとき、ファンたちが紫色のゴミ箱を踏み台にして壁の向こうからトレーニングを覗いているのを見て圧倒された。

メルウッドでは、ほとんどアンフィールドにも劣らないくらい、クラブの伝統を感じることができる。僕が入団したときの監督であり、クラブ史上最も偉大な人物であるサー・ケニー・ダルグリッシュも、70年代から80年代にかけて、リヴァプールがイングランドのみならず全ヨーロッパの盟主だった時代にそこでトレーニングをしていたのだ。

スーネスも、トミー・スミスも、アラン・ハンセンやレイ・ケネディ、スティーヴ・ハイウェイ、ケヴィン・キーガン、ロジャー・ハントもメルウッドでプレーした。それにスティーヴィーやジェイミー・キャラガー、ロビー・ファウラーといった現代の伝説的選手たちも。ボブ・ペイズリーやジョー・フェイガン、ロニー・モランもこの場所を闊歩していた。いまでは、チームメイトや僕がそうした巨人たちの足跡をたどっている。

これまで僕にしてくれたことを思えば、父にはこの場所を訪れる権利があった。かつては優秀なゴルファーで、ハンディキャップは最高で7だったこともあるのだが、僕が7歳になる直前にサンダーランドの下部組織に入ると、練習や試合の送り迎えが忙しくなり、ゴルフにあまり時間を割けなくなった。そしてまもなく、ハンディキャップは17まで落ちてしまった。

それに、サンダーランドの本拠地での試合はすべて観戦に連れて行ってくれた。友達のマイケル・マキョーンも父親と一緒に来ていた。マイケルは優秀な選手で、一緒にプロ選手になることを夢見ていた仲間だった。隔週土曜日ごとに、僕たちはスタジアム・オブ・ライトで英雄たちの試合を観戦し、いつの口か自分たちがそれに加わるんだと信じていた。

そして13歳の誕生日を3週間後に控えていた2003年5月には、オールド・トラッフォードでのチャンピオンズリーグ決勝、ACミラン対ユベントス戦を見に連れて行ってくれた。父はビジネスパートナーのスティーヴ・ノックスから、2枚のチケットを入手した。ノックスは、サッカー界の大物のひとり、アーチー・ノックスの甥だった。その観戦旅行は衝撃的な経験で、これからもずっと忘れることはないだろう。試合前、僕たちが泊まったホテルでは決勝戦のゲストに対する饗応が行われており、アーチーがウォルター・スミスやニール・レノン、レスリー・ファーディナンドと同席していた。有名な騎手のフランキー・デットーリも来ていた。

とはいえ、僕にとって唯一重要なのはサッカーであり、それこそが強い印象を残した。その場の雰囲気は、かつて感じたことのないものだった。0対0の引き分けのあとミランがPK戦で勝った試合そのものはそれほどでもなかったが、スタジアムの興奮や緊迫感は忘れられない。またチャンピオンズリーグのアンセムを聞いたのははじめてだった。ユベントスにはジャンルイジ・ブッフォンやアレッサンドロ・デル・ピエロ、リリアン・テュラム、エドガー・ダーヴィッツらがいた。ミランはパオロ・マルディーニ、ジェンナーロ・ガットゥーゾ、アンドリー・シェフチェンコ、アンドレア・ピルロといった名選手が並ぶすばらしい陣容だった。その9年後、僕はイングランド代表としてキーウで行われたユーロ2012の準々決勝イタリア戦でピルロと相まみえることになる。彼はそのときも手に負えない選手だった。

だがいまは、あの試合の話に戻ろう。アンセムの演奏が始まったとき、僕は父のほうを向いて言った。

「僕もいつかチャンピオンズリーグの決勝に出たい」。父は世の中の父親すべてがそうするように、笑顔でうなずいた。それが実現する可能性は高くないと思ったとしても、そうは言わなかった。父はつねに僕を信じていたから、もしかしたらその16年後、クラブチームによる世界最高峰の試合が終わったあと、親子でフィールドに立つことを予感していたのかもしれない。

こうした事情があったから、父をどうしてもメルウッドへ連れて行きたかった。それが実現した2014年1月のこの日、食堂で長く働いているふたりの女性、キャロルとキャロラインに父を紹介した。ふたりはこのトレーニング施設の心の支えだ。つねに温かく迎えてくれるし、親切で朗らかで、楽観的な言葉で人々を勇気づけてくれる。僕はふたりに、父が選手たちの邪魔になるといけないから、バルコニーから出ないように見ていてほしいと頼んで練習に向かった。

あとからわかったことだが、父はもうひとつ隠しごとをしていた。実はトレーニングの見学だけでなく、この機会を利用して、これから数週間のことについてブレンダンに話すつもりでいたのだ。僕が自分では話をしないことは見抜かれていた。僕が外へ出ると、父はブレンダンのオフィスに向かった。

ブレンダンが監督として着任したばかりの2012年の夏には、ある出来事があった。クラブが僕を売却しようとしたのだ。フラムのクリント・デンプシーとのトレード話があり、監督も同意していた。しかし僕はブレンダンに必死にアピールし、クラブでの居場所を確保した。そこから、僕たちは強固な関係を築いていった。ブレンダンからはスティーヴィーの副主将を任され、こちらも信頼するだけでなく、指導者として最大限の敬意を抱くようになっていた。

その日、トレーニングから戻ると、ブレンダンが近づいてきた。その瞬間に、父が病気のことを伝え

たのだと悟った。僕はあふれる涙を止められなかった。立っていられなくなり、医務室で横になったま
ま、ブレンダンに慰められた。必要なときにはいつでも、父に会いに戻ればいいと言ってくれた。チー
ムの許可を得る必要もない。「わたしたちがついているから」と。

チームには伝えたくないと思っていたのだが、たぶんこうするのが最善だった。そうでなければ、僕
はふさぎこみ、チームにも悪影響を及ぼしただろう。その後まもなく、治療が始まった。愛する家族が
その経験をしたことがある人なら、治療がどのように進むかはご存じだろう。

父は15時間に及ぶ手術で、首の両側のリンパ節と舌の腫瘍を切除した。舌には50ペンス硬貨ほどの大
きさの穴があいた。さらに3か月の放射線治療と、化学療法を1セット受けた。あとで知ったのだが、
化学療法のせいで体重が25キロも落ちてしまった。あとで、というのは、化学療法をしているあいだ僕
は父と一度も会わなかったからだ。

治療が始まったというメールが父から来たので、1日休みを取って車で会いに行くと伝えたのだが、
父はやめてくれと言った。「いまは来ることもわたしに会うことも許さない。絶対にだ」

ということは、病状はかなり悪いにちがいない。

父は舌と喉の痛みのため話すことができず、連絡はメールが多かった。僕はできるだけドナと話をし
た。僕が6歳のときに母と別れたあと、父が一緒になった女性だ。会いに行くことが許されないなら、
何かできることはあるだろうかと彼女に尋ねた。

父からメールが来た。「おまえにできるのは、出場する全試合でマンオブザマッチになることだ。そ
うすればわたしは病気を乗り越えられる。病院のベッドに寝ながら、おまえが出場している試合を観て

いるんだ。それがわたしの力になり、回復しようという気持ちにさせてくれる」

このメールが及ぼした影響は想像がつくと思う。僕はまた泣き崩れた。いまでもふと思い出し、あのときの感情が蘇ってくることがある。とてつもない重圧を感じてもおかしくなかったが、実際には、意識の変化が功を奏した。負けたらどうなるか、優勝争いにどう影響するか、マンチェスター・シティとの勝ち点差、といったことは頭から消えた。

ただフィールドに出てプレーし、父に誇りに思ってもらうことだけを考えていた。巧く、激しくプレーし、より多く走ればそれだけ、父の目にとまる。そうすれば父の命を救える。あの数か月、僕にとってサッカーはまさに生死にかかわるものだった。父の命は自分の手のなかにあった。

僕はすべてを支配しているような幻想を抱いていた。しかもそれを、ごく当然だと思っていた。その後数か月、自分は誰にも止められないと感じていた。絶対に止められてはならない。スティーヴィーやルイス・スアレス、ダニエル・スタリッジ、ラヒーム・スターリング、フィリペ・コウチーニョといった天才的な選手たちを擁するチームの一員だったことも大きかった。年明けには4位だったが、そこから優勝に向けた快進撃が始まった。

2月8日、アーセナルを5対1で粉砕したゲームが連勝の皮切りとなった。つぎの試合は敵地クレイヴン・コテージでのフラム戦。そしてスウォンジー・シティとサウサンプトン。マンチェスター・ユナイテッドはオールド・トラッフォードで打ち破った。さらにカーディフ・シティ、サンダーランド、トッテナム、ウェストハム、マンチェスター・シティ、ノリッジ・シティを倒した。自分の動きも過去最高だった。

毎試合のマンオブザマッチは達成できなかったが、父との約束を守り、僕を誇りに思ってくれているだろうと感じていた。エレクサが生まれたときには少年からひとりの男になったように感じたが、いまはさらに成長し、重圧に負けることなくやるべきことを引き受けられるようになっていた。むしろ、これを糧にして強くなっていた。これほど一貫したプレーが続けられたのははじめてだった。

実際に病室を訪れることはなかったが、試合中はいつも父の様子を想像していた。いまごろベッドに横になり、テレビを見つめているだろう。画面のなかではリヴァプールが試合に臨み、勝利を収めている。自分の息子は全力で走り、持てる力を出しきっている。そして、走り、タックルし、シュートを打つたびに、息子は自分のことを考えているということも伝わっている。

やがてリーグ優勝が近づき、父が少しずつ回復し、危機が去って行くにつれて、リヴァプールの優勝は運命であるように思えてきた。おとぎ話が現実になろうとしている。そして、これが実現したら、自分の正しさを示せるかもしれないと僕は思いはじめた。

たぶん、僕が求めていたのは敬意だ。心の奥底にはいつも、もっと評価されてもいいはずだという不満があった。だが結局、シーズンの大詰めで優勝は手から滑り落ちた。このとき、僕はあらためて敬意について考えた。それを手に入れるには、これまで以上に努力しなくてはならないのだろう。

第２章
光のなかへ

ときどき、ロイ・キーンについての発言や記事――たいていは、テレビでの挑発的な発言や、激高したふるまいを非難するもの――を見聞きすることがあるが、彼がどれほどずば抜けたサッカー選手なのか、理解されていないと思う。１９９０年代から２０００年代にかけて、マンチェスター・ユナイテッドがイングランドのサッカー界に君臨していたとき、主将として数多くの忘れがたい勝利をもたらした人物なのだ。

たぶん多くの人にとって、ロイはもう物議を醸す評論家でしかないのだろう。選手時代をまったく知らない人もいる。それは今日、若いファンにとってゲーリー・リネカーが『マッチ・オブ・ザ・デイ』の司会者にすぎず、現在のどのストライカーにも劣らない決定力を持った、イングランド史上最高ともいえる点取り屋だったことなど忘れられているのと同じことだ。

ロイが歯に衣着せずに意見を述べるのは、かつてフィールドでそんなふうにプレーしていたからだ。

視聴者にはそこをわかってほしい。1990年代にサンダーランドでサッカー狂の少年として育った僕の、お気に入り選手のひとりだ。突出したミッドフィールダーで、どんな困難にも決してひるまなかった。

何より、いっさい妥協がなかった。2005年2月に、アーセナルの主将パトリック・ヴィエラとやりあったときのことは忘れられない。ロイはヴィエラが味方を威嚇しようとしたのを察知した。そして、「ガリー・ネヴィルを狙うのか。誰でも相手をしてやるぞ」と声を上げることで、自分がユナイテッドの統率者であることをはっきりと示した。これぞ主将であり、リーダーだ。それに、1999年のチャンピオンズリーグの準々決勝インテル・ミラノ戦の試合前に、靴紐を結んでいたディエゴ・シメオネとロナウドを無視し、握手せずに素通りしたシーンも僕のお気に入りだ。

ロイがサンダーランドにやって来たのは2006年8月、僕がアカデミー・オブ・ライトの年代別チームに所属していたころだった。まもなく、彼の存在はクラブ全体に衝撃を引き起こした。ロイは監督としての初仕事となるこのクラブで、前シーズンにプレミアリーグから降格していたチームを立て直し、プレミア復帰を果たした。

チームのサッカーを改善し、選手たちに規律と誇りを取り戻させた。愚か者には容赦なかった。2007年3月の出来事はよく知られている。ある午後、数人の選手がバーンズリーに向かう遠征バスの出発時刻に遅れた。するとロイは運転手に、待たずに出発するよう指示したのだ。ロイがサンダーランドに来たとき、僕は16歳で、死に物狂いでサッカーに取り組んでいた。思い出すかぎり、自分にとって大事なものはサッカー以外に何もなかった。それがすべてだった。ほかの仕事に就くことなど考えられなかった。宇宙飛行士や消防士、あるいは父と同じ警察官でさえ問題外だった。ほかの職業には、いっさい魅力を感じなかった。とにかくサッカー選手になることだけが望みで、その気持ちは何があっても止められなかった。

育ったのはサンダーランドのイーストハリントンという地区だったが、家から11キロほど離れたウェア川の反対側にあるフルウェル・ジュニアーズというチームに入った。数多くの大会に出場しており、評価が高く、戦績も優れていたから、わざわざ通う価値があったのだ。そのために、父にはさらに遠くまで送ってもらうことになったのだが。

最近、そのチームの元監督が保存していた1999年7月13日のシールズ・ガゼット紙を見る機会があった。掲載されたチームの成績表を見ると、60試合負けなしでリーグ戦とカップ戦を制覇し、チーム合計で150得点を挙げていた。

記事には、「マイケル・マキョーンとジョーダン・ヘンダーソンがリーグ戦の最優秀選手賞を分けあい、投票によりショーン・ターンブルが最優秀監督に決定した」と書かれている。さらに、フルウェルはワンズベック・トーナメント、ウィットバーン・トーナメント、アンブロ・トーナメント（父はいまもこのときのトロフィーを持っている）、ダーリントン・クレスト・トーナメントをタイトルに加えたのち、アイルランドに遠征し、名高いホーム・ファームFCのジュニアチームを破った。

フルウェルは強豪であり、その年代でも、つねにサンダーランドによる視察があった。実際に僕は6歳のときにサンダーランドのスカウト、アンソニー・スミスの目にとまり、それからプロ契約をするまでずっと彼らとともに取り組んだ。先が見えないときは何度もあったが、気持ちが揺らぐことはなかった。どんなことがあっても諦めはしなかった。

　サンダーランドを愛していた僕は、スタジアム・オブ・ライトに行くのが大好きだった。「手のかからない子でした」。父は最近、テレビのドキュメンタリー番組で僕の子供時代について問われると、こう答えた。「やりたいと言ったのは、サッカーだけ。ジョーダンをはじめてスタジアム・オブ・ライトに連れて行ったとき、7歳か8歳でしたが、もちろん夢中になっていました。試合中は声を上げっぱなしでね」

　必ずサッカー選手になるという決意がどこから来たのかは、自分でもわからない。ただともかく、サッカーに没頭した。心理学者なら、両親が離婚したことの影響などと言うかもしれない。別れは円満ではなく、かなり険悪だった。見ないほうがよかっただろうという夫婦喧嘩での出来事も目撃した。6歳だったけれど、鮮明な記憶が残っている。幼い子供にとって、とくにひとりっ子だった僕にはなおさら、父親と母親が別れるというのは世界の終わりのように感じられた。つらい時期だったけれど、シェイラおばあちゃんがいてくれたおかげで救われた。この祖母のもとで、僕は多くの時間を過ごした。そんなときはいつも世話を焼いて、安らぎや支えを与えてくれた。離婚のあと、父は8キロ離れたワシントンに引っ越した。僕はサマーヒルでフィットネス・インストラクターをしていた母のリズと暮らし、隔週末に父と会うことになった。

　1年ほどすると、母はピーター・コンウェイという人物と出会い、やがて同居することになった。ピーターは善良な人で、自分の息子のように接してくれた。よくニューカッスルの試合に連れて行ってもらったが、僕はいつも対戦相手のほうを応援していた。ピーターと母のあいだには妹のジョディが生まれた。またピーターは、父が行けないときには練習の送り迎えをしてくれた。こうして、順調な生活が戻ってきた。

離婚が自分に及ぼした影響については、あまり考えたことがない。たぶん、だからこそ問題が起こらず、父と母のどちらと過ごすときも十分に楽しめたのだと思う。それでもこの離婚によって、両親のいさかいを見ることで、子供が心に受ける傷についてはかなり意識的になった。

子供のころに夫婦喧嘩を見てしまったから、自分の子供たちにはそんな経験はさせたくなかった。妻と何か不和があったとしても、エレクサやアルバ、マイルズの前では普段と変わりない様子でいる。ベックの両親は子供のころからずっと一緒で、そのまま結婚した夫婦だった。だからベックにとって結婚は当たり前のことだったが、僕にとってはそうではなかった。つきあっているあいだ、子供ができるまではずっと、絶対に結婚はしたくないと話していた。出会ったのは、ファーリンドンの中等学校に入った11歳のころだ。でも、子供ができると状況は変わる。現実に生活していくうえでは、結婚していたほうが都合がいい。子供がいることで、関係が深まっていくということもある。年齢とともに、僕も少しは丸くなった。

3人の子供たち、エレクサ、アルバ、マイルズの出産には毎回立ち会った。それは僕にとって非常に重要なことだった。アルバが生まれるまえの晩には、敵地で行われるFAカップ準々決勝ブラックバーン・ローヴァーズ戦の再試合のために遠征していた。だが産気づいたという知らせを受けて、急いで病院に向かった。アルバは2015年4月8日の早朝に生まれた。僕はそれからチームのホテルへ戻り、仮眠をとってからイーウッド・パークでの試合に臨んだ。フィリペ・コウチーニョのゴールで、ウェンブリー・スタジアムで行われる準決勝への切符を手にした。あれはすさまじい一日だった。

僕は子供のころ、少し内向的で人見知りだった。ボールを蹴っていれば最高に幸せだった。両親が離婚しても、ふたりとの関係はまったく変わらなかった。むしろ、よくなったと思う。一緒に暮らしていた母を守ろうと、ずっと必死だった。父と過ごす週末も大好きだった。毎日会えるわけではないから、会えばごちそうをしてもらった。一緒に過ごすのは特別な時間だった。母が働きづめなのは知っていた。僕の規律と勤勉さは、母から受け継いだものだ。

母はいつも僕にきちんとした食事を摂らせ、ジャンクフードを与えたり、手軽なもので済ませたりすることはなかった。ちゃんと門限も決まっていた。通りの先の公園でサッカーをしているときは、友人たちは夜9時までやっていたが、僕は8時に帰らなければならなかった。だからいつも、8時2分前にみんなよりも早く切りあげて、家まで全速力で走った。

友達にも恵まれた。いちばんの親友であるライアン・ロイヤルは、ほとんど兄弟といっていい。知りあったのは3歳の保育園のとき。あまりに仲がいいので、一緒にいるとやんちゃをしたり騒動を起こしたりすると思って、たがいの両親が引き離そうとしたほどだ。よく、おたがいの家でチャンピオンズリーグの試合を観ていた。ライアンと友達になれたのは幸運としか言いようがない。外を歩いているとき、彼はいつも目を光らせていて、たとえば夜に外出したときなどはトラブルに巻きこまれないように注意していた。彼はいま、父親と一緒に塗装業を営み、成功を収めている。仕事中毒なところがあり、自分の仕事に情熱を注いでいる。そんなところもたがいにとって運がよかった。彼が隣にいてくれるというのは、とても恵まれている。

子供のころには、友人の影響で誤った方向に進んでしまうというのもよくあることだ。プロサッカー選手への道は競争が激しく過酷であり、ときにはたった一度の過ちで望みが断たれてしまうことさえある。それほどふたしかな道なのだ。これまでに最上の才能を持ったたくさんの優秀な若手選手が、周囲の人に恵まれなかったばかりにサッカー界から姿を消してしまうのを目にしてきた。有望選手が、またたく間に無残に変わってしまうこともある。

学校時代のもうひとりの友人が、シールズ・ガゼット紙に一緒に載ったマイケル・マキョーンだ。マイケルは家がそれほど遠くなく、親同士も親しかった。学校も同じで、サンダーランドの本拠地での試合は欠かさず一緒に観戦していたし、選手としても優秀だった。シーズン最優秀選手はいつもふたりのどちらかで、子供のころはずっと、ともにサンダーランドの年代別チームに所属していた。

マイケルは魔法の杖のような左足を持つ、驚異的な選手だった。パスが得意で、視野が広かった。親しい友人であると同時に、言葉には出さないがたがいにほのかなライバル心も抱いていた。少なくとも僕のほうはそうだった。人目を引くプレーという点では彼のほうが上で、中等学校では、自分たちのなかで一流選手になるのはマイケルだと友人たちが噂しているのを耳にしたものだった。

たしかに彼は非常に優秀な選手だったが、それを聞くたびに、僕は憤慨していた。自分では、ふたりとも一流選手になれると思っていた。最近になって、「ジ・アスレチック」の記事で、サンダーランドでのユース時代に大きな影響を受けたエリオット・ディックマンが僕とマイケルの対照的なプレースタイルについて語っている記事を読んだ。

「マキョーンは無茶なスルーパスを狙って失敗しても、自分を責めたりはしない。だがディックマン氏によれば、ヘンダーソンはミスしたときはいつも屈辱を感じ、自分に腹を立てる。そして、『絶対にボールを取り返す』という気持ちを露わにする。コーチ陣は、ヘンダーソンの性格で特筆すべきは、生まれ持った熱意だとみなしていた。ディックマンは言う。『決して立ちどまっていることがなく、つねに動いている。前に走るのもうまいが、後ろに走る能力はそれ以上だった』」

マイケルとはいつも、一緒に成功するんだ、ともに旅をしているんだと思っていた。それでもある程度は、競争心も交じっていた。マイケルが失敗するようにと願ったことなどないが、自分が失敗したのに彼だけが成功することは望まなかった。もちろん彼には成功してほしかったが、どうしても、自分の成功を願う気持ちのほうが強かった。

サッカー選手になるよう無理強いされていると感じたことは一度もない。それに、犠牲を払うことに不満を持ったこともない。それは僕にとって犠牲ではなかった。より多くのプレーができることが、犠牲であるはずがない。喜びだけを感じていた。長時間サッカーをし、練習場に遅くまで残り、四六時中サッカーのことを考えていること――それは僕にとって当たり前だった。子供にサッカーを無理強いする両親、子供にべったりと張りついて、挫折した自分の夢を叶えさせようとする「マッド・ダド」に出会うこともあるけれど、僕は両親から無理にやらされていると感じたことはない。父は警察内のチームに入っていたこともあるが、自分の願望を僕に叶えさせようという気などなかっただろう。僕の熱意を知っていて、だからこそ成功させたいと願ったのだ。

1990年代末から2000年代初めごろ、サンダーランドのユースチームの練習は、父が住んでいたワシントンに近いアスワースのコリアリー小学校の近くで行われていた。日産の自動車工場の運動場には3面のフィールドがあり、プレハブ小屋が建っていた。

マイケルと僕は年代別のチームで昇格していき、やがて16歳になった。クラブが練習生契約を提示するかどうかを判断する時期が目前に迫っていた。サッカー選手になることを夢見る子供たちにとって、決定的な瞬間だ。目標を叶えるか、べつの人生を目指すかの境目になることも多い。

自分が際どい状況にあることは自覚していた。成長するために猛烈な努力をしていたが、体がまだできあがっていなかった。痩せていて、筋肉が足りなかった。クラブは、身体面が水準に達するかどうかを心配していた。取り組む姿勢や技術を高く評価されていることはわかっていたが、それだけでは十分ではないかもしれない。

マイケルは長いあいだ中盤でのプレーを得意にしていた。だがアカデミーの最終年度に、左サイドバックに移され、それまでほど楽しめなくなったのではないかと思う。たぶん、その時点で少しサッカーへの情熱が冷めてしまったようだった。少なくとも僕はそんな感じを受けた。そのことでミッドフィールダーとしてのパスの範囲や視野などが落ちてしまった。契約が与えられるかを確認しに行ったのは彼が先だった。その晩、父親同士の電話のやりとりで、彼がクラブを去ることになったのを知った。

僕はその翌日、不安を抱えながらクラブに行った。予想したとおり、アカデミーのジェド・マクナミー監督は、身体面には不安があるが、コーチ陣は僕の精神面を高く評価しているから、チャンスを与えたいと言った。エリオット・ディックマンの後押しもあったようだ。それが運命を分けたのかもしれない。

「それまでは中央でプレーさせていた」と、ジェド・マクナミーは「ジ・アスレチック」の記事で語っている。練習生契約を提示するか考慮していたころのことだ。「だがほかに、もっと体格の優れた選手がいた。下がりめのストライカーとして試したが、大きな効果はなかった。彼については長時間にわたって検討したよ。結局、同年代のなかで最後に契約した選手になった。候補は7、8人だった。ジャック・コルバック、マーティン・ワグホーン、ジョーダン・クック、マイケル・ケイ、コナー・フリハンらはクリスマス後に契約したが、ジョーダンについては、契約を提示するまえにできるだけ長く検討の時間をとった」

マイケルとは疎遠になってしまった。たぶんしかたのないことだったのだろう。不可抗力でべつの方向へ向かうことになったときには、割りきれない部分は残るものだ。僕は変わらず毎日アカデミー・オブ・ライトでの練習に出かけていたが、マイケルはやめた。いくつかのクラブでトライアルを受けたようで、サッカー選手としてのキャリアを築いているようだが、連絡は途絶えてしまった。

2015年、彼はノース・シールズの一員としてウェンブリーで行われたFAヴェイス（イングランドの下部リーグ所属チームによるカップ戦）の決勝に出場し、グロソップ・ノース・エンドを下して優勝した。イングランド北東部では名選手として知られているし、いまでは本来の持ち場である中盤に戻っている。彼の才能は突出していた。異なった道を歩み、親しいつきあいが途絶えてしまったのは悲しいことだが、これもサッカーではよくあることだ。

僕に与えられた2年の練習生契約は、最上級の評価によるものではなく、まだ将来は確定していなかった。なかには、プロへの確約がついた、より長い契約を交わした選手もいた。ジャック・コルバックはそのひとりだった。だが僕は標準的な2年の契約で、将来の保証もなかった。もっと自分の力を証明しろ、という意味だ。僕にとって、ステージを上がるのはつねに苦闘だった。闘いながら、自分は十分な能力があり、失望させることはないと周囲の人々をつねに説得しようとしてきた。そこからは逃れられなかった。

若いときは、無我夢中だった。練習生契約を得るとき、プロになるとき、一軍に入るとき、デビューするとき、レギュラーになるとき、自分がそれに値すると証明しようとしてきた。ただし、それを疑念との闘いと呼べるかどうかはわからない。ほとんどの場合、僕は自分を信じてきたからだ。能力についての自信はずっと変わっていない。

とはいえ、僕の選手生活は向けられた疑念との絶え間ない闘いだった。サンダーランドでの契約は際どいところだったし、サー・アレックス・ファーガソンには怪我をしそうな走りかただと評価された。アンフィールドでの1年目にはファンから移籍金の無駄だと批判され、ブレンダン・ロジャーズ監督はフラムへの売却に同意していた。サッカー以外にしたいことは何もなかっただけに、フィールド上で価値を認められることはいっそう重要なことだった。

僕は見るからに自信にあふれた選手ではなかったかもしれない。父からはいつも、チャンスがあればシュートを打てと言われていたが、パスを選択することも多かった。それでも心の奥底では、自分を信じていた。1対1なら、誰にも負ける気はなかった。ほかの選手よりも自分のほうがうまいと証明したかったし、それを示すために、直接やりあうことにひるみはしなかった。

成功への意欲は、ほかの選手とは比べものにならないほど大きかった。サンダーランドにいた15歳のころ、フリーキックやクロス、左足の練習をするときは、よく父にボールを出してもらっていた。からかわれることも多かった。だが、でしゃばり野郎とか、コーチに贔屓されているとか言われても、まったく気にならなかった。

フィジカル面を疑問視されていることがわかったから、練習生になると毎日ジムに行って、スポーツ科学者から多くを学んだ。ロイ・キーンは監督就任の際、古巣のマンチェスター・ユナイテッドからコーチを引き抜いてきた。チームメイトだったマイケル・クレッグをパフォーマンス部門の責任者に据え、スコット・エインズリーをスポーツ科学部門の責任者にした。スコットに学んだランニングはかなりの効果があった。シルクスワース・ランニング・トラックという施設で、いつも体力強化のトレーニングをしていた。

そのころは一日中でも走っていられた。また、体幹トレーニングや腕立て伏せなどで、上半身の筋肉をひたすら鍛えつづけた。練習生になって半年後には、別人に生まれ変わっていた。燃えるようなエネルギーと攻撃性を身につけた。ピッチ上を走りまわり、敵を苛立たせるプレースタイルを身につけた。それは自分でも気に入った。相手と勝負し、正面から対峙するスタイルだ。

ロイはそうした面を気に入ってくれたらしく、サンダーランドの選手としてデビューすることができた。最初に彼の目にとまったのは、2008-09シーズン開幕前、リザーブのプレシーズンマッチで、ゲーツヘッドでのアウェイ戦でのことだった。18歳になったばかりだった。若手選手やリザーブが主体のチームに、怪我から復帰してまだプレー時間を必要とする一軍の選手も交じっていた。

試合は0対2で負けた。一軍の練習と重なっていたため、ロイはその場にいなかった。だが、彼は遠征から戻ってきたチームをトレーニング場に呼び出し、ミーティングを行った。選手たちはラウンジに集まってすわり、監督が現れるのを待った。ロイは僕たちを一目見るなり、罵りはじめた。「おまえらは全員くそだ。仲間同士でつるんで、ダラダラしやがって」

空気が張りつめた。汗が体をしたたり落ちる。ロイはひとりずつすべての選手を叱責していき、やがて僕の番が来た。「おまえは、自分が一軍に入れると思ってるのか?」そこで、僕はこう答えた。「はい、思ってます」。何が起こるかはわからなかった。怒鳴りつけられるんじゃないかと思った。だが、ちがった。「その言葉を聞けて嬉しいよ。おまえは今日のゲームで唯一ちゃんと走っていたし、年齢もいちばん若い」

人生のなかで、これほど胸をなで下ろしたことはない。翌日、電話がかかってきて、スタジアム・オブ・ライトで行われるアヤックスとのプレシーズンの親善試合でチームに入る、と告げられた。そして、練習生からプロ契約に変わり、サッカー選手としての第一歩を踏みだした。そのアヤックス戦に出場したあと、11月1日にはスタンフォード・ブリッジで行われるプレミアリーグのチェルシー戦のため、一軍選手のひとりとしてロンドンに遠征した。前半の45分間は控えでベンチにすわっていた。その日のチェルシーはすばらしく、センターバックのアレックスのゴールと、ニコラ・アネルカには2得点を決められ、ハーフタイムには0対3で追いかける展開だった。

ロイは気が立っていた。実際、後半には退場処分を食らっている。だがそのまえに、控え室で、後半はスティード・マルブランクに代わって出場しろと僕に告げた。このデビュー戦は、まさに試練だった。チェルシーの中盤はジョー・コール、デコ、フランク・ランパード、フローラン・マルダという顔ぶれで、しかも僕は右サイドハーフだったから、おそらく当時世界最高の左サイドバックだったアシュリー・コールと相対することになった。

　ロイがこんな状況でデビューさせてくれたことは、大きな自信になった。大喜びでフィールドに出て、正真正銘の一流チームを相手に戦った。これこそ僕が夢見ていたものだ。出場してわずか8分でさらに2点を献上してしまったが、そのあとはどうにか持ちこたえた。45分間、必死で走りつづけた。サッカー界の成功者で、自分の偶像だったロイのような人物が信頼し、出場させてくれたことは計り知れない価値があった。彼はほかの誰よりも早く、僕の才能を見いだしてくれた。

　たしかに、ロイは少しだけ怖かった。だがその部分は、監督としての彼の流儀のなかで強調されすぎていると思う。クラブにおける監督の権威には、敬意が払われなければならない。それがなければ、チームはうまくいかない。ロイは選手たちを猛烈に罵ることもあったが、それはサッカークラブという環境では、とりたてて特別なことではなかった。

　だが僕は、彼と差し向かいになるのを恐れはしなかった。じっと見つめられ、自分のプレーに関する率直な観察を聞くときには、たしかに少し汗をかいた。だが最も重要なのは、プレミアリーグだけでなくヨーロッパでも過去最高級の選手のもとでプレーし、その経験に触れられることだった。

　そういうことのできる幸運な選手はあまり多くない。僕は頻繁に、自分が一軍に入るために必要なのは何かと質問した。恐れずに監督室のドアを叩いた。最高の選手から学びたかった。求められているものを理解し、プレミアリーグのミッドフィールダーとして成功するための忠告を得たかった。

　リーグカップのブラックバーン・ローヴァーズ戦で最初の先発を果たしたが、ロイはクリスマス前に監督を辞任し、コーチのリッキー・スブレイジアが暫定監督になった。スブレイジアには、一軍での出場機会を得るためには期限付き移籍をするのがいいと告げられた。その言葉には一理あったし、僕は成長しつづけたいという熱意があった。残りのシーズンは、プレミアリーグのひとつ下、チャンピオンシップに所属するコヴェントリー・シティに移籍した。

そこで過ごした時間は楽しかった。クリス・コールマン監督のもとでのプレーはやりがいがあった。はじめて実家を出たのもこのときだ。最初はホテル暮らしで、その後ロイヤル・レミントン・スパに近いフラットに引っ越した。監督や選手たちは僕が馴染めるようにしてくれた。それに、いいチームだった。クリントン・モリソンやレオン・ベスト、フレディ・イーストウッドらが中心選手で、ダニエル・フォックスやスコット・ダンもいた。バランスが取れたチームで、僕は右サイドでプレーした。

ここではいくつかの節目も迎えた。2対1で勝利した敵地キャロウ・ロードでのノリッジ・シティ戦で初得点を挙げ、FAカップで上位進出を果たした。準々決勝まで残ったが、ここでもチェルシーと当たり、0対2で敗れた。その後まもなく、中足骨を骨折してサンダーランドに戻ることになった。

その年、2009年の夏に、スティーヴ・ブルースがサンダーランドの新監督になった。僕はここ数年、彼がニューカッスルの監督として厳しい批判にさらされているのを、悲しみ、信じられない思いで見てきた。僕が知るかぎり、彼はそんな監督ではない。選手はみな喜んで彼のもとでプレーすると保証できる。僕自身も大きな恩を受けている。僕のキャリアのなかできわめて重要な人物だ。

ブルース監督はアシスタント・コーチのエリック・ブラックを連れてウィガン・アスレティックからやって来た。エリックは、コヴェントリーでの僕のプレーを何度か見て、気に入ってくれていたらしい。中足骨の怪我が癒え、プレシーズンの練習で絶好調だったのも幸いだった。アムステルダム・アレナで行われたベンフィカとの親善試合に出場したあと、監督と話していたグラント・レッドビターが僕を褒めているのを耳にした。これは最高に嬉しかった。

前シーズンに、グラントのスパイクを磨いていたのもよかったのかもしれない。練習生にはそれぞれふたりの選手のスパイク磨きが課せられていて、僕の担当はグラントとカルロス・エドワーズだった。僕はこの慣習が気に入っていた。厳しいことはたしかだが、僕は伝統的なサッカーの更衣室の文化に触れるのが遅かったから、若い選手がスパイク磨きによって責任感や敬意を学ぶのはよいことだと思う。

クラブの往年の名選手であり、そのころアカデミーの責任者だったケヴィン・ボールからは、大きな影響を受けた。練習後、当番の練習生が数人で更衣室の清掃をした。トイレや床を磨き、洗いものは洗濯機に運ぶ。スパイクを磨くシンクは輝いていなければならなかった。

それが終わると、上の階にいるボールに報告してから帰宅する。サッカーボールをしまい忘れ、バスに乗っているときに電話がかかってきて、トレーニング場まで戻らなくてはならないこともあった。いまでは、このスパイク磨きの文化はなくなってしまった。おそらく、若い選手にとってあまりに屈辱的だと判断されたのだろう。だが、一軍の選手と接する機会が失われたのは残念なことだ。カルロスやグラントはとても優しく、クリスマスにはボーナスとして数百ポンドくれたこともあった。

ブルース監督からは選手として大きな影響を受けた。プレシーズンのランニングも昔ながらのやりかただったが、僕はそれが好きだった。また、楽しんでプレーするようにと言ってくれた。そのシーズンはチーム内でダレン・ベントにつぐ出場時間を確保し、評価も上がりはじめた。更衣室ではアントン・ファーディナンドやリー・カッターモールといった選手たちが絶えず励ましてくれた。よくまとまったチームだった。

ブルース監督はまた、僕を駆りたて、持てる力を発揮させる方法を知っていた。僕は名の知れた選手にひるまなかった。むしろ、最高の選手と戦えると思って張りきった。セスク・ファブレガスやライアン・ギグスといったスター選手のマークを指示されると、必ずその任務を全うした。

父からはつねに、一流選手に立ち向かうときには、相手も自分と変わらないことを忘れるなと教えられてきた。ゲームは11人対11人。そこに違いはない。敬意は抱いてもかまわないが、ピッチ上では誰もが平等だ。試合に臨むときは、いつもそれを思い出した。年上の選手に敬意を欠いたふるまいだと思われたとしても、勝負を挑み、ときには怒らせることも怖くなかった。

リヴァプール時代、２０１５年にチェルシーと対戦したリーグカップの準決勝でジエゴ・コスタとやりあったときの動画がネット上で拡散されているが、あの行動はそうした本能の表れだったかもしれない。彼は、普通ではない奴が目の前にいると気づいたかのように後ずさった。あの映像は見直すたびに笑ってしまう。

コスタは好きな選手だ。プレミアリーグ特有の激しさを好むタイプで、ときどき乱闘も起こすが、僕はひるまなかった。チェルシーでの姿からも、彼が仲間たちを駆りたてているのがわかる。反則すれすれのプレーも嫌いではない。だが、自分が相手となると話はべつだ。あの試合、彼はリヴァプールの若手数人にちょっかいを出していた。経験の浅い選手ふたりくらいに汚い言葉を投げかけて威嚇していたのも確認していた。

当時、リヴァプール対チェルシー戦では、つねに際どいつばぜり合いが起こっていた。チェルシーはジョゼ・モウリーニョ監督の第2次政権だった。あの試合では、コスタとやりあうまえに、セスクともいさかいが起きていた。ただ実際のところ、拡散された動画のようなおかしな状況ではなかったと思う。僕の記憶では、こちらがフリーキックを得ていたのだから、彼はいずれ引き下がるしかなかった。だが、拡散された動画の面白みを奪ってもしかたがない。もうひとつ書いておきたいが、彼はあの試合のあと、会うといつも感じのよい態度で接してくれる。

僕はずっと、怒りは必要なものだと思っていた。だが、数多くのスポーツチームや男女の個人スポーツ選手に協力してきた精神科医のスティーヴ・ピーターズと出会って、考えが変わった。それまでは怒りは自分の一部であり、また自分のプレースタイルの一部でもあると感じていた。だが、スティーヴはそれを否定した。それは僕に必要ないものであり、そのエネルギーには、もっと効果的な使いかたがあるというのだ。自分が感情的すぎるとは思っていなかったし、退場処分を食らったこともなかった。限度はわきまえていたつもりだ。だがそれでも、彼の考えでは感情の無駄遣いだった。

彼は獲物に襲いかかるまえのライオンを喩えにして説明した。ライオンはひそかに行動する。静かで、目はどんよりとしているが、突然、爆発的に行動を起こす。僕は声を上げ、感情むき出しで、それに多くのエネルギーを浪費していた。ピッチ上では、何がなんでも勝ちたかった。だが年齢を重ねるとともに、そしてスティーヴの考えかたを採り入れたことで、そのエネルギーをさらにうまく使うことができるようになっていった。

若いころは試合中に相手とやりあうことがあった。リヴァプールに移籍したばかりのころは、マンチェスター・ユナイテッドとの試合はいつも緊迫していた。ギグスに何かを言われて言い返すと、彼は年長の選手に対する敬意に欠けているとみなした。そして僕をにらみつけ、「言葉に気をつけろ」と言っているところをカメラで撮られていた。

試合後、ライアン・ギグスのような選手にあんな口をきくなんて、なんてことをしたんだと思ったが、当時はそれが僕のやりかただった。対戦相手が誰であれ、同じようにしていた。何年かあと、エティハド・スタジアムでのマンチェスター・シティ対バルセロナ戦を観戦したとき、彼を見つけて謝罪した。だが、若いころの僕はそんな過ちも犯していた。気持ちをむき出しにして相手に向かっていくスタイルだった。

相手の実力も、名声もお構いなしだった。むしろ名前が知られた選手ほど、やりがいがあった。とくに燃えた相手はセスク・ファブレガスだった。スタジアム・オブ・ライトでのアーセナル戦では、試合前にブルース監督にこう言われた。「ファブレガスから絶対に目を離すな。あいつに張りついていろ」。こうしたマンマークは、戦術としては新しいものではないが、僕は気に入っていた。この指示を聞いたときは嬉しかった。

ファブレガスのような名選手を向こうにまわして、自分の力を証明したかった。試合開始直後から、相手が嫌がっているのは明らかで、かなり欲求不満をためているようだった。僕は若く、貪欲で、いい印象を与えたかった。彼がボールを持つと、必ず張りついた。文字どおり、追いかけまわした。マイボールになったときどうするかすら考えず、彼だけを意識していた。相手ボールになると、その瞬間にセスクの位置を確認した。

短気な彼は、そのうちに文句を言いはじめた。「まさかハーフタイムまで、こっちの控え室についてくるつもりじゃないだろうな」。僕は彼の大ファンで、とてつもない名選手だと思っているが、このときは僕の勝ちだった。自由にボールが扱えないと欲求不満がたまり、打開するために余計なことをして、結局は自分を見失ってしまう。

年齢を重ねるごとに、僕は自己犠牲の必要性を学んでいった。自分にしつこいマークがついたら、相手をおびき寄せることで、味方の選手が動けるスペースを作ればいい。また、計画どおりにいかないこともある。スタンフォード・ブリッジでのべつのチェルシー戦では、ブルース監督は、クラブでいちばん仲がいいひとりだったデイヴィッド・メイラーと僕に、ランパードとミヒャエル・バラックのマークを指示した。メイラーと僕はクラブでも一、二を争う走り屋だった。彼がランパード、僕がバラックについた。

監督には、おまえたちの走力と若さ、勤勉さがあれば、ランパードとバラックに走り勝てるぞと言われた。だが、そうはいかなかった。開始34分で0対4とリードされ、しかもその日のBBCのスポーツニュースでは、1点目はバラックによる「極上の」スルーパスから生まれたと紹介された。たぶんあの日は、誰がマークしても彼を抑えることはできなかっただろう。試合は結局、2対7で敗れた。

僕はその2009-10シーズン、さらに2010-11シーズンのサンダーランドの最優秀若手選手に選ばれた。プレミアリーグでの順位はそれぞれ13位と10位。ダニー・ウェルベックとアサモア・ギャンを前線に配し、ネダム・オヌオハとアントン・ファーディナンドを守備の要として、チーム力も高まっていた。成績もよく、僕自身も成長を続けて、やがてほかのクラブから注目されるようになっていた。

サンダーランドから受けた恩はとても大きかった。２０１１年の夏にリヴァプールに移籍することになったが、そこまでの選手になれたのはすべてクラブとコーチ陣のおかげだった。そしてひとりの人間として成長できたのはすべて、母と父、友人たち、それに生まれ育った町のおかげだ。僕は子供のころからずっとサッカーのためだけに生きてきた。だから、地元サンダーランドの赤白のストライプのユニフォームを着てスタジアム・オブ・ライトでプレーする以上に心地よいことは想像できなかった。

第3章

キングとの謁見

サンダーランドでの最後のシーズン終盤には、ほかのクラブから視線が注がれていることに気づいていた。マンチェスター・ユナイテッドからの期限付き移籍で1シーズンをともにしたダニー・ウェルベックには、所属元であるオールド・トラッフォードの人々が僕について問い合わせていると聞いた。またある試合のあとに、イングランド北西部ではよく名の知られた人物が僕を直に視察していたことを知った。

信じられない思いだった。1年前はコヴェントリーに期限付き移籍で出されていたのに、いまでは史上最高の監督のひとりであるサー・アレックス・ファーガソンが、わざわざ時間を割いて僕を見に来ていたと告げられたのだ。控えめに言っても信じられないほど嬉しかったが、その話はそれ以上には進まなかった。ウェルベックがクラブへの報告で、あまりいい評価をしなかったのかもしれないとも思った。

また、リヴァプールも僕を欲しがっていることがわかった。あるとき、サンダーランドの許可を得て、父の運転でリヴァプール近郊のサウスポートにあるケニー・ダルグリッシュの自宅を訪問した。現実とは思えなかった。僕はまだ世間知らずな20歳の若者だった。だが、そこはたしかにキング・ケニーの自宅で、僕はその時代の最高の選手のひとりだった人物とサッカーの話をしていた。

ケニーによれば、彼は２０１０年10月にイーウッド・パークへ行き、サンダーランド対ブラックバーン戦を観戦したそうだ。月曜日のナイトゲームで、０対０の引き分けだったが、僕のプレーに感心したという。チーム再建に着手したばかりのリヴァプールに、僕も加わってほしい、と彼は言った。１月の移籍期間にルイス・スアレスとアンディ・キャロルが加入したことは知っていた。チームは大きな野心を持ち、新たなプロジェクトを開始したばかりだった。

もうひとつ重要な点があった。もしリヴァプールに移籍すれば、スティーヴン・ジェラードとプレーできる。これはまたとない機会だった。僕はいつも彼に憧れ、サンダーランドで昇格していくあいだもずっと、手本にしていた。その日ケニーの家を出るころには、気持ちは固まっていた。いや、それは嘘だ。玄関を通って彼の家に入ったときにはすでに、もう心は決まっていた。

ダミアン・コモッリにも会った。彼は新たなアメリカ人オーナー、ニュー・イングランド・スポーツ・ベンチャーズ（のちにフェンウェイ・スポーツ・グループに改名、略称はＦＳＧ）から初代のサッカー戦略ディレクターに任命されていた。彼は僕がチームでどんな役割を与えられるかを説明した。コモッリとケニーは、僕との契約を願う理由が一致していた。ケニーは自分の目で見て判断した。ダミアンは優秀な人物で、現代サッカーで戦略への理解力が重要性を増していると考えていた。彼はノートパソコンを開き、事実や数値がぎっしり表示されたページを見せて、これが君と契約したい理由だ、と言った。

ある表では、僕の名前がダビド・シルバ、サミル・ナスリ、セスク・ファブレガスなど、プレミアリーグを代表するミッドフィールダーたちに交じって表示されていた。ほかにも、チャンスメイク、アシスト、敵陣でのパスなど、リヴァプールの新たな首脳陣がミッドフィールダーに求める要素の表があった。ダミアンは僕の数値を指さして言った。「君は20歳で、サンダーランドに所属している。だがほかの選手たちのチームはシティやアーセナルだ」

そのころすでに、とりわけ野球のメジャーリーグで、統計学を利用し、選手獲得を大きく変えた「マネーボール」のことは耳にしていた。またリヴァプールの新オーナーがボストン・レッドソックスも所有していることは知っていたから合点がいった。ダミアンは僕を大いに気に入ってくれていた。このときの会話だけではない。その後、状況が変わり、ほかの人たちが僕を見捨てようとした時期にも、選手としても人間としても信頼してくれていた。これからも彼への感謝を忘れることはないだろう。

サンダーランドとリヴァプールは１６００万ポンドの移籍金で合意し、２０１１年6月9日に、デンマークで行われたU21欧州選手権の準備が新チームの一員としての最初の活動になった。サンダーランドでは通算79試合に出場し、前年11月にウェンブリーで行われたフランスとの親善試合でイングランド代表の初キャップも手にしていた僕は、その夏のリヴァプール最初の加入選手として5年契約で入団した。20歳の若手選手への移籍金としてはクラブの記録となる金額で、新たな時代を引っ張っていく選手のひとりになることが期待されていた。

リヴァプールにとって非常に重要な時期だった。そのことは、あらゆる面で感じられた。１９９１年2月にケニーが辞任したのち、クラブはもはやリーグの盟主ではなくなった。18回で止まったままのリーグ優勝回数の記録は、マンチェスター・ユナイテッドに抜かれていた。そのことがファンにとってどれほどつらいことなのかを知るまでに、時間はかからなかった。チェルシーもまた、ロマン・アブラモビッチの金銭的支援によって力をつけていた。さらにアブダビ王族の資金力によってマンチェスター・シティも存在感を増しており、トップの座への道のりは簡単ではなかった。リヴァプールは僕の契約時には恵まれた状況にあったが、その1年前には前オーナーのトム・ヒックスとジョージ・ジレットのもと、破産寸前まで突き進んでいた。

しかし、こうした困難もまた、僕をリヴァプールへと引き寄せた要素のひとつだった。結果が出ないとき、ファンは通りでデモ行進を行い、現状に抗議していた。僕はそれをいいことだと思った。その行動は、クラブは自分のすべてだと思うからこそだ。それほど情熱的なサポーターがついていると思えば、待ち望まれた成功を成し遂げるために、どんな困難でも乗り越えていく気になれる。ありがたいことに、ジョン・W・ヘンリー、トム・ワーナー、マイク・ゴードンが率いるアメリカの新たなオーナー企業は、ヒックスとジレットとはまったく異なることが見てとれたし、アメリカのスポーツ界ですでに大きな成功を収めていた。

リヴァプールに加入したときには、ちょっとしたカルチャーショックを受けた。クラブは失われた時間を取り戻すことに貪欲で、早く追いつけるように多額の資金を使って新たな選手を獲得しようとしていた。

ＦＳＧがリヴァプールを買収したのは２０１０年10月だった。２０１１年1月にロイ・ホジソンが辞任し、ケニーがはじめは暫定監督としてチームを任され、めざましい結果を残して、5月初旬には正式に監督になり、第2次政権が始まった。

リヴァプールにとってケニーという人物が持つ意味については、何度も聞かれてきた。僕に言えるのは、彼は英雄以上の存在だということだ。1978年に彼がゴールを決め、クラブ・ブルッヘを破ってヨーロピアン・カップを勝ち取ったときの映像を見たことがある。また監督としての第1次政権では、1986年にリーグとFAカップの「ダブル」を成し遂げたほか、1988年と1990年にリーグ優勝し、さらに1989年にもFAカップで優勝している。

だが、サッカーで挙げた成績は、物語のごく小さな部分にすぎない。1989年4月15日に起き、97名ものファンが亡くなったヒルズボロの悲劇の際、ケニーは信じがたいほど大きな役割を果たした。さまざまな面でリーダーとしてふるまい、数多くの葬儀に出席し、遺された家族や影響を受けた無数の人々に多大な支援をした。

ケニーがFSGによってふたたび監督に任命されたことは大きな意味を持っていた。また、ロマンを掻きたてる出来事でもあった。当時、リヴァプールは最後のリーグタイトルから21年遠ざかっていた。マージーサイドに来るとすぐに、この空白を終わらせようというサポーターの必死の思いが感じられた。ケニーが待望の優勝をもたらしたら、とてつもない騒ぎになるだろう。

クラブが一丸となり、ビジネス面での成功や高い目標を真剣に目指していることは明らかだった。僕が加入したときにはすでにルイス・スアレスとアンディ・キャロルがいて、さらに移籍期間中に、チャーリー・アダム、スチュワート・ダウニング、ホセ・エンリケ、セバスティアン・コアテス、ジョーダン・アイブ、クレイグ・ベラミー、ジョアン・カルロス・テイシェイラ、アレクサンダー・ドニが加わった。

僕の加入はとりたててリヴァプールファンの想像を駆りたてはしなかったと思う。ヒーローの出現が待たれていたあのころに、僕が救世主になると思われていただろうか。たぶん、そうではなかった。むしろ、実績のない若手に思いのほか大金を支払った、という印象だったはずだ。新オーナーたちには、その投資に対するリターンを辛抱強く待ってほしかった。

そのことで、必死に成功を目指す気持ちはさらに高まった。チームは、前シーズンは6位、さらにそのまえは7位に終わっており、現実には、ユナイテッドやチェルシーからはるかに後れをとっていた。ケニーの着任時にはクラブは混乱しており、とても一夜にしてがらりと変えられるような状況ではなかった。個人的には、あのシーズンは力が入りすぎだった。絶対に失敗したくないと思いすぎて、自分らしい普段どおりのプレーを忘れていた。

クリスマス前に、スティーヴィーが怪我で100日以上チームを離れていたのも痛かった。僕の加入については、フィールド中央でキャプテンの補佐にまわることも好材料として挙げられており、自分でもダイナミックな新しい連係が生まれることを期待していた。ところがスティーヴィーは怪我で離脱していたし、僕は中央でプレーしていなかった。最初の想定とはかけ離れていた。

ケニーから与えられたのは、予想とは異なり、中盤の右のポジションだった。そしてリヴァプールでのデビュー戦となるアンフィールドでのサンダーランドとの開幕戦では、ディルク・カイトではなく僕がその位置で先発した。中央はルーカス・レイヴァとチャーリー・アダム、左はスチュワート・ダウニングで、4人の中盤のうち3人がクラブでの初出場だった。僕はまもなく60分という時間帯にイエローカードをもらってカイトと交代した。ルイス・スアレスが前半のPKを外したこともあり、1対1の引き分け。最高の出だしとはいかなかった。

だがつぎの試合ではエミレーツ・スタジアムでアーセナルを下し、さらに第3節のボルトン・ワンダラーズ戦では先制点となる移籍後初得点を決め、3対1で勝って、短期間だがリーグ首位に立った。アンフィールドで、しかも左足でのゴールはこの上ない気分だった。決めたあとはマーティン・ケリー、カイト、ルーカスが祝福に駆け寄ってきてくれた。だが、プレミアリーグの優勝争いという点ではそれがそのシーズンのピークで、その後は成績が安定しなかった。チャンピオンズリーグ出場権にあと一歩の順位をうろうろしつづけた。

10月15日にアンフィールドで行われ、1対1に終わったマンチェスター・ユナイテッド戦で、ルイス・スアレスと相手ディフェンダー、パトリス・エヴラのあいだに口論が起こった。続けて猛烈な批判を浴びたことで、そのシーズンの戦いは瓦解した。チームには厳しい批判が突きつけられ、ルイスはパトリスに対する人種差別発言で非難された。出来事の詳細や、そのあと誰がどのような立場をとったかについては、よく知られたことだし、これまでに何度も書かれている。この本でこの件に触れるのは、ほかの人々の行為の善悪を判断するためではなく、自分自身の行動について伝えるためだ。

引退した選手がよく受ける質問に、後悔していることや、戻ってやり直したいことはあるかというものがある。たいていの選手は、ない、と答える。だが僕はちがう。この出来事の渦中で起こったことについては、とりわけ、この人種差別問題に関するチームの対処については、やり直したいことがあまりに多い。

クラブとして、僕たちは過ちを、しかも、ひどい過ちを犯した。僕はこれからもずっと、それを悔いつづけるだろう。個人としてのふるまいを思い返すと、自分がしたことよりも、しなかったことのほうが重い意味を持っている。僕はパトリスのことを考えるべきだったのに、実際には考えなかった。それについては、若く、経験不足だったからという言い訳をすることもできる。ほかの人々の陰に隠れることもできる。だが結局は、自分自身の過ちに向きあわなくてはならない。正しいふるまいについては学んでいたし、何が善いことで何が悪いことなのかもわかっていた。

後悔のおもな理由は、ルイス個人とチーム全体への視線が最も厳しかったとき、僕たちが内部の視点だけにしがみつき、外部の視点を考慮しなかったことだ。自分たちのことだけを考えたのは誤っていた。騒動は大きくなり、過ちはすぐに明らかになった。サッカー界全体から、なぜこれほど間違った対応をするのかという視線を向けられた。僕たちはたしかに間違っていた。しかもそれは、僕の意見では集団としての間違いだった。

イングランドサッカー協会は6日間の聴聞会の結果を受けて、12月20日、ルイスに8試合の出場停止と4万ポンドの罰金を科した。その翌日の晩、DWスタジアムでプレミアリーグのウィガン戦に臨んだ。その試合前のウォームアップでは、ルイスの姿をプリントしたTシャツを着ることで、彼を支えるという意思を示した。それに対する猛烈な批判は正当なものだった。身内をかばおうとするあまり、チームは誤った判断をしていた。

数年後、サンダーランドでチームメイトだったアントン・ファーディナンドを相手に、BBCのドキュメンタリー、『Football, Racism, and Me（サッカー、人種差別、そしてわたし）』の収録でこの出来事について話した。Tシャツを着た理由について尋ねられたとき、過ちを犯すという経験をして、ようやく学んだ、と答えた。僕たちはあのとき、ルイスを守ることしか考えていなかった。だがパトリスのこと、彼の苦しみについても考えるべきだった。

かりにマイクを向けられ、「あのときあなたはどうふるまったのか？」と問いただされても、自分は正しかったと主張することはできない。パトリスのことや彼に与えた影響について考えなかったのは大きな間違いだった。ルイスのことだけを考えたのは、彼がチームメイトで友人であり、人種差別主義者ではないことを知っていたからだ。選手としてもひとりの人間としても、いまも彼のことが好きだ。

リヴァプール対マンチェスター・ユナイテッド戦だったこともあり、大きな感情や非難が渦巻くなかにいた。そんな状況で、ルイスを守ろうとし、パトリスのことは考えなかった。人は自分のことについては責任を負わなければならないと僕は考えている。そして僕は、パトリスのことをもっとずっと思いやるべきだった。

その後、クラブはパトリスに謝罪し、ジェイミー・キャラガーもクラブを代表して、共演した『マンデー・ナイト・フットボール』で彼に謝罪した。それは当然の行為だった。いまでも、僕は自分のふるまいについて考えつづけている。自分の行為が過ちだったと指摘されれば、それを認める、とアントンに話したのはそのためだ。もう遅いと言われるかもしれないが、これほど重要な問題に関してはとくに、遅くても何もしないよりましだ。

アントンとの対話は僕にとって大きな価値があった。あのドキュメンタリー番組の主役は彼だったにもかかわらず、声をかけてくれたことに感謝している。同じ更衣室で過ごした仲であり、また僕を教え導いてくれた人でもある。番組内のインタビューでも、彼の言葉には大いにうなずかされた。あれから僕はクラブの一員としてともに成熟し、過ちから目を逸らさず、同じことを繰りかえさないよう取り組んできた。そのことだけは、いまはっきりと言うことができる。それは自分たちだけでできたことでなく、サッカー界や社会全体のおかげだ。

２０１２年の3月から4月にかけて、チームは7戦中6敗を喫した。スタジアム・オブ・ライトでの0対1の敗戦もそのひとつだった（移籍後はじめてのサンダーランドへの帰還だったが、80分過ぎに交代になった）。その7戦目にセント・ジェームズ・パークでニューカッスルに0対2で敗れると、これほど負けが込んだのは１９５３年以来のことだと新聞に書き立てられた。2月末にはカーリングカップを制し、ＦＡカップでもチェルシーとの決勝に進出していたにもかかわらず、ケニーには重圧がかかりはじめていた。

カーリングカップの決勝ではまた右でプレーし、延長まで戦って2対2となり、ＰＫ戦でカーディフを振りきった。その日の中盤は右から僕、スティーヴィー、チャーリー・アダム、スチュワート・ダウニングという顔ぶれで、フォワードはルイスとアンディ・キャロル。僕は53分までプレーしてクレイグ・ベラミーと交代した。リーグでのふがいない成績もあり、カーリングカップ制覇は士気を高めてくれた。

ウェンブリーでトロフィーを掲げるのはリヴァプールに入団した理由のひとつだったが、僕はもがいていた。原因は身体面ではなく精神面だった。僕は落ちこんでいた。移籍金に見合った働きどころか、サンダーランドでの水準にすら達していないように思えた。ケニーに重圧がかかっているころには、彼を失望させているように感じられた。大きな恩を、まるで返せていなかった。

この大きなチャンスを、自分でふいにしてしまっているような気がした。21歳で、故郷を離れ、新たな都市、クラブに慣れなければならなかった。大きな期待に応えなければならないという思いも空回りしていた。ダミアン・コモッリは4月12日にウェンブリーで行われたFAカップ準決勝のエヴァートン戦の2日前に解任されたが、それも無関係ではなかった。彼に対する最大の批判のひとつは、僕への移籍金が高額すぎた、というものだったからだ。その批判は悔しかった。

このシーズン、ケニーはとてもよくしてくれた。何度かオフィスに呼ばれ、話をした。彼は人を見る目があったが、当時の僕は誰でもわかるくらい沈んでいた。彼は繰りかえし、心を落ち着かせ、自分に得意なことをし、寛いでプレーを楽しむようにと話してくれた。ところが僕は彼の評価を勝ち取り、変わらない信頼に応えたいと思うあまり、自分のプレーを忘れてしまっていた。

FAカップ決勝のチェルシー戦はジェイ・スピアリングとともに4バックの前の守備的ミッドフィールダーとして先発したが、後半開始まもなく0対2とリードを許した。アンディ・キャロルが後半途中で1点返し、さらに終了8分前には同点かと思われたシーンがあった。キャロルのヘッドをペトル・チェフがゴールラインぎりぎりで弾き、クロスバーに跳ねたあとバウンドし、フィールドに戻ってきた。

この試合が行われたのは、ゴールライン・テクノロジーが導入される直前だった。主審のフィル・ダウドはラインを割っていないと判定した。あれはほんの数ミリの差だった。われわれは同点を目指したが、届かなかった。低調なシーズンで、さらにチャンスをふいにした。

最終戦でスウォンジー・シティに0対1で敗れたあと、ケニーはジョン・W・ヘンリー、トム・ワーナーとシーズンの総括をするためにボストンに向かった。リーグ成績は8位で、優勝したマンチェスター・シティから勝ち点で39離されていた。よい成績ではないことは一目瞭然だ。それでもカーリングカップの優勝、FAカップの決勝進出は来シーズンへの励みになると思っていた。だが、それは間違いだった。5月16日に、ケニーの解任が発表された。

その知らせを聞いて、僕は頭が真っ白になった。そのことは、僕がサッカーについてどれほど多くを学ばなければならないかを示していた。何も知らない子供だった僕は、現実の厳しさを教えられた。サッカーの世界では、これほど容赦ないことも起こりうるのだ。ケニーは掛け値なしに偉大な人物だったが、オーナーたちは決別を選んだ。

ケニーは常と変わらず、品位ある態度をとった。リーグの成績は残念だが、カーリングカップの優勝はサポーターにとって大きな意味があり、ほかの何物にも代えがたい価値があると語った。また、FSGにも賛辞を送った。自らの退任が「名誉と敬意、尊厳ある方法で」行われた、と述べた。

後任について、当初はラファエル・ベニテスの再任が噂された。ジョン・W・ヘンリーはウィガンのロベルト・マルティネス監督とマイアミでコーヒーを飲んでいるところを撮影された。ドイツでボルシア・ドルトムントを率いて2冠を達成したユルゲン・クロップの名前も挙がっていたし、ルイ・ファン・ハールはその地位への関心を公言していた。だが6月1日にクラブは、スウォンジー・シティの監督として多くの人々に評価され、創造的なコーチとして魅力的な攻撃サッカーを展開していたブレンダン・ロジャーズが新監督に就任すると発表した。

僕はブレンダンについて評判を聞いたことがあるだけだった。チェルシーでジョゼ・モウリーニョのもと、ユースチームのコーチやリザーブチームの監督をしていたことは知っていた。選手から高く評価され、敬意を集めていたほか、とりわけ、スウォンジーを率いて格上ばかりのプレミアリーグで戦い、賢明なサッカーをしていた。

着任するなり、ブレンダンはトレーニング・セッションでめざましい印象を与えた。彼が求めるプレーはいたって明確だった。また、ちょっとした遊びも取りこんでいた。たとえばチームの施設内での映像を紹介した『ビーイング・リヴァプール』という番組で、シーズン後に残念な結果に終わる選手を3人予測し、紙にその名前を書いて封筒に入れるという企画があった。

たぶんそれは、古いファーガソン流のやりかただったのだと思う。誰の名前が書かれていたのか、明かされることは決してなかったし、そもそも名前が書かれていたのかさえわからない。ベテラン選手たちはそうしたものに懐疑的だったけれど、若かった僕は感銘を受けた。おそらく、選手たちに必死でプレーさせるためのちょっとした仕掛けだったのだと思う。

ヨーロッパリーグの予選3回戦にまわったため、シーズンの開始は早かった。ブレンダンがリヴァプールの監督として挑んだ最初の試合は、ベラルーシのゴメルでのアウェイ戦で、1対0で勝利した。僕はユーロ2012に参加していたためプレシーズンの準備があまりできなかったが、中盤の中央で先発した。本拠地でもゴメルを下したあと、プレーオフ第1戦の敵地タインカッスルでのハーツ戦も中央でプレーした。プレミアリーグの開幕から2戦、WBA戦、マンチェスター・シティ戦は試合終了までベンチで、出番はなかった。

アンフィールドでのプレーオフの第2戦は8月30日、木曜日の晩に行われた。試合当日、チームは試合前の習慣どおり、市中央部のホープストリート・ホテルに滞在していた。部屋にノックの音がして、監督から話があると告げられた。彼の部屋へ行き、挨拶を交わして話を待った。

そのころには、多くのファンから僕の入団に対する疑問が出ていることを知っていた。加入後最初のシーズンの貢献は期待外れだという声もあった。そして監督が話しはじめると、やはりあまり高く評価されていないことが伝わってきた。

クラブはフラムからクリント・デンプシーを獲得しようとしており、そのトレード候補のリストを受けとっている、と彼は言った。2度目の交渉でフラムは、リスト上のほかの選手ではなく、僕とデンプシーの交換を望んでいると通達してきた。

気まずい沈黙のあと、ブレンダンは話を続けた。先発での起用は約束できず、出場時間は期待ほど与えられないかもしれないが、退団は強制しない、と。この話は僕しだいだが、彼はデンプシーが欲しく、フラムは僕を欲しがっている、と繰りかえした。もしチームに残るつもりなら、出場する機会を確保するためには、いまのままでは駄目だ、と。

僕はそこにすわり、話の内容をよく飲みこもうとしたが、結論は明らかだった。チームは僕の放出を望んでいる。ハンマーで殴られたような衝撃で、頭が真っ白になった。わずか1シーズンで、すでにチームに必要ないあぶれものだと告げられたのだ。自分の部屋に戻り、ドアを閉めると、涙があふれてきた。そのあと、父に電話をかけて話を聞いていると、苦しみが落ち着いてきた。つぎにやるべきことは明らかだった。

代理人のニール・フューイングスに、監督からの話を伝えた。フラムへの移籍を打診されたが、それは僕のためにはならない、と告げた。退団する気はなかった。リヴァプールに来てまだ1年だ。いまここを出ていく？　冗談じゃない。チームに貢献できることはまだまだたくさんある。自分が求めているレベルにはほど遠く、そこに到達するために必死で努力していた。ここに残り、戦いたい。出場時間が短くなるとしても、懸命に努力して、チームでの居場所を取り戻そうと決意した。

この件では、それ以上ブレンダンと直接話すことはなかった。代理人からCEOのイアン・エアーに、退団の意思はないと伝えてもらった。僕はその決意を守り抜いた。正直なところ、この件は運命を左右した出来事というほどでもなかったと思っている。もしフラム行きに応じていたらどうなっていたかとは、考えもしなかった。選択肢として頭に浮かんだことさえない。ただ残留することだけを望んでいた。

ブレンダンとは、僕にどんな改善を求めているかという話をした。クラブの戦力になると彼を納得させられるなら、なんでもするつもりだった。どんなプレーを望むかと質問すると、ノートパソコンを開いて、マイボールと相手ボールのときそれぞれで、どんなポジションを取るべきか、状況ごとにどこにいなければならないかを示す図を見せられた。

ブレンダンを補佐するアナリストで、（2022年）現在はレスター・シティでブレンダンのアシスタント・マネージャーを務めているクリス・デイヴィスと密に連携をとるようになった。このときはじめて、統計学について詳しく教わった。それまでは、直感だけで動いていた。僕は学ぶべきことすべてを吸収した。

ゲームでのパフォーマンスをもとに、よりよいプレーや改善点を分析した。ロボットのように操られるのは嫌なものだし、誰だって目の前の状況に応じて自分でポジションを決めたい。だがブレンダンからは、とりわけビルドアップのときには、指示どおりの位置にいることを要求された。僕はボールを追いかけて持ち場を離れる傾向があったが、それを修正する必要があった。

僕はエネルギーにあふれ、どのプレーにも関与したいと思っていたから、そのぶん動いたあとに穴ができていたのだ。その修正には数か月という時間がかかった。そのころはプレミアリーグではなく、出場するのはおもにヨーロッパリーグの試合だった。僕は必死で取り組み、学びながらチャンスを待ちつづけた。

プレミアリーグでは16試合に先発したが、スティーヴィーとともに中盤を構成する要員としては、ジョー・アレンやルーカスのほうが優先されていた。クラブでの最初のシーズンには、チームに不要だとつねに批判を浴びていたから、公私ともに影響を受けていた。だが、いまではその批判は少し落ち着いていた。みな僕があまり出場していないことに満足し、攻撃する理由もなくなっていたのだ。移籍金の無駄という声は減ったが、それは僕がチームにいなかったからだ。その猶予期間に、誰にも見えない場所で必死の練習に取り組んだ。

自転車競技団体のブリティッシュ・サイクリングやスヌーカー選手のロニー・オサリバンにも協力している精神科医のスティーヴ・ピーターズのセッションを受けはじめたのは、ちょうどそのころだった。ブレンダンは彼をチームに招き、強制はしないが、現代サッカーの過酷な重圧に対処するのにも役立つから、望むなら自由に彼のところへ行くように、と選手たちに伝えた。

そうしたこともあったが、リヴァプールでの2年目は苦しみ以外の何物でもなかった。家族との生活はないも同然だった。レベッカによれば、家でのふるまいという点では、この時期が選手生活のなかでも最悪だったらしい。トレーニングから戻るのは遅く、ジムに居残ってトレーニングをしていたし、家にいるときの態度もひどかった。帰宅するとテレビを見て、少し食事をすると、ろくに話もせずにすぐに眠ってしまっていた。

まだ2人家族だったころで、ベックにはつらい思いをさせてしまった。北東部の実家を出てリヴァプールに引っ越したばかりなのに、僕はいないようなものだった。故郷を離れるのは、僕にとっては大きな意味を持っていたが、ベックには関係なかった。慣れ親しんだすべてから離れてしまったのに、よく耐え抜いたと思う。あのころ、彼女の愛と支えがどれほど大きいかをしっかりと伝えていればよかった。ただ、僕は行動も気持ちも、普段どおりではなかった。壊れそうだった。ブレンダンがスティーヴ・ピーターズをチームに紹介したのは、ちょうど診断を受けたほうがいいのかもしれないと思いはじめていたころだった。

自分のすべてであるサッカーで、実力不足だと批判される。それが苦しみの原因だった。ファンからは、リヴァプールにいるに値しないと言われていた。ブレンダンやオーナーたちも、メディアもそうだ。すべての人から批判されているように感じていた。そんな状況で、自分では十分な実力があると感じているのだから、気が変になりそうだった。貢献するだけの力があるのに、みんなにはそれが見えていないと思っていた。

誰にも認められないと、自分の実力への疑念が生まれてくる。ほかの選手たちは、自分がここにいる実力を備えていると認めてくれているだろうかと考えてしまう。このときがどん底だった。その後、攻撃的で怒りを含んだ、挑みかかるような気持ちへと変わっていった。はじめは少しふてくされ、自分の殻に閉じこもっていたが、やがて怒りが湧いてきた。

トレーニングでもますます怒りを露わにするようになり、それを悪いこととも思わなかった。思ったように物事が進んでいなかったため、誰とでも喧嘩する気でいた。多くの人から叩かれているように感じていた。トレーニングでは冷静さを失い、いろいろな選手といさかいを起こした。ただ、そうすることで、間違っているのはまわりのほうだと証明しようという熱意があることを自分でも確認できたから、それでよかったのだと思う。

いつも自分の立場を守るのに必死だった。僕が入団して3か月で、ルイス・スアレスはそのことに気づいていた。ルイスは練習中でも感情を隠そうとしなかった。パスがまわってこなかったり、味方がボールを失ったりすれば苛立った身ぶりをした。それで、ある日我慢できなくなってしまった。僕をことさら見下すような態度には怒り狂った。3度目に腕を上げて不満そうにしたとき、カッとなって詰め寄った。

「何様のつもりだ?」僕は怒りをむき出しにした。みんなが駆け寄ってきて引き離そうとしたが、10秒くらいは不穏な状況が続いた。だが、トレーニングでのこのいさかいのあと、むしろ関係は改善した。つぎの試合は2011年11月に行われたカーリングカップの敵地でのストーク・シティ戦だったが、ルーカス・レイヴァはルイスから事前に、今日は僕のアシストでゴールを決めると宣言されていたらしい。しかも、その言葉は現実になった。ルイスは僕のクロスをヘディングで決め、試合が終わったあとには、ルーカスに話したとおりになったよ、と言った。それからは態度も変わり、いい関係ができていった。

ルーカスについても書いておくべきだろう。彼とは時間の経過とともに親しくなっていった。リヴァプールで受け入れられるために何が必要かを、誰よりもよく知っている選手だった。態度もプロ意識も、非の打ちどころがなかった。多言語を話し、多様な選手たちをまとめることができるという点でも欠かせなかった。性格はよく、家族にも恵まれている。彼の影響はいまでもチームに残っている。一緒にクラブのウェブサイト用の動画撮影をしていたときに彼が発した「アンラッキー！」という言葉は、チーム内で流行した。ロベルト・フィルミーノはいまでもそれを口にする。

だが、そのころの僕は楽しいことばかりではなかった。そこである日、トレーニング場のカウンセリング室にいるスティーヴ・ピーターズのことを思い出した。「失うものはない。誰もが僕を批判してるんだ。もし1パーセントでも役立てば、損することは何もない。もうこれ以上は悪くなりようがない」。そう思って、彼のところへ行き、自分の感情や考えを話した。それで気持ちが少し改善し、サッカー以外の生活に心を向けられるようになった。

スティーヴに対して心を開けたのは、何も判断されなかったからだ。サッカーの実力など、彼にはどうでもよかった。コーチングが目的なわけでもない。はじめてのセッションからとても快適で、心を開くことができた。秘密が保たれるという点も信頼していた。

スティーヴはいつもこう言っていた。「悪い日でも、優秀なサッカー選手であることを忘れないようにしよう。そしていい日には、君は怪物なんだ。独特の雰囲気がある。それをいつも意識しよう。この場所にいるために、君は努力し、身を捧げる。そうすれば、傑出した存在になれる」

この言葉で、より広い視野で状況を見られるようになった。もう、「チームから望まれていない。ファンに好かれていない。オーナーたちは僕を買ったことを後悔している」とは思わなくなった。そうした考えは払いのけ、自分が変えられるものに意識を集中した。スティーヴと話したことで、自分を開くことができた。そして、怒りを自分にとって有益なことに向けるようになった。精神的により強くなり、余計なことに悩まされることも減った。

体調はよかった。チームに戻り、ブレンダンもファンも、全員の判断が間違っていたことを証明することに集中した。大切なのは実力を高め、チャンスが来たときに力を発揮することだ。誰も見ていないところでの努力の甲斐もあり、つぎにチャンスが来ればそれをつかむ準備は整っていた。

状況が一変し、このときからすべてが順調に進みはじめた、という瞬間があったわけではない。ただはっきりと覚えているのは、２０１２年12月のヨーロッパリーグ、敵地でのウディネーゼ戦で唯一の得点を挙げ、決勝トーナメントに進出したことだ。あれから自然にふるまえるようになった。いくつかの転機があり、一軍での出場時間が増えていった。それとともに、自信もついていった。胸を張れるようになり、行動が変わり、キャラガーやスティーヴィー、ルイスからつねに学ぶようになった。

ルイスとともにプレーするのは驚異的なことだった。彼は自分のポジショニング、動きかたやプレーの先読み、ボールの位置ごとにどのような反応をするかを教えてくれた。ピッチの内外でこうした関係を結べたことは、とても大きかった。ボールを受けると、すぐに彼を確認するようになった。

試合前、選手通路でルイスが隣に並んでいるときは、その姿を目にすれば、「今日は負けないだろう」

と思えた。ともに過ごした3シーズンの彼は、まるで異なるレベルにいた。僕は彼を探し、ボールを渡す。ルイスはたとえ5人のマークがついていてもものともせずに得点を決め、僕にアシストをつけてくれた。彼のおかげで僕が優秀な選手に見えていたが、実際には、「ボールをよこせ」という要求を忠実に実行していたにすぎない。

1月にはフィリペ・コウチーニョとダニエル・スタリッジが加入し、リーグ戦ではそれからシーズン終了まで、12試合でわずか1敗しかしなかった。最終順位は7位だったが、ようやくチームは上向きはじめていた。また、僕自身も上向いているのを感じていた。先発に復帰し、2対1で勝利したアストン・ヴィラ戦で得点したほか、6対0の大勝を収めたニューカッスル戦で2点を挙げたのは気持ちよかった。何より、この2年間ずっと求めてきたものを手に入れつつあった。ようやく、チームの一員として受け入れられはじめていた。

第4章
夢を見させてくれ

最初の子が生まれた日は、人生で最高の日という言葉でも足りないくらいだ。親になったときの高揚感に匹敵するものなど何もない。２０１３年7月にエレクサが生まれたことで、世界には明かりが灯され、物事の見えかたがそれまでとは一変した。それまでの3、4年で、僕は成長し、子供ではなくなり、より多くの責任を担うようになっていた。また、すべての人を喜ばせることはできないということを学んでいた。だが何にもまして、逆境について学び、より強くなっていた。エレクサは、受けとめる準備ができた最高の時期に生まれてきた。

子供を持つと、考えかたががらりと変わってしまう。それまではすべてを自分のためにしていたのだが、それだけではなくなった。僕はサッカーだけを愛していたから、解放されることがなく、ときには考えすぎてしまうこともあった。いつもサッカーのことばかりだと、体にも悪かっただろう。

ところがエレクサは、生まれてからたった5分で、世界で最も重要な存在になってしまった。それは僕にとっていいことだった。心をサッカーから離させ、考えすぎをやめさせてくれたからだ。まあ、これほど考えすぎる人間もほとんどいないだろうが。

それからは、トレーニングから戻ると、小さな赤ん坊のことで頭がいっぱいになった。人生は変わった。公私ともに、準備は整った。いまこそ人々に自分の力を示すときだ。代表に関しても、もう子供ではなくなった。U21代表でプレーする年齢ではない。それまでは、代表の試合でシーズンが中断し、チームメイトたちが各国代表として活動しているあいだメルウッドに残っているのは嫌なことだった。このシーズンはビッグシーズンになる予感があったが、そのためには自分の持てるすべてで立ち向かわなくてはならない。プレシーズンのツアーではインドネシア、オーストラリア、タイをまわり、練習や試合の合間に、デイリー・メール紙のインタビューを受けた。僕が伝えたいことははっきりしていた。僕はいまや父親であり、どんな言い訳も許されない。いまこそ活躍し、自分の力を示す。

新シーズンについては、前シーズンが好調に終わっていたこともあり、楽観的だった。だがすべてが順調というわけではなかった。ルイス・スアレスは前シーズン、2対2の引き分けに終わった4月のチェルシー戦でブラニスラフ・イヴァノヴィッチに噛みつき、10試合の出場停止処分を受けていた。

ルイスをめぐる状況はさらに複雑化していた。彼との契約を目指していたアーセナルが、チームがメルボルンにいた7月末に４０００万1ポンドのオファーを提示したのだ。もし４０００万ポンド以上の移籍金が提示された場合、クラブはルイスにそれを伝えなければならないことになっていたためだ。それはルイスにとっても落ち着かない状況で、8月上旬には新聞2紙のインタビューで移籍を希望していると語った。彼は４０００万ポンド以上のオファーがあればクラブは自分を売却すると考えていた。

アーセナルがチャンピオンズリーグに出場するという点にも彼自身、魅力を感じていたと思う。だがブレンダンは――そして、ジョン・W・ヘンリーも――繰りかえし、ルイスを売るつもりはないと語っていた。結局ルイスは残留し、クラブの全員が胸をなで下ろした。

ヨーロッパでの試合に出場できなかったことにはよい点もあった。クラブの誇りは傷つけられたが、試合数と遠征が減ったことで、選手はフレッシュな状態でやる気を維持することができた。ブレンダンのトレーニング方法もすばらしく、僕は全試合に好調で、やる気十分で臨んだ。

あまりチームに対する期待度が高くないことも好材料だった。前シーズンの終盤は好調だったとはいえ、順位は7位で、そのまえは8位、さらにそのまえは6位だった。ファンはタイトル争いから取り残されることに慣れていた。マンチェスター・ユナイテッドやチェルシー、マンチェスター・シティと肩を並べるチームだと考える理由もなかった。開幕時には、33倍の優勝オッズがついた。

前シーズンの終わりにはいいプレーをしていたから、リヴァプールファンの僕に対する評価も変化が感じられたし、新シーズンの開幕では先発に入るはずだと思っていた。そしてそのとおりになった。開幕からの3戦をすべてダニエル・スタリッジのゴールによる1対0で勝った。本拠地でのストーク・シティ戦、敵地でのアストン・ヴィラ戦、そしてサー・アレックス・ファーガソン退任後はじめてのシーズンだったマンチェスター・ユナイテッドとのアンフィールドでの一戦だ。

その年の初秋にはファーガソンの自伝が発売されたのだが、驚いたことに僕についても記述があった。サンダーランド時代に、ユナイテッドが僕の買収を検討していたことについて触れていたのだ。

「ジョーダン・ヘンダーソンの視察は何度も行った。スティーヴ・ブルースは間違いなくこの選手を大いに買っていた。だが、ヘンダーソンは背筋を伸ばしたまま、膝下を大きく動かして走っていた。現代のサッカー選手は、一般に腰をしっかりと使って走るものだ。あの走法では、キャリアの後半に問題が起こるかもしれないと考えた」

この件については、ショックを受けたか、とか、サー・アレックスに批判されたと感じたか、といった質問をよくされてきたが、まったくそんなふうには考えなかった。ユナイテッドがプレーの視察をしたあと、なぜ話が途絶えたのか謎だったのだが、これで理由がわかった。それにこの本によれば、僕自身や、選手としての能力ではなく、医学的な懸念が問題だった。気分を害するようなことはなかった。史上最高の監督のひとりが、僕との契約を検討したというだけで悪くない気分だった。サー・アレックスはその後、光栄にも、選手としても人間としても、逃したのは惜しまれると言ってくれた。僕が彼を大いに尊敬していることは言うまでもない。

ルイスが欠けた状況で、ブレンダンは4-2-3-1を試した。フォーバックの前にスティーヴィーとルーカス、その前に僕とフィリペ・コウチーニョ、イアゴ・アスパスの3枚、そしてダニエル・スタリッジという布陣だ。ラヒーム・スターリングは当初ベンチからのスタートだったが、シーズンが進むにつれて存在感を増した。際立った能力は無視できなくなってきた。9月には本拠地でのサウサンプトン戦で0対1のシーズン初黒星を喫したが、この試合でルイスの出場停止は終わった。そのつぎの水曜日に、彼は敗戦に終わったキャピタル・ワン・カップで先発した。これで彼の調子は完全に整い、その週末、9月29日日曜日のサンダーランドへの遠征に向かった。彼とスタリッジはその試合、見事な連係で、スタリッジのお膳立てでルイスが2ゴールを決め、3対1で勝利した。ルイスは自らの1点目のあと、ユニフォームをめくってTシャツに書かれたメッセージを見せた。僕はそのとき、もうトラブルはやめてくれと息をのんだのだが、心配することはなかった。プリントされた家族の写真に、「愛してるよ」というメッセージが添えられていた。

次節、アンフィールドでのクリスタル・パレス戦で3対1の勝利を収め、その後アーセナルとハル・シティには手痛い敗戦を喫したものの、12月上旬にはノリッジ戦で5得点、ウェストハム戦で4得点、敵地ホワイト・ハート・レーンでのスパーズ戦で5得点、カーディフ・シティ戦で3得点と圧勝を重ねた。その4試合で10点を記録したルイスは、誰にも止められなかった。恐怖を覚えさせるほどだった。タイムスリップしてノリッジ戦の4得点を見に行けば、きっとすごいものが見られる。トレーニング中にやったすべてのことが、試合でも同じように起こっていた。彼はまるで、神からの使命を帯びているようだった。ルイスはまたしても大きな注目を浴びていたが、今回は正当な理由からだった。あるエリアでボールをもらえば、必ず決めると言えるほどだった。スティーヴィーは、ルイスは同じチームでプレーしたなかで、最高のストライカーだと評価している。この言葉が、彼の能力についてすべてを物語っている。

クリスマスから年末にかけて、マンチェスター・シティとチェルシーにどちらも1対2で敗れたことでわずかに勢いは削がれたが、そこからまた調子を上げて盛りかえした。特別なことが起きており、すべてがかみ合っているように感じられはじめた。チームは一挙にタイトル争いに加わっていた。

ブレンダンの采配は的確だった。2014年1月には、幾人かの選手のそれまでの歩みを手紙に書いて送るよう、家族に依頼するという取り組みが始まった。手紙の件は選手本人には事前に知らされず、チームの前で読みあげられた。感動的な手紙のおかげで、まさに監督の狙いどおり、チームの士気はさらに高まった。

2月12日のクレイヴン・コテージでのフラム戦のまえ。ホテルでのミーティングで、今回の手紙の読みあげは君の番だとブレンダンが言った。チームには、「ジョーダンのお父さんからだ」と告げた。そのころ、父は放射線治療の第1段階が始まったばかりで、咽頭ガンの手術を受けてから、まだ29日しか経っていなかった。ブレンダンが手紙を読みはじめると、感情が抑えられなくなった。父の言葉が聞こえないように、耳をふさぎたいと思ったほどだ。試合に集中させてくれ、と思った。それでもやはり、心を揺さぶられた。父がどれほど僕のことやチームを誇りに思っているかが書かれていた。読みあげが終わったとき、僕は疲れきっていた。

ホテルからスタジアムへのバスのなかでもまだボロボロで、試合でも、あの手紙がパフォーマンスを高めてくれたとは思えない。僕はもうひとつだったが、チームは2度のビハインドをはねのけ、90分のあとのアディショナル・タイムにスティーヴィーのPKで勝ち越し、3対2で勝利を収めた。父の手紙では少しくたびれてしまったが、ほかの選手の家族からの手紙を聞いたときは、気持ちが高ぶった。ブレンダンはシーズン前の封筒の件など、目立つふるまいで非難を浴びることも多かったが、この手紙については、もっと賞賛されるべきだと思う。選手たちの心をつかみ、たがいの距離も縮まった。私生活をさらけ出すことで、さらに固く結びついて、気持ちをこめてプレーするようになった。

気持ちがこもったチームは手に負えない。僕の頭のなかでも、さまざまなものが渦巻いていた。回復を助けるために、毎試合マンオブザマッチをとれという父の言葉だけでなかった。フラム戦の次節、スウォンジーを迎えたアンフィールドでのゲームでは2得点して4対3での勝利に貢献した。2点目は3対3からの決勝点になった。試合後、走行距離が12キロで、ほかの選手よりも1キロ近く多く走っていたと知らされた。自分は誰にも止められないと感じていたし、しかも、そんな選手がほかにもたくさんいた。ルイスはそのころ、PFA年間最優秀選手賞の最有力候補になっていた。その横でプレーするスタッジ（スタリッジ）は、自身最高のシーズンを過ごしていた。あの連勝中、彼が魔法のような動きをしており、ルイスとのコンビがアンフィールドの観衆を沸かせていたことを忘れてはならない。また、僕はアンフィールドの熱狂（ノイズ）をはじめて耳にした。まあ、本拠地が騒音（ノイズ）に包まれるのも当然だった。首位アーセナルを5対1で下した、あの土曜の午後のスタジアムはエネルギーにあふれていた。レンガの壁を駆けあがりたくなるほどに。僕たちはどんな相手でも叩きつぶした。

あのシーズンの優勝争いがいかに面白く、多くのチームに可能性があるものだったかが、忘れられてはいないだろうか？　年明けの段階ではアーセナルが首位、2位はシティ、3位にチェルシー、僕らが4位だった。アーセナルが脱落すると、僕らとシティの一騎打ちだとみなされることも多かったが、チェルシーも加わっていた。僕らは3月末に首位に浮上した。そのまえにオールド・トラッフォードでマンチェスター・ユナイテッドを下したことで、チームの目標は変わっていた。その試合では僕も全力を尽くし、3対0の勝利でユナイテッドを4位争いから脱落させていた。チャンピオンズリーグ出場権はそれでかなり有力になっていたが、さらに大きなものが手の届く範囲に入ってきた。ファンは僕たちのサッカーが「動く詩」だと歌いはじめたが、これはまさにチーム状況をぴたりと言い表していた。多くのポジションで、際立った選手たちが超一流のプレーをしていた。そのチームで自分の役割を果たすことこそ、まさに僕が求めるすべてだった。

トッテナムに4得点で快勝——僕はその日最後の1点を決めた——し、首位に立ったときは、そのまま優勝できると思った。試合終了後、リヴァプールファンが集まるコップ・スタンドのほうへ歩いていき、いつものように感謝を示すと、それまでに聞いたことがないほどの熱狂的な声が聞こえてきた。頭から背中まで総毛立つような雄叫び、24年間待ちに待ったチャンピオンの座が近づいているのだと感じさせる咆哮だった。2位にいるのはチェルシーだったが、実質的な相手は、残りが2試合多い3位のシティだった。チェルシーは危険だが、シティこそ最大の脅威だった。ヒルズボロの悲劇から25周年をあと2日に控えた4月13日、アンフィールドでシティを迎えた。ここで勝てばタイトルを手中に収められる。シティを下し、さらにシーズンの残り4試合に勝てば、僕たちはチャンピオンになれるだろう。

そのシティ戦は、優勝のかかった一戦であることに加えて、ヒルズボロの悲劇の記憶を継承するうえで、きわめて大きな意味のある試合だった。僕たちは、この試合こそすべてだと思っていた。これでタイトルが決まる。すべてをなげうって臨まなければならないことは、選手もファンもわかっていた。あの試合の映像を収めたディスクは、いまもどこかにしまってある。スタジアムに向かうわれわれを迎える群集は、シーズンを追うごとに膨れあがっていたが、あのシティ戦で頂点に達した。チームバスがアンフィールド・ロードに達し、キング・ハリー・パブの前を通過すると、通りの歩道両側に列をなしたファンが待ち構えていた。

スタジアムに近づくにつれ、群集はさらに多くなった。前後に10人ずつくらい並んでいる。レンガの壁に張りついたり、街路灯によじ登ったりしている人々もいた。発煙筒が揺れ、サポーターはチャントし、声援を送り、声を上げている。まるで感情の波の上をグラウンドまで運ばれていくようだった。そして、人々を失望させたらどうなるのかと恐ろしくなった。こんなものは見たことがなかった。近年の成功により、最近ではよく見られる光景だが、当時、僕たちが生み出したこの狂乱は、すばらしいだけでなく、めったに見られないものだった。国内最高のチームへと返り咲いてほしいという強烈な思い。それを自分たちがどれほど強く求めているか、どれほどチームを信じているかを僕たちにわかってほしいという願い。長年ほかのチームの成功を眺めてきた人々に、僕たちが呼び覚ました感情。そういったものが、この光景には表れていた。

この日のことははっきりと覚えている。スタジアム外の喧噪と、キックオフ前にヒルズボロの悲劇で亡くなった人々に捧げられた黙祷。僕はまだ生まれていなかったが、この悲劇がクラブと街に与えた影響については、たくさんの情報に触れて知っていたし、これまでもたくさんの人々に語ってきた。2014年のあの日は、これほど重要な出来事から節目の日であり、感じたことのないほどの感情が渦巻いていた。僕たちはその感情を試合に持ちこんだ。そのころよくしていたように、キックオフからの早い展開で攻撃をしかけた。開始わずか6分で、ルイスがマルティン・デミチェリスのレイトタックルをもらいながら、ゴールへ向かうスターリングにパスする。だがヴァンサン・コンパニとジョー・ハートがコースに立ちはだかり、危険は未然に防がれたかと思われた。

スターリングは、左を狙うと見せかけて右に動いた。ふたりともそれに釣られて、右足のシュートが無人のネットを揺らした。この驚異的なフェイントで、アンフィールドは大いに沸いた。僕たちは絶好調で、ペースやプレスでシティを圧倒していた。20分後、さらにリードを奪う。ハートがスティーヴィーのヘッドをすばらしい片手のセーブで弾き、コーナーキックになった。スティーヴィーが蹴りこんだボールに近いサイドのマルティン・シュクルテルが高い打点で合わせ、コップ・スタンドの目の前でゴールを決めた。スタジアムは混乱の渦だ。ほんの一瞬、遠いサイドの僕のところへボールが来るかと思った。だがつぎの瞬間には、ルイスとともに全力で走りだし、出せるかぎりの大声を上げてゴールの祝福に加わっていた。これはずっと記憶に残る場面だ。ハーフタイムを2対0で迎えたが、4対0でもおかしくないほどだった。

その後、シティは巻きかえしてきた。後半12分、1点目を返された場面、ジェームズ・ミルナーがフェルナンジーニョときれいなワンツーを決め、絶妙のクロスを上げてダビド・シルバの同点弾を生んだシーンは、いま見返すと不思議な気持ちになる。それからわずか1年ほどのちに、ミルナーはリヴァプールのユニフォームを着ることになったのだから。その契約は、イングランドのサッカー史でも最高の自由移籍のひとつだったと言えるだろう。

だが、あのときは相手チームの一員だった。彼がシティの1点目をお膳立てした5分後に、2点目を奪われる。シルバのシュートがグレン・ジョンソンに当たって角度が変わり、ゴールを守るシモン・ミニョレは反応できなかった。前半あれだけゲームを支配していたにもかかわらず、リードはもう消えていた。シティは安定しており、この時点では多くの人々が彼らの勝利を予想しただろう。だが僕たちはこのシーズン、逆境を跳ね返す精神力を何度も発揮して、後半の勝負どころでいくつものゴールを挙げていた。どんなときも、つぎの得点は自分たちが取ると信じていた。残り12分でコンパニが珍しくミスし、クリアを狙ったボールがスライスしてペナルティエリア正面に飛んだ。フィリペ・コウチーニョが反応してシュートを放ち、ハートの左手の先を抜けてゴールに刺さった。アンフィールドはまた狂乱の騒ぎになった。今度こそ、主導権は明け渡さなかった。この試合の重要性はみなわかっていた。ひとつのタックル、クリア、パスがどれほどの重さを持つか。逃すことのできない勝利にこれほど近づきながら、それが手からこぼれ落ちるようなことがあってはならない。

事が起こったのは、ロスタイムに入ったあとだった。シティのコーナーキックをクリアすると、ビクター・モーゼスが、まるで4点目を奪って駄目を押そうとするかのような勢いで駆けあがった。彼はコンパニにタックルされたが、前に向かって走っていた僕のところにボールが来た。そのボールを太ももで止め、もう一度触れたが、強すぎてボールが前に飛んでしまった。

ボールはハーフウェイライン付近にいたサミル・ナスリのほうに転がっていく。それでも、ボールは確保できると思った。もう一度シティにボールを持たせまいと必死だった。最後に反撃する機会を与えたくなかった。僕は左足をボールに出した。たしかにボールは押さえたが、少し足がボールの先まで出て、ナスリの足にも当たってしまった。ナスリも競りかけてきていたのだが、主審のマーク・クラッテンバーグはすぐにレッドカードを出した。信じられなかった。たしかに、絶対に渡してはいけないほどの場面ではなかったことは認めざるをえない。あのとき、それまでは決して起こらなかったようなことがまたたく間に起こった。レッドカードで一発退場を食らうのははじめてだった。振りかえると、交通事故を目の前にして、すべてがスローモーションに感じられるような、悪夢の光景だった。ナスリが転がっているのが目に入り、ちょうどそこにいたコンパニがクラッテンバーグに対して、僕へのカードを要求する身ぶりをしていた。シルバは僕に、更衣室のほうを指し示した。クラッテンバーグは赤いカードを出す。最後に、シルバがジョー・ハートにフリーキックを蹴るよう指示しているのが目に入った。あれほど与えたくなかった、最後の攻撃のチャンスだ。

数秒間そこに留まったが、自分の運命を受け入れた。残り時間はわずかだが、「勝たないとまずい。ここを持ちこたえないと、みんなを失望させることになる」という思いで頭がいっぱいだった。更衣室に入ると、どうか同点にされることなく無事に終了させてくださいと神に祈った。その後、試合終了のホイッスルと歓声が聞こえ、勝ったことを伝えるためにスタッフが入ってきた。ともかく、これでリーグ10連勝となった。

心のなかには自分のことで打ちのめされている部分もあったが、同時にこの試合を勝てたことへの強烈な高揚感もあった。優勝トロフィーに片手をかけている。そんな感触があった。最大のハードルだと考えていた試合を乗り越えたのだ。圧倒的な感情が湧きあがってきた。そのとき、僕はただひとり、静かな更衣室にいた。ピッチ上は、はるかに大きな感情に包まれていた。僕はそこにすわり、自分の複雑な感情を認めながら、最後のホイッスルが鳴ったときのスティーヴィーやほかの選手たちの映像を見ていた。スティーヴィーは精根尽き果てた様子だったが、選手たちをまわりに集めて円陣を組み、まだ終わっていないぞと語りかけていた。「絶対にやり抜くぞ！　この試合はもう忘れろ！」騒音のなか、声が聞こえてくる。「来週は敵地のノリッジ戦だ。やってやるぞ、今日とまったく同じように！　いいな！」

スタジアムでは試合結果に高ぶり、安堵していたが、車で家に帰る途中では、自分の出場停止のことが意識に上ってきた。心にのしかかった。ノリッジ戦、本拠地でのチェルシー戦、敵地のクリスタル・

パレス戦、そして本拠地でのニューカッスル戦とあと4試合を残しているが、最終戦しか出場できない。まだ受け入れるのはむずかしかったが、自分の意欲を駆りたてたかった。最終日まで優勝争いがもつれれば貢献するチャンスはあるし、そのほかにもできることはなんでもしたかった。メディアも大騒ぎしていたから、チームの広報担当であるマット・マッキャンに、取材対応やインタビューがあったら僕が引き受けると伝えた。だが、プレーできない選手には誰も興味などないはずだから、奇妙なことでもあった。

イースターの日曜日、4月20日にはノリッジの本拠地、キャロウ・ロードへの遠征に参加した。出場停止でも、誰も僕を邪魔者扱いしなかった。前日にはチェルシーがサンダーランドに敗れて意気があがっていた。そして試合が始まるとラズ（ラヒーム・スターリング）がエリア外からの強烈なシュートを決めて早々にリードを奪った。このころの彼は、選手生活のなかでも最高水準のプレーをしていた。キャリア最高というのはもしかしたら言いすぎかもしれないし、のちのシーズンでも、もちろん継続して能力を発揮している。ただ、才能が開花したのはこの時期だった。この試合でも11分にルイスの2点目をアシストし、ノリッジに1点返されたあとには3点目を挙げ、勝負を決める働きをしている。これで、チェルシーに5ポイント差、シティに9ポイント差をつけた首位だ。シティは未消化の2戦を含めてあと5試合。僕らは残り3試合で、つぎはアンフィールドでモウリーニョのチェルシーと戦う。あと7ポイント獲得すれば自力で優勝が決まる。2勝1分けでいい。

それでも、チェルシー戦にはどこか不安を感じていた。優勝争いから脱落しかけていることは、むしろ彼らにとって好材料になりうる。それに、モウリーニョはこうした状況での戦いが得意だった。何もかも、おあつらえ向きの条件が整っていた。彼にはさまざまな特徴があるが、他者の成功をくじくのに長けているというのもそのひとつだ。試合が始まると同時に、こちらを苛立たせ、観衆と選手たちの神経を逆なでする。その試合は最初から、どこか落ち着かない気持ちにさせるものがあった。観衆は気をもみ、ざわついており、モウリーニョは本領を発揮していた。リヴァプールファンから嫌われていることを知りつつ、あえて挑発するのが大好きなのだ。２００５年のチャンピオンズリーグ準決勝で、彼がいまもゴールラインを割っていなかったと主張する、ルイス・ガルシアの「ゴースト・ゴール」で敗退したことへの復讐の機会をずっと狙っていた。チェルシーを率いてチャンピオンズリーグを制覇する最大のチャンスが打ち砕かれたことを、モウリーニョはいまも根に持っている。

彼らは立ちあがりからゆっくりと時間を使ってきた。予想どおり、そうやってテンポを乱す戦術だった。僕はアンフィールドの監督席にすわり、試合を見ていた。それだけでも拷問のような時間だったが、前半ロスタイムに、さらに耐えがたい出来事が起こった。ママドゥー・サコーから短いパスを送られたスティーヴィーが足を取られた。その隙にデンバ・バがボールを奪い、シュートを放つと、シモン・ミニョレの股を抜けてゴールに吸いこまれる。シティ戦の僕のレッドカードでもスタジアムの反応は厳しかったが、このときはそれ以上で、観客は大きなため息をついた。

さまざまなことが頭を駆けめぐった。まるでモウリーニョの罠にはまったようだった。チェルシーは好チームで、優秀な選手が揃い、大試合での経験も豊富だった。守備を固めて「バスを停め」、時間を経過させる。審判への不満は我慢せず、相手に欲求不満を感じさせる。相手のミスを容赦なく咎める。この試合は、まさにモウリーニョの作戦どおりになっていた。僕は生きた心地がしなかった。だが、スティーヴィーには経験がある。立ちあがって、きっと反撃するだろう。この難局は乗り越えられる。まだ時間はたっぷりある。これで試合が決まるとは思えなかった。ハーフタイムのチームはとても前向きだった。その後も、こちらがずっと押し、相手が守勢にまわった。僕らはさらに必死になって攻めたが、ゴールをこじ開けられない。

引き分けなら結果は大いにちがっていた。それでも優勝はまだ僕たちの手中にあった。チームは何度も同点弾を狙ったが、相手ゴールを守るシュワルツァーの好セーブがあり、またブラニスラフ・イヴァノヴィッチとトマーシュ・カラスの守備で攻撃を寄せつけなかった。ロスタイムに入り、攻撃を続ける僕たちからチェルシーがボールを奪った。かつてアンフィールドの英雄だったフェルナンド・トーレスが抜けだして横パスを出す。それを受けたウィリアンの軽いシュートが無人のゴールに入った。これで試合は決まった。僕は更衣室へ下りていき、みなを元気づけようとしたが、とてもそんなことはできなかった。チームはそれまでに見たことがないほど落ちこんでいた。目も当てられない状態だった。

その晩、ＰＦＡ賞の授賞式がロンドンで行われた。当初はチームで出席する予定だったが、結局ルイス・スアレスひとりが出席した。年間最優秀選手賞の受賞者として、行かないわけにはいかなかったのだ。それだけは、誰か代わりにとは言えない。残りはあと2試合だったが、シティの敗戦を待つしかない状況だった。だが、僕たちはわかっていた。まだグアルディオラ監督は就任していなかったものの、すでに実力は圧倒的だった。その日はクリスタル・パレスに2対0で勝ち、1試合未消化で3ポイント差まで迫っていた。そして残酷なことに、彼らの得失点差は＋58に、僕らは＋50になった。

まだわずかな望みはあるものの、見込みは薄かった。シティは翌週、エヴァートンとのアウェイ戦だった。エヴァートンは今シーズン好調で、上位4位を狙える位置にいた。シティの残り試合では最も楽ではない組み合わせだったが、土曜の午後、グディソン・パークでの試合はシティが3対2で勝ち、月曜日にセルハースト・パークで戦う僕たちに重圧をかけた。このクリスタル・パレス戦は勝たなければならなかった。得失点差で9点離されていたが、前半途中でジョー・アレンがヘディングで先制をもたらした。ハーフタイムまで得点できなかったが、後半早々、ダニエル・スタリッジとルイスが2分のあいだに2点を決め、35分を残して3対0となったことで、かすかな希望が見えてきた。

シティとの得失点差は6点。ニューカッスルとの本拠地での試合を残して、ここであと3点取れれば、何があってもおかしくない。だがそれは、危険な考えだった。それから20分間、力をふりしぼって相手ゴールを目指すが、もう1点が遠かった。それどころか、1点返されてしまう。79分、ダミアン・ディレイニーの得点だ。そしてそのとき、僕たちの世界は崩壊した。最悪の事態が待っていた。パレスは的確なプレーを続け、まもなくドワイト・ゲイルが2点目を、さらに終了2分前には3点目を決めた。

目の前で夢が潰えていく。正視できない光景だ。あれから8年経ったいまも、やはり語るのはむずかしい。僕たちはすべての力を、まさにすべてを出し尽くした。ほんの少しの幸運と、あといくつかの好プレーがあれば、優勝していただろう。また、それに値するチームだった。僕が加わっていたどのシーズンのチームにも引けをとらなかった。

スティーヴィーとルイスは、まさにチャンピオンにふさわしい選手だった。ルイスはシャツで顔を覆って表情を隠しながらピッチを去った。彼はあまりに多くの騒動をくぐり抜けてきていた。もしも優勝していれば、その経験もまた、意味あるものだったと捉えることができただろうか。だがそれも、もう叶わない。ルイスはシャツを顔にかけたまま、敵地セルハースト・パークのグラウンドの端にある選手通路まで歩いていった。テレビカメラがその姿をアップで写そうとするが、スティーヴィーがそれを遠ざけ、コロ・トゥーレとともに、まるで目の見えない人にするように、ピッチを去るルイスに寄り添った。このシーズンの目標は消えた。

この引き分けでいったん首位には立ったものの、シティとはわずか1ポイント差で、彼らはまだ試合を残していた。「かつて、あと1試合を残してプレミアリーグの首位に躍りでることが、これほどの悲しみ、絶望、失意をもたらしたことはない」と、BBC記者のフィル・マクナルティは観戦記事に書いたが、まさにそのとおりだった。

このクリスタル・パレス戦の結果、リヴァプールは優勝を逃したと書かれることが多いのだが、それを見るたび、正確ではないと思ってきた。決定的だったのはチェルシー戦だった。パレス戦に向かう時点ではすでに、特別なことが起こらなければ優勝はむずかしいとわかっていた。だからこそ大量得点を狙いに行ったのだ。そのために無理をしたことで、パレスに反撃の糸口を与えてしまった。だがあのときには、何も失うものはなかったのだ。シーズン最終盤のシティの試合結果からしても、やはりパレス戦はああするしかなかった。一か八かの賭けに出るしかなかった。

シティは本拠地であと2試合残していた。その1戦目は未消化のアストン・ヴィラ戦で、シティが4対0で勝った。その結果、得失点差が僕たちを13点上回って最終節の日曜日を迎えることになった。僕たちは本拠地でのニューカッスル戦だった。シティは本拠地でのウェストハム戦。もう、いくらゴールしても意味はない。唯一の望みは、ウェストハムが奇跡的な勝利を挙げることしかない。

ようやく出場停止が解け、僕はこのニューカッスル戦で復帰した。だが、まるで異なる世界に戻ってきたようだった。このまえはマンチェスター・シティ戦の勝利の高揚感のなかにいたというのに、いまは跡形もなく消え、ただ意地と、かすかな望みだけが残されていた。試合は先制を許したものの、ダニエル・アッガーとダニエル・スタリッジの得点により2対1で勝った。シーズン100得点を記録したのは、クラブ史上わずか2度目のことだった。それがわずかな慰みになった。シティはウェストハムから順当に勝利を収め、期待さえ抱かせなかった。

これほどの僅差で優勝を逃すとは、あまりに残酷な結果だった。スティーヴィーにとってはなおさらだ。最後のチャンスであることはわかっていただろう。チェルシー戦で彼が足を滑らせ、リヴァプールでついにリーグ優勝に手が届かなかったのを見てほくそ笑む人々もいた。だが、僕は知っている。彼はいまも、あのチェルシー戦の記憶を抱えている。あの出来事を見て喜んでいる奴らに、言ってやりたいことがある。スティーヴィーにとって、僕が代わりに話すことなど必要ではないだろうが、彼は10年以上にわたってプレミアリーグで最高の選手のひとりでありつづけた。生まれ故郷のチームを率いてチャンピオンズリーグを制覇し、あるFAカップ決勝戦は彼の名前を冠して呼び習わされている。リヴァプールの英雄であり、イングランドではひとつのクラブへの所属を貫いた。その伝説はこれからも色あせることがない。これほどの実績を残した選手は、決して多くない。

僕たちが優勝を逃したことを非難できる人は誰もいない。あれはすばらしい挑戦であり、僕たちは驚異的なサッカーをしていた。優勝争いなどできないと思っていた人々に衝撃を与えた。非難する相手を探したいというなら、退場処分を食らった僕かもしれないが、もし出場していても、結果を変えられたとは思わない。

それでも、あの困難なチェルシー戦、クリスタル・パレス戦で仲間とともにいられなかったことは悔やんでいる。僕はみんなとあの場にいなければいけなかった。何も変えることはできなかったかもしれないが、少なくともそこで戦いに加わることはできた。

あのシーズン、「Make Us Dream（夢を見させてくれ）」という横断幕がアンフィールドに掲げられていたことはよく知られている。この言葉はあのときの雰囲気をうまく捉えていた。信じられないことが起こっている、という思い。僕たちはあのシーズン、低評価を覆して急浮上した。そのことが、またこの先も優勝を争えるという信念を与えた。たぶん、それまでの数年間の混乱で、クラブは夢見ることを忘れてしまっていた。だがあのシーズン、ブレンダンのもとで行ったプレーや挙げた得点、示した野望、もたらした喜びが、感情と情熱で走り抜けたあのシーズンが、そのあとへの道を開いたのだ。

第5章
ガラスの破片の上を歩く

ルイス・スアレスはピッチ上でたくさんの喜びをもたらしてくれたし、あれほどの恐るべき能力を持った選手として尊敬しているが、2014年の夏に味わわされた屈辱は忘れられない。イングランドは、ワールドカップのグループステージで彼に叩きのめされた。ブラジルでのイングランド対ウルグアイ戦で、彼は2点を挙げ、2対1で勝利を収めた。あの敗戦は耐えがたかったが、それにもまして、試合後に握手をしたときに、チームメイトとしての日々は終わりつつあるという予感がした。

あのサンパウロでの夜、ルイスはまさにルイスだった。ワールドカップへの準備期間から、膝に故障を抱えていた。シーズン終了直後に鍵穴手術を受けたばかりだったが、あらゆる困難を克服してイングランド戦に出場し、片足だけで立ち向かってきた。リヴァプールでの姿を見ていた僕は、たとえ故障していても、1秒たりとも気を抜くことはないと確信していた。医療チームに出場できないと言われても耳を貸さず、ただ抗炎症薬を飲み、バンデージを多めに巻くように求める、それがルイスだ。たしかに誰にでも愛される選手ではないが、僕はただ、自分との交流から語ることしかできない。彼はそのとき、世界最高の選手のひとり、また同じチームでプレーした最高の選手のひとりであり、2014年の夏にバルセロナが彼の獲得を優先すると耳にしたときは、先行きを考えて恐ろしい気持ちになった。リヴァプールは、代償として最大限の移籍金を得ることしかできなかった。

ルイスは7500万ポンドの移籍金で7月11日にバルセロナに移籍した。その直後に、僕はプレシーズンのトレーニングに戻った。これだけで翌シーズンの結果がわかったというのは言いすぎだが、やはり大きかった。アレクシス・サンチェスが彼の代わりに加入していたらどうなっていたか。それは想像の域を出ないが、ルイスが置き換えることのできない特別な才能の持ち主だったことは間違いない。チームにはほかにも優秀な選手がいたが、ルイスはすべてを併せ持っていた。何もないところからゴールを決めることができた。2014-15シーズンには、さらに高いレベルに到達していた。リオネル・メッシとネイマールの隣でプレーするのに慣れるのに、時間はかからないと思っていたし、数多くのトロフィーを勝ち取ることもわかっていた。リヴァプールを去った12か月後、彼は三冠を手に入れ、ユベントスを3対1で下したチャンピオンズリーグ決勝でも得点を決めた。とてつもない選手だ。

現在のリヴァプールでも、ルイスのような選手がいればいいのにと思う。どのチームでもそうだろう。だが、いまの僕たちは、ブレンダンの時代よりもさらに長い時間をかけてチーム作りをしてきているから、サディオ・マネを失っても、どうにか適応できるだろう。あの2013-14シーズンのチームは急成長したチームで、まだ基盤が弱かった。ルイスを失うのは、積みあげられた木製のブロックから、根元を支える重要なピースを抜いてしまうようなものだった。

彼の代わりが必要だった。アレクシス・サンチェスはいい選手だったし、ブレンダンはラダメル・ファルカオとの契約も目指していた。それはともかく、クラブはあの移籍期間に多額の投資をし、1億ポンド以上を費やした。加入したのはリッキー・ランバート、アダム・ララーナ、マリオ・バロテッリ、エムレ・ジャン、ラザル・マルコビッチ、デヤン・ロヴレン、ディヴォック・オリギ、アルベルト・モレノだ。すばらしい活躍をした選手もいる。イングランド代表としてワールドカップのメンバーに入っていたアダムが、サウサンプトンから加入すると聞いたときの興奮はいまも覚えている。彼はユルゲン・クロップ監督のもとで、チームに欠かせない一員として成功に貢献することになる。また僕はある時期、ヨーロッパでも最高の攻撃的ミッドフィールダーだと思っていた。ディヴォックについては、僕が語るまでもない。エヴァートンを相手に決めた多くのゴール（書きながら、思わずにやりとしてしまう）だけでなく、2019年の春にバルセロナとトッテナム相手に彼が決めたゴールがなければ、僕たちはチャンピオンズリーグを制することはできなかっただろう。それは間違いない。彼はすごい人物、際立ったストライカー、そしてクラブのレジェンドだ。デヤンも好人物で、更衣室では熱く仲間をまとめ、つねにチームのために最善を尽くす。2018年のチャンピオンズリーグ決勝でのプレーはとりわけ見事だった。

だが、これだけ多くの選手が加入しても、2014-15シーズンは転換期にならざるをえなかった。前シーズン、リーグでマンチェスター・シティとあれほどの優勝争いを演じた僕らにとって、望ましい進化とは言えなかったが、サッカー界では、物事の変化はとても速い。クリスマスのころには、チャンピオンズリーグで敗退し、ブレンダンが解雇の危機に直面しているという話が伝わってきた。

僕はもう何も知らない子供ではなかった。2012年にケニー・ダルグリッシュの身に起こったことを見ていたから、そうしたことは誰にでも起こりうると知っていた。ブレンダンはクラブにもたらした影響のため、まだ信用を失ってはいなかったが、リーグ戦の最初の12試合で4勝しか挙げられず、重圧がかかりはじめた。その夏にはダニエル・アッガーも退団しており、僕はとても光栄なことに、彼の代わりに副キャプテンに任命されていた。だがそれと同じ時期に、自分の契約に関する問題も出てきて、落ち着かなかった。契約満了が近づいても、新契約が提示される様子がなかったのだ。

契約の問題には複雑な思いがあった。入団したころのつらさや、オーナーたちや監督、あるいはファンや幾人かの選手も、僕に金を払いすぎたと考えていたことを思い出すと、胸に疼くものがあった。まだ傷が完全に癒えたわけではなかった。ただ、前年にあれだけ緊迫したシーズンを過ごし、それとともに観衆から受け入れられたことで活力を取り戻していた。クラブは契約延長に乗り気だと思っていたし、それだけの力は示したつもりでいた。契約交渉が始まったとき、僕は自分のパフォーマンスがクラブの考えに沿ったものだったと考えていた。数値はすべて改善し、さらなる責任も与えられていた。ところが、当時のCEO、イアン・エアーが僕の代理人ニール・フューイングスに提示した契約は低いものだった。金銭的な駆け引きかもしれないと思ったが、それきり連絡は途絶えた。

2015年3月を迎えるころ、リーグでは苦戦が続き、本拠地でのマンチェスター・ユナイテッド戦に敗れ、4位以内で終えるのはむずかしくなった。ブレンダンは重圧にさらされ、スティーヴィーは退団を決意し、クラブには先行きの不透明さが広がっていた。国内カップ戦ではそれぞれチェルシーとアストン・ヴィラに準決勝で敗れ、失望がさらに続いた。僕の契約については、合意はまだ遠く、クラブが売却を準備しているのではないかとさえ感じていた。この夏には退団もありうると考える段階まで来ていた。クラブに必要とされているように思えなかった。この契約を優先しているというそぶりさえなかった。

その後、ＦＳＧの社長で尊敬しているマイク・ゴードンから電話があり、これまでの経緯について謝罪したい、そしてすぐに状況を改善したい、という言葉をもらった。電話では誠意が感じられたが、クラブの対応がなぜこれほど遅いのか理解できなかったから、まだ信頼できなかった。ブレンダンは当時、フォームビーで近所に暮らしていたから、彼の家に行って将来の計画について話を聞いた。そこでは少なくとも、彼の構想のなかでとても大きな役割を期待されているという印象を受けた。ブレンダンに状況を伝えると、まもなくクラブから大幅によい数字が提示された。

ニールからは、もし移籍を望むなら2、3のビッグクラブと交渉できると告げられた。そのクラブの関心が本物なら、チャンピオンズリーグでプレーする機会もあるだろう。まだ若く、イングランド代表に入っている点は好材料だ。だが実際のところ、僕は移籍を望んでいなかった。リヴァプールは簡単に出ていきたいと思えるクラブではない。唯一無二のクラブだし、サンダーランドから移籍してきたときの、ここできっと成功するという思いは忘れていなかった。クラブとともに成功を収め、クラブへの貢献を人々に認めてほしかった。それで、提示された契約を受け入れ、疑念は水に流すことにした。その契約期間中に主将になること、そのことの意味する責任、このクラブを率いる栄誉は、僕にとって大きなことだった。必要としていない選手を、主将にするはずがない。

また、マイク・ゴードンとの会話も有益だった。いつも電話する仲というわけではないし、監督によってはオーナー側と選手が話をするのを好まない人もいる。だがブレンダンも、ユルゲンもそうではなかった。ユルゲンはマイクと強固な関係を築いており、ぜひオーナーと話しあえばいいと勧められる。とくに、僕がほかの選手に伝えられるような事柄の場合はそうだ。

オーナーのすべての決定に賛成するわけではないが、過ちを犯したときには、すぐに修正して謝罪をしていると思う。欠点ばかり見てもしかたがないし、たくさん正しいこともしてきた。オーナーたちのクラブへの貢献はとても大きなものだ。改修のおかげで、アンフィールドは10年前とは見違えるようになった。また選手獲得にも積極的に投資しており、かつてないほどの移籍金を用意してでも突出した選手を手に入れてきた。新しいトレーニング場には、プロのサッカー選手が必要とするあらゆる施設や装備が揃っている。何より、ユルゲン・クロップを呼び寄せ、クラブの歴史を変えた。感情的にもつれてくると、サッカーのビジネス面は見えなくなることもあるが、僕たちの関係は本来、ビジネス上のものなのだ。僕への投資額が高すぎたとみなしたこともあったけれど、いまではよい取引だったと考えているだろう。誰が間違っていたかなど、もうどうでもいい。結局、全員にとって、それほど悪いことにはなっていないはずだ。

だがあのシーズン、僕たちは前年の5月に最終週まで優勝争いをしていたチームとは別物だった。まったく優勝争いに加われず、チャンピオンズリーグのグループステージでもレアル・マドリード、バーゼルに後れをとり3位で終わった。10月に本拠地でレアル・マドリードに0対3で敗れたときは、ヨーロッパの大会のアンフィールドでの試合で、はじめて前半だけで3点差をつけられるという屈辱を味わったが、数週間後のマドリードでの0対1の敗戦は、ある意味でそれよりもさらに悪かった。勝たなければならなかったあのベルナベウでの試合で、僕は「休養」したひとりだったのだが、その理由は、週末に控えていたプレミアリーグのチェルシー戦をにらんだ温存だった。この件で、ブレンダンはかなりの批判を浴びた。そして正直に言うなら、僕はベンチでスティーヴィーやラヒームらとともにすわっていることに衝撃を受けていた。チーム全員にとってショックだった。

だが、ショックと言えば、最大のものが1月にやってきた。元日に、スティーヴィーが契約満了とともにチームを去り、LAギャラクシーに移籍すると発表されたのだ。キャリアの晩年にさしかかっていることは周知の事実だったとはいえ、彼のいないリヴァプールなど想像もできなかった。栄光の年月のなかで、その存在はクラブのアイデンティティに重なっていた。あまりに長いあいだ、チームの推進力であり、導き手だった。新たな契約が提示され、彼もそれを受け入れるだろうという報道もあった。

リヴァプールを去る彼の姿を想像するのは簡単ではなかった。僕にとってもそれは同じだった。だから、その話を直接告げられたときに、自分がどこにいたかまではっきりと覚えている。2015年1月2日、メルウッドのジムだ。元日の晩にニュースは聞いていたが、翌朝、彼がそこに現れたとき——ちなみに前日は本拠地でのレスター戦で、彼は2本のPKを決め、2対2の引き分けだった——建物はまるで喪に服しているかのようだった。リヴァプールに来たときから、彼を尊敬していた。いつも親身になってくれていたが、それはきっと、僕にとってサッカーがどれほど大きなもので、どれほどの努力を傾けているかを理解してくれていたからだ。チームに慣れるために手を貸してくれた。それに、彼の横でプレーするというのはきわめて恵まれたことだった。選手としての彼について、新たな情報をつけたすことはできないが、すばらしかったのは、大一番のときだけではなかった。毎日のトレーニングから、いつも変わらなかった。ひとりの人間として、リーダーとして、どんな賛辞も及ばない。

彼がリヴァプールのユニフォームを着た最後の試合は、またしても運に見放された。シーズン最終節、敵地でのストーク・シティ戦は1対6の敗戦に終わった。ストークは前半に8分間で3つのゴールを決めた。リヴァプールがトップリーグで6失点以上を喫したのは、50年以上ぶりのことだった。後半の途中で、スティーヴィーが唯一の得点を決めた。だが彼には、もっとよい結果こそふさわしかった。もちろん、ファンにも。スティーヴィーへの餞別——ドバイで過ごす数日——が用意されていたから、試合後にはすぐ、マンチェスター空港へ向かう必要があった。この旅行をすべきかどうか、真剣な議論になった。それでも結局旅に行くことにしたのは、それが彼への贈り物だからという、ただそれだけの理由だった。機内では、みな口数が少なかった。ぶざまなプレーをしてしまった屈辱のせいだ。試合後の批判には何ひとつ反論できなかった。このときのことは、生きているかぎり忘れられないだろう。もっとも、そんな記憶はひとつやふたつではないのだが。

ブレンダンの地位も安泰ではなくなった。問題は山積みだった。試合前にラヒームが新契約への署名を拒否し、出場していなかった。転換期のシーズンを乗りきれば状況は改善すると思われていたが、去年の8月よりも状況が悪化しているようだった。シーズンの最終順位は6位だった。

ラヒームがこの年の夏、マンチェスター・シティに加入したことも痛手だった。そして、スティーヴィーが正式にLAギャラクシーに移籍すると、僕はリヴァプールの新キャプテンになった。あまり歓迎されていないことは知っていたが、ほかに適任はいなかった。キャプテン就任の告知について、派手な歌や踊りを求めなかったことはすでに書いたが、だからといって、なりたくなかったわけではない。

リヴァプールの主将は、サッカー界で最高の栄誉のひとつだ。前シーズン、スティーヴィーが不在のときに何度かキャプテンマークを巻いたことがあった。彼の退団が発表されたときには、ブレンダンからトレーニング場のオフィスに呼ばれた。そして、この数年間に発揮してきた統率力からして、自分とチームにとって、僕が主将に最適だ、と伝えられた。

その言葉は嬉しかった。責任の重さを感じつつ、喜びも大きかった。僕は何かをもたらすことができるし、行動で範を示すことができる。その役目には自分こそふさわしいと感じられた。外部からは、スティーヴィーにはとても及ばないと思われていることはわかっていた。つねにスティーヴィーと比較されるのは苦しいだろうが、これまで打ち勝ってきた困難を思えば、それに耐える強さはあると感じられた。クラブに長く関わってきた人々からも、そんな思いを裏づける忠告をもらった。自分自身であれ。スティーヴィーの真似はしなくてもいい、代わりになろうとしなくてもいい、と。

期待の高さには少し苦しんだし、うまくいかないときは批判の矢面に立つことになった。だが、それはあながち間違いではないのだから、耐えるしかなかった。自分で求めた任務について、あとで泣き言を言ってもしかたがない。負けたときには、主将としての責任からはるかに多くの苦しみを味わうのだが、僕の場合、負けてつらいのは立場には関係なかった。それに、たびたび指摘されるとおり、僕は痛みに強い人間だ。スティーヴィーはいつも大きな気持ちで接してくれた。ある試合のまえ、ホープストリート・ホテルでの滞在中、彼に呼び寄せられ、主将を引き継ぐのに僕以上の選手はいないと告げられた。もちろんその言葉は最高に嬉しかったが、同時に注意も与えられた。バラで飾られたベッドのように心地よいわけじゃないし、浮き沈みもある、と。なかでも印象的だったのは、主将はつねに何を勝ち取ったかで判断される、という話だった。

たとえ最高の主将であっても、何も勝ち取れなかったら外部からは役立たずとみなされる。大きなトロフィーを掲げれば、それが偉大なるリーダーだ。これを書いているいまの僕は、数で言えば、スティーヴィーの時代よりも多くのものを勝ち取っている。だが、もしこのチームをスティーヴィーが率い、ユルゲンが監督だったら、あらゆるものを勝ち取っただろう。この成績は、僕の力ではない。

すでに書いたことだが、繰りかえそう。僕が主将でなくても、チームにいなくても、リヴァプールは同じように優勝できただろう。成功したことでよい主将だったと認められるだろうが、クラブにはトロフィーを獲得するのに貢献した多くの人々がいる。僕はただ、いい時期に巡りあわせただけだ。

主将としての出だしは順調ではなかった。シーズンの開幕2戦、どちらも1対0で勝利を収めたストーク・シティ戦とボーンマス戦に出場したが、足の裏に鋭い、刺すような痛みを感じていた。足底筋膜炎だ。さんざん悩まされることになるこの痛みを、最初に感じたのは負けに終わった敵地でのストーク・シティ戦だった。足底筋膜とは、踵の骨から足の指の付け根までをつなげている腱組織のことだ。土踏まずを支え、歩くときの衝撃を吸収している。この筋膜を伸ばしたり圧迫したりすると、少しずつ腱が断裂することがある。僕の場合には、足を地面につくたびにナイフで突き刺されているような痛みを感じるまでになっていた。まるでガラスの破片の上を歩いているようだった。

痛みに耐えながら治療法を探ったが、何をやっても効果はなかった。ジムでの取り組み、あるいは治療など、勧められたことはすべてやったが、外に出て軽く走りはじめると、あまりの痛さに足をつくことさえできなかった。足底筋膜の断裂には治療法はなかった。クリス・モーガンが率いる医療チームは、ロイヤル・バレエ団やイギリス陸上競技連盟、イングランド・ラグビー協会、さらにはオーストラリア・クリケット協会にまで問い合わせた。バレエダンサーやクリケットの速球投手、オーストラリアン・フットボールの選手にも同じ症状で苦しむ人々が多かったためだ。またボストン・レッドソックスの医師にも相談したが、すぐに効果がある治療法はないとのことだった。この問題はまるで濡れた固形石鹸のように捉えどころがなかった。何かできることがないかとユーチューブの動画を探しながら、何か方法が見つかったのではないかと思って、昼夜を問わずクリスに電話をかけ、メッセージを送っていた。

この問題は長年にわたって踵を酷使してきたことによるものであるというのがクラブの判断だった。原因のひとつとして、もう10年以上、夏の休暇さえ満足にとっていなかったことも挙げられた。もちろん、サー・アレックス・ファーガソンの見解は正しく、走法のせいで怪我をしたのだと考えるメディアもあったが、クラブの医療チームによれば、それは馬鹿げていた。そのころ、アメリカ合衆国ニュージャージー州で、足の裏の神経を抜く手術をしている外科医がいることがわかった。ほかの可能性はほぼ当たり尽くしていたため、クラブと僕は、やってみる価値があると判断した。神経切除術は成功だった。そして、リハビリ用として、スニーカーのなかに履く矯正器具を与えられた。

装着すると、かなり硬かった。足を動かしていないときに、足の裏を固定することでリハビリに効果を発揮するのだろう。手術の翌日、それを着けて歩きまわると、よくなっているような感じがした。矯正器具を入れたままイングランドに帰国し、そろそろ練習できるかもしれないと思いはじめた。トレーニングを中断してそろそろ1か月だったから、手術が成功したか確認するために練習を再開したいと医療チームに話してみた。クリスには賛成されなかったが、どうしても練習したいと主張した。矯正器具にはなじんでいたし、そのおかげで足の感触もいいのだと思っていたから、器具を着けたままスパイクを履いてみた。だがトレーニングを始めて10分ほどで、パスを出して体の向きを変えた瞬間に矯正器具が足から外れる感触があり、音が聞こえた。すぐに足を地面につくことができなくなった。骨が折れているのは間違いなかった。目に涙を浮かべながら、足を引きずってピッチを離れた。精密検査のため病院に向かうときはかなり悪い怪我だと確信していたが、やはり右足の第五中足骨が折れていた。あの矯正器具はスパイクのなかに着けるものではなく、スニーカー用だったのだから、この怪我は自ら招いたものだ。骨折の原因は足が器具からずれたことで、10週間の離脱と診断された。

僕はできるだけ前向きでいようとした。この時間で足底筋膜も改善するだろうし、復帰するときにはすべてが上向きになっているはずだと考えた。だが、骨折が治っても、まだ痛みは取れておらず、トレーニングも再開できなかった。どうしようもない。あらゆることを試したが、どれもうまくいかなかった。これが選手生活で最も怪我に苦しめられた時期だった。最後の手段として残されたのが、ステロイド注射により足底筋膜を断裂させることだった。経験した選手から聞くところでは、断裂によって足が腫れるが、1週間休めば痛みは消えるらしい。そのときにはなすすべもなくなっていたため、ステロイド注射に同意した。ずっと踵に鎮痛剤を注射していたから、それまでと大きく変わったわけではなかった。

ステロイドを注入しはじめるとすぐに、かなり痛みが取れた。そしてついに、あまり痛みを感じずに練習できるようになった。2度目のステロイド注射をしたあと、12月30日に行われた敵地のサンダーランド戦に出場した。開始20分か30分あたりで、ボールに向かって全力疾走したときに地面に置かれた何か、ボトルのキャップのようなものを踏んだような感触があり、プチッと音がした。ところが振りかえっても何もない。それは、足底筋膜が切れた音だった。ハーフタイムに鎮痛剤を打って痛みをごまかしたが、それも後半15分ほどまでしかもたず、交代した。それまで鎮痛剤を打ちながら出場してきた期間が長かったのだが、スタジアム・オブ・ライトで足底筋膜が断裂してからは、かえって痛みは軽くなった。多くのアスリートが足底筋膜炎で苦しんでいるが、ほとんどの場合、痛みは我慢できる範囲に収まっている。だが僕の場合、地面に足をつけないほどだった。この痛みが消えることなどあるはずがないと思っていた。しばらく経ったあと、右足に同じ問題が生じたが、このときはすぐにステロイド注射をして、やはり同じ経過をたどって足底筋膜を断裂させた。毎日痛みを抱えていると、気持ちまで沈んでくる。あれはかなりきつい経験だった。

ブレンダンはひそかに新キャプテンの僕を呪っていたかもしれない。彼はますます重圧にさらされていたのに、僕は怪我で離脱し、しかも復帰の見通しさえ立たなかった。チームは明らかに苦しんでいるのに、何もできなかった。プレーしたくてしかたなかったが、ブレンダンのリヴァプールでの時間が終わったとき、僕はまだ中足骨骨折からの回復途上だった。

シーズン最初の2試合で勝ったあと、つぎの6試合でわずか1勝しかできなかった。その6試合目、敵地のエヴァートン戦でリードを失って引き分けたことが大きかった。グディソン・パークで日曜の午後に行われたその試合、僕はいつもどおりチームに帯同し、試合後はバスに乗って6キロほどしか離れていないメルウッドに戻ってきた。イアン・エアーがブレンダンを待っていた。僕たちがバスから降りるとき、ふたりは屋内に入っていった。チームの誰も、何が起こるのかわからなかった。誰も事前に聞いてはいなかった。解任に関する臆測はもう何週間も耳にしていたが、それでも、その知らせに、全員がショックを受けた。解雇という判断は正当だったか、と問われれば、そうではなかったと答える。ブレンダンは不当な扱いを受けたと思う。たしかに、前シーズンは結果が出ずに苦しみ、このシーズンに入っても出だしはあまりよくなかった。最高の選手たちが移籍や引退でいなくなっていた。そんなときはクラブに勢いをもたらすのはむずかしい。

あの2013-14シーズンにクラブにいられたのはすばらしい経験だった。もしあのチームが保てれば、どうなっていたかはわからない。だがブレンダンは2013年5月にジェイミー・キャラガーを引退で失い、翌年はバルセロナに移籍したルイス、さらに1年後にはスティーヴィー、そしてラヒームを失っていた。才能の流出は痛手であり、補うには穴が大きかった。結局ブレンダンは、あまりに多くの選手を失ったのだった。

監督退任時には、ブレンダンとの関係は良好になっていた。クリント・デンプシーとの交換でフラムへ行くという話が出たときは少し腹が立ったし、それは間違いだと証明しなければならないと思った。だが同時に、僕は彼の助けを必要としていた。チャンスをもらい、戦術を教わらなければならなかった。そして最後には、主将を任せられるまでになった。ブレンダンは、彼の求める選手になるべく重ねた努力を知り、戦術面での成長を認め、チャンスを与えてくれた。このことからも彼がどういう人物かわかるだろう。クラブを立て直したのはケニーだった。そしてブレンダンは、新興財閥や王族が所有するクラブ間で争われる現在のプレミアリーグでも、勝利に飢えた才能あるチームを保てばこれだけのことができるのだと示してくれた。彼はもっと高く評価されるべきだ。

第6章
まだ始まったばかり

頭にはさまざまなことが駆けめぐり、目はあらゆるものを捉えようとしていた。2013年4月30日火曜日の晩、僕はマドリードのベルナベウで、急勾配で美しい満員の観客席を持つ、あの美しいスタジアムを見つめていた。ジェイミー・キャラガーの引退を2週間後に控えた、餞別のスペイン旅行だった。楽しく食事をしたあとは、彼が何より好きなこと――つまりサッカー観戦――をする。すばらしい実績を持ち、僕も大いに尊敬しているキャラガーは、サッカーを知り尽くしていた。マドリードに着くと、まるで水を得た魚だった。もっとも、それは彼だけではなかった。

観戦したのはチャンピオンズリーグ準決勝のレアル・マドリード対ボルシア・ドルトムントの第2戦だった。当時、こうした試合は僕にとってまだ夢にすぎなかった。チャンピオンズリーグに出場すらできなかったし、ましてや決勝トーナメントははるか遠かった。僕のなかには、10年前に父と一緒にオールド・トラッフォードへ行き、ACミラン対ユベントスの決勝を見たころの感覚が残っていた。サッカーのことで頭がいっぱいで、ピッチ上のすべての選手や彼らの才能を見極めたいという子供時代の感覚が。

ほんとうのところ、見たいのはドルトムントのほうだった。いまなら躊躇せずにそう言える。読者が何を考えるかはわかっている。クロップが本書を読むことを考えて、それらしいことを言っているんだろう、と。だが、ドルトムントを見ようと思っていたのは嘘ではない。彼らのプレーはテレビで見たことがあったのだが、そこには信じられないものが映っていた。カウンタープレスをかけ、しかもすさまじいエネルギーで走っていた。テレビで見ても、ユルゲン・クロップとはどんな人間なのか、ドルトムントの選手たちをあのようにプレーさせられるのはどんな人物なのかと不思議に思った。クロップのドルトムントを見た感想は、すごいのひと言だった。

6日前、ドルトムントは本拠地ヴェストファーレンシュタディオンでの準決勝の第1戦で、4対1で勝利を収めていた。全4得点を決めたのはロベルト・レヴァンドフスキだったが、ひとりだけが突出したチームではなかった。そしてベルナベウでの試合では、名の知られた選手はいなくても、集団としてまとまっていた。チームの力と、集団的な意志の強みを体現していた。それは僕のサッカー哲学とも完全に合致していた。

マドリードにはセルヒオ・ラモス、マイケル・エッシェン、ルカ・モドリッチ、メスト・エジル、アンヘル・ディ・マリア、そしてクリスティアーノ・ロナウドがいた。さらにベンチにはカリム・ベンゼマとカカ。それに対してドルトムントは、たしかに本物の一流選手が揃っているが、スター選手というわけではなかった。少なくとも当時は。スヴェン・ベンダー、イルカイ・ギュンドアン、マルコ・ロイス、マリオ・ゲッツェ、ヤクブ・ブワシュチコフスキ、そしてレヴァンドフスキ。彼らのプレーは燃えさかる炎のようだった。その晩は0対2で敗れたが、それもマドリードが後半遅くにようやく2点を取ったものだった。ドルトムントは決勝戦に進出した。僕はいまも、あのときのプレーが気に入っている。エネルギーに満ち、すばやくボールを取り返す。勇敢で献身的だった。彼らのプレーは僕に合うと思った。それに僕のほうも、彼らのプレーに合うだろう。

ドルトムントにも、格上とされる相手に立ち向かう気概があった。僕にはその重要性がわかった。クロップのもとで、バイエルン・ミュンヘンを倒し、ブンデスリーガを2010-11、2011-12の2シーズン連続で制覇していた。また、クロップがもたらしたチームの成長は、FSGも注目していた。その成果は、（2009年から2022年の）過去13年間で、バイエルン・ミュンヘン以外のチームがブンデスリーガを制したのは、その2シーズンしかないことでも明らかだ。そのことはクロップの才覚とモチベーションの強さを明確に示していた。

このときのことがあったから、2015年10月8日、ブレンダン・ロジャーズ解任の4日後、クロップが新監督に就任すると発表されたときに思い出したのは、このベルナベウでの夜の興奮だった。ドルトムントを退任し、数か月現場から離れていた彼を、FSGはブレンダンの後任に選んだ。獲得に成功したのは見事で、狙いは的確だった。彼にはマンチェスター・ユナイテッドも含め、多くのクラブから声がかかっていたが、ほかのオファーには意欲を掻きたてられなかった。だが、リヴァプールだけはちがった。彼は自分とクラブがよく合っていると感じたのだ。そしてそれは正しかった。

クロップの就任に興奮している自分に、少し罪悪感を覚えた。監督が解任されたときは、多くの選手が退団することになる。しかも短期間のうちに。選手として続けていくには、選択肢はあまり多くない。だからブレンダンが去ったときには、僕は彼がしてくれたことに感謝したあと、つぎの監督は誰になるか、その監督は僕をチームに残すか、それとも入れ替えのために売却するか、と考えはじめていた。

いまはそれこそが大事なことだった。新しいボスと、まっさらな状態で一から物事をやり直さなければならない。ブレンダンが仕事をやりきる機会を逃したのはつらいことだし、彼にはたくさんの恩があった。だが、すべての努力を未来に傾けなければならない。彼がクラブにいたあいだ、僕は最大限の力を尽くしてきた。そして心のなかで、力は出しきったと納得している。

ユルゲンの就任に興奮はしたが、少し心配もあった。負傷しているため、すぐに好印象を与えることはできないだろう。誰にでも好かれ、周囲まで巻きこむ行動力があるという評判は聞いていたが、実際に会ったことはなかった。僕のような選手をどう思うだろうか。彼は自分の方法を理解するには一定期間ピッチでトレーニングする必要があるとみなに語っていたから、とにかくピッチに立ちたかった。スポンジのように、すべてを吸収したかった。だが中足骨の骨折のせいで、ほかの選手たちに先を越されることになった。代わりの選手がいいプレーを見せれば、チームに戻れなくなるかもしれない。プレー再開の目処は立っていなかったし、監督とは一般に、そうした不確実さを嫌うものだ。状況は厳しかった。それでも、初対面は印象的だった。メルウッドのジムでレッグプレスやリハビリをこなしていたとき、彼が入ってきた。ハイファイブとハグをしたあと、自己紹介すると、復帰が待ちきれないと言われたことで気持ちが楽になった。第一印象はとても大切だ。彼のほうも、すぐに僕を気に入ったようだった。

だが、怪我のタイミングはまさに最悪だった。ユルゲンから主将に任命されるだろうかということも考えたが、そもそも、チーム内で位置を確保できるかどうかが心配だった。彼は着任早々からエネルギーをふりまいていた。特別なことが始まりつつあるという雰囲気があった。できればその一員でありたかった。大事なのはサッカーをすること、しかもリヴァプールでサッカーをすることだった。それが第一だ。ほかのことは、調子が戻ってからでいい。僕は少し修正する必要があった。選手生活のなかで、長期間プレーできないのはこれがはじめてだったからだ。だが、僕は消えてしまうつもりはなかった。ユルゲンの初戦は敵地ホワイト・ハート・レーンでのスパーズ戦だったから、遠征に同行したいと伝えた。彼は少し驚いたようだった。

「リハビリはないのか？」

リハビリは遠征前に終わらせると言った。そこへ行くべき責任を感じていたし、チームについていたかった。キャプテンという立場に慣れていないのに、シーズンの多くを欠場してしまっていた。たとえ出場できないとしても、新監督がチームとのミーティングで何を話すか聞きたかった。彼が求めているものを聞いておくことで、体が万全になったとき、彼の意図がすぐわかるようにしたかった。彼に忘れられたくないという思いもあった。

その試合の印象は強烈だった。監督席からも、強度の高さが見てとれた。試合での走行距離は、チームの新記録になった。チーム全体で１１６キロメートルという数字だ。アダム・ララーナは交代でピッチを去るとき、体力を使い果たして、監督の腕のなかで倒れそうになっていた。

僕たちはそのシーズン、トッテナムとの対戦で走行距離が上回ったはじめてのチームだった。憑かれたように競りあった試合後、ユルゲンはピッチに出ると、選手たちをハグして努力をねぎらった。結果は0対0の引き分けだった。通常、勝ち点1で大喜びすることはないのだが、逆境を跳ね返してやるというチームの意志は明確であり、前向きな要素が多かった。

ユルゲンは僕がそれまでに会った誰とも完全に異なっていた。そのトッテナム戦後も、僕は遠征に参加したいと頼みつづけた。たぶん彼はうんざりしていたと思うが、とにかく同行したかった。現場で話を聞き、試合を見たかった。リハビリのあとはセッションを見学した。彼はトレーニングの時間を午後に変更したが、選手たちには不評だった。サッカー選手は自分の方法にこだわりを持っているものだが、ユルゲンはそれを揺さぶった。それまでは練習が終わる時間だった午後2時半に集合することになった。冬になり、サマータイムが終わると、練習は投光照明のもとで行われるようになり、選手たちは慣れるのに苦労した。みながユルゲンに話してほしいというので、主将として話をする必要があると感じて、彼のオフィスに行った。

「遅いトレーニング時間に苦労している選手がいるようです。トレーニングを午前中にすることはできませんか?」

ユルゲンは、耳にした話が気に入らないときや、話された内容が理解できないときには顔をしかめる癖がある。たぶん、僕がそれを目にしたのはこのときがはじめてだったと思う。

「それで、嫌がっているのはどの選手なんだ?」

名前を挙げたら、その選手がやり玉にあげられてしまう。

「大勢です。だから僕が話しに来たんです」

沈黙。

「じゃあ、その選手たちに、問題があればわたしに直接話しに来るように伝えてくれ」

また沈黙。そのあとの展開は、おそらく読者にも予想がつくだろう。結局、誰も監督のもとを訪れることはなく、午後のトレーニングはいまも続いている。ついでに、僕もしばらくは彼のオフィスに行きづらくなってしまった。メルウッドのバルコニーから見ていると、すばらしいセッションがいくつもあった。シュート練習すら独特だった。息をつき、休憩する間さえ与えないのだ。

通常、シュートを放ったあとはそれを見て悦に入ったり、改善点はないかと考えたりするものだが、ユルゲンの練習では立ちどまる時間はなかった。入っても失敗しても、選手はすぐにつぎのボールに移り、まえのボールがどこへ飛んだかを意識することはできない。シュートのことを考えるだけでなく、つぎに起こることに反応する。試合でも、キーパーに止められるかもしれないし、そのときはさまざまな場合や可能性に反応しなければならない。シュートを防いではまたポジションにつき、つぎのシュートを待ち構えるキーパーの練習に似たところがあった。ユルゲンの初シーズンは、筋肉の故障で治療を受ける選手が多かった。あれほどの強度でプレーをしたことはなかった。ハードワークだが、自分の能力が上がっていることが感じられ、つぎのプレーが待ち遠しくなる。まるで、クラブ全体に電流が流れたようだった。

僕がそこで、まったく快適な気分だったと言えば、嘘になってしまう。そうではなかった。ユルゲンがアダム・ララーナにかなりいい印象を受けているのはわかったし、ロベルト・フィルミーノは生まれ変わったようだった。ボビー（フィルミーノ）と契約したのはブレンダンだが、ボビーにとって、ユルゲンが来たことは大きかった。監督はあるミーティングでこう語った。「みんな彼の良さに気づいてないんだよ」。彼はボビーがブンデスリーガのホッフェンハイムにいたころから知っていたそうだ。そこまでの言葉をかけられるに値する力があるとは、僕は思っていなかったのだが、その後、突如としてスイッチが入った。すさまじかった。まるでレベルがちがうべつの選手のようで、僕にもようやくわかった。クロップが着任して最初の数か月、ボビーは完璧だった。守り、プレーをつなげ、得点まで挙げはじめた。監督ははじめから、彼の能力を見抜いていたのだ。

ボビーは誰にもできないことをしているし、誰も代わりにはなれない。僕はボビーととてもいい関係を築いている。彼は英語が話せないと思っている人が多いが、まったくそんなことはない。話もするし、よく笑う。いつも笑顔で、その場にいるだけで部屋が明るくなる。いつも上機嫌だ。面白い奴で、冗談にも加わってくる。選手としても傑出している。

多くの人が語っているように、ユルゲンとエムレ・ジャンは強い絆で結ばれているし、エムレはあちこちのポジションで使われるのではなく、一貫して中盤で起用され、それにしっかりと応えていた。監督は僕の自信が揺るぎないと思っていただろうが、実は置き去りにされることを恐れていた。そんな心配をしているとは、たぶん知らなかっただろう。ひとりのときは落ちこんでいた。サイドラインからピッチのなかに入っていくことはできず、無力だった。そんなときは、最高の状態で復帰できるようにジムでかなりのハードワークをした。だが家に帰ると、ベッドに潜りこんでテレビを観るか、誰にも話しかけず暗い気分で家のなかをうろつくだけだった。

状況をあまりに悲観していたことと関係があるのかはわからないが、そのころ予期せぬ出来事が起こった。ユルゲンが来て数か月後、足の故障のせいでほとんど出場していなかったころに、スパーズへの移籍が持ちあがっているという記事が書かれたのだ。ユルゲンは記者会見でその推測について質問されたが、否定的な答えをした。推測についてはコメントしない、ただしクラブにいたいと思わない選手はいる必要はない、と。その答えを、クラブでの居場所を確約された者は誰もいないのだから、移籍してもよいと語ったのだ、と解釈した記者もいた。僕自身はそうは受けとらなかったが、また不安は掻きたてられた。

僕は11月29日に復帰し、本拠地でスウォンジーに1対0で勝った。怪我が完全に回復したとは言えない状態で、最初の2、3か月は思いどおりに動けなかった。とはいえ、WBAとの2対2の引き分けでは得点を決めた。その試合は、試合終了間際に同点弾を決め、ユルゲンがチームをコップの前に整列させた、記念すべき試合だった。多くの批判が浴びせられていたが、彼は巧みにファンとチームの絆を生み出し、関係を修復した。僕は年末のサンダーランド戦で足底筋膜が断裂して状態がよくなり、その後チームに復帰した。2016年の2月末にはキャピタル・ワン・カップの決勝に出場したが、マンチェスター・シティにPK戦で敗れた。

それからヨーロッパリーグの準々決勝第1戦で、ヴェストファーレンシュタディオンでのドルトムント戦を迎えた。メディアはエル・クラシコになぞらえて、この対決を「エル・クロッピコ」と呼んだ。僕は前半で外側側副靱帯を傷め、松葉杖をついてスタジアムをあとにした。復帰までの時間は、この症状では一般的な6週間から8週間と診断された。

そのことがさらに痛みと欲求不満をもたらした。その準々決勝の第2戦は、ヨーロッパの大会におけるアンフィールドでの名勝負のひとつになった。それは僕たちの世代の選手にとってははじめての名勝負だった。1対3から盛りかえし、アディショナル・タイムにデヤンのゴールが決まって、4対3で勝利を収めた。このすばらしい夜、僕は松葉杖をついて監督席から飛び出し、歓喜の輪に加わった。利己的だと思われるだろうが、このときの僕はチームが勝ったことを喜びながらも、自分がプレーしていないことで落ちこんでいた。ほかの選手たちのよいプレーを見るのはすばらしいことだ。僕はつねに、チームの改善を望んでいる。それでも、どうしても自分が出場したうえでチームがよくなることを望んでしまう。チームにもう必要とされていないとは思いたくない。ユルゲンの初シーズンは、自分がいなくてもチームはうまくいっていると感じていた。僕が考えすぎるタイプだということはすでに書いたが、このときも余計な心配を抱えこんでいた。

体が万全になればポジションはあるとはいえ、確約されたわけではなかった。調子は悪く、出場したわずかな機会にも、万全ではなかった。だが、ユルゲンには不平を伝えなかった。僕が抱えた問題は、なかなかわかってもらえないだろう。チームはヨーロッパリーグの決勝に進出し、バーゼルでセビージャと対戦することになった。試合が行われる5月18日にまでに外側側副靱帯の故障から回復し、出場したいと強く願った。回復は予想よりも早く、試合前日の晩にはスタジアムでの最終練習で好調をアピールしようとひたすら走りまわった。試合前の記者会見に出席したときは、隣の机に置かれたトロフィーに何度も目が行った。あれを掲げるのはリヴァプールだ！　だが予想どおり、僕は先発ではなかった。ベンチメンバーには入っていたから、絶対に途中出場するつもりだった。そう思うのは当然だろう。ヨーロッパの大会で決勝戦は、誰もが出場できる舞台ではないのだから。

前半は好調で、ダニエル・スタリッジのゴールでリードを奪ったが、後半途中で逆転され、1対3になった。僕は出たくてたまらなかった。20分間僕を出してくれれば、状況を変えてみせる。この試合は絶対に勝たなくてはならないし、あまりに多くのものがかかっている。勝利すれば、来シーズンのチャンピオンズリーグ出場権が得られる。だがユルゲンはオリギとジョー・アレンを投入し、さらに残り7分でコロ・トゥーレに代えてクリスティアン・ベンテケを入れ、出場する最後のチャンスは消えた。出場できなかったのは僕だけではなかった。失望したのは僕だけではなかった。試合結果には全員が打ちのめされ、1シーズン2度目の決勝戦での敗退に意気消沈した。

その晩、僕たちはユルゲンの精神の特異性について新たな面を知ることになった。試合後、宿泊先のノボテル バーゼルシティ・ホテルに戻るバスのなかで、彼は立ちあがって前へ出て、全員レストランに集まるようにと告げた。優勝祝賀会のために貸し切られていた店だ。僕はいぶかしんだ。いまはパーティに行く気分じゃない。祝うことなんて、何もないはずだ。嫌だと思ったのは僕だけではなかった。

ミリー（ミルナー）とアダムと一緒にレストランへ行くと、音楽が流れていた。あの晩は、そのレストランにだけは行きたくないと思ったし、ミリーとアダムも同じだった。まっすぐベッドへ行き、すべて忘れてしまいたかった。ユルゲンは、そこに現れるなりこう言った。

「このまま一晩中すわって、しょんぼりしつづけるつもりか？」

たったいま決勝で負けたところなのに、何を言うんだろう。そんな思いで彼を見上げた。すると彼は、ダンスフロアらしきところの真ん中に出ていき、スピーチを始めた。「ひどい結果だったし、ひどい気分はまだ消えてない。だが、俺たちは始まったばかりじゃないか。今日のところは、よいプレーをしてここまで勝ちあがってきたことを祝おう。ここから、もっと高いところまで行ける。もっとたくさんの決勝戦を戦うことになる」

最後の言葉には、絶対的な確信と強い思いがこもっていた。ミリーやアダム、僕にしても意志は固いほうだが、ユルゲンの精神力は飛び抜けていた。僕はまだ敗戦に傷ついていた。シーズンの多くを怪我で棒に振っていたし、出場できなかった怒りもあった。だが監督はここで、全員をダンスフロアに上がらせ、スピーチをしたうえに、みんなを一緒に歌わせた。音楽が好きな彼は、マイクをつかんで大声で歌いはじめた。

俺たちはリヴァプール　トゥラ、ラララ
俺たちはリヴァプール　トゥラ、ララララ
俺たちはリヴァプール　トゥラ、ラララ
世界最高のサッカーチームだ——そうだ、俺たちは！

パーティは朝まで続いた。選手たちは監督の考えをどうにか理解しようとした。解散になると、僕はすぐに自室に戻ったが、まだ飲みこめてはいなかった。だが、新監督がこれまで会った誰とも似ていないことは明らかだった。心にはあふれる思いを抱き、つねに言うべき言葉がわかっている。〈まだ始まったばかり〉——まさにそのとおりだ。いまこれを振りかえっていても、天才としか思えない。

彼のためにプレーしたいと思う理由は何か？　彼の言うとおりにすれば、勝てるとわかっているからだ。チームとして、彼に従えば勝てるからだ。サッカー選手は、ひたすら成功を求めている。僕は初日から彼を信じた。話しかたも含めて、ユルゲンにはオーラがあった。彼の言葉はすべて信じられるし、100パーセント自分に関心を寄せていることが伝わってくる。

最初は、いまよりはるかに厳しかった。高いレベルを求めることで、僕たちの精神と肉体を試した。だが時間が経つにつれて、選手たちとの信頼関係が生まれ、彼は僕たちを信じ、僕たちは彼を信じるようになった。関係は進化し、さらに強くなっていった。たぶん、ジャーナリストやファンも、最初の記者会見から、彼の才覚は見てとれただろう。彼には特別なものがある。独特の物の見かたがあり、行動も一風変わっている。たとえば前向きさ。サッカーや人生に対する考えかた。彼は選手の役に立とうとする。まるで父親のような存在だ。あまりよくない影響だって受けるにせよ、結局は愛し、尊敬せざるをえない、そんな人だ。彼が誇りに思える人間になりたいと思うし、彼のために戦いたいと思う。

選手たちはみな、彼のためならなんだってやれる——いまのリヴァプールには、そんな雰囲気がある。もし僕がいつの日か監督になったとして、チーム全員に、僕のためならなんだってやれると思わせることができたら、それはすごいことだ。それまでの行動が適切でなければ、そうはならない。きっとすばらしい感覚だろう。ユルゲンは口喧嘩もするし、過酷な要求をすることもある。必要なら選手を外すことも。それなのに、チームの選手たちはピッチ上で彼のために死んでもいいとさえ思っているのだ。おそらく、ほかのどの監督もこんな才能は持っていないだろう。彼は選手にどこまで要求し、どこまで選手に委ねるか、その完璧なバランスを知っている。いつ尻を蹴りあげ、いつ肩を抱きしめればいいかがわかっている。選手の人生が順調でないときにはそれを察知する。なぜかわかってしまうのだ。僕にもそんなときはたくさんあったが、いつも自分のオフィスに呼び、すべて白状させた。選手に影響を及ぼしかねないことを的確に察知するのだ。

彼は夢を与える。人は彼の言葉を信じる。もし彼が、「あの壁から飛び降りろ」と言ったら、僕はそうするだろう。もし彼が、「あそこに行って飛び降りろ。そうすれば、こういうことが起こる」と言ったら、僕はそうする。彼を信じているからだ。それがたしかに起こると思うだろう。そして、彼は選手たちを深く思いやっている。たぶん、選手たちが思う以上に。

頭で考えるなら、選手をチームから外すことや、退団を希望する選手にそれを認めるのはかなりむずかしいことだろう。選手たちを気にかけ、関係を保つのはあまりに困難だ。僕は彼ほど、サッカーと人の心に関する知能を併せ持った監督を知らない。テレビから得られるユルゲンの情報は、だいたい当たっている。誰もが、たとえリヴァプールのファンでなくても、彼を愛している。彼の性格は周囲に強く伝染する。それはチームといるときも同じだ。上機嫌のときばかりじゃない。言い合いになったり、喧嘩をしたりすることもあるが、結局は彼を尊敬しているし、プレーで彼を喜ばせたいと思っている。

戦術面はどうか。重視されるのは強度だ。強度と、無慈悲さ。彼はいつも、世界最高のチームの監督ではなく、世界最高のチームを倒せるチーム、つまり、どこにとっても絶対に対戦したくないチームの監督でありたいと語っている。対戦相手に、「ああ、あいつらだけはやめてくれ」と言わせること。「まるで13人のチームを相手にしているみたいだ。足を止めない。スコアに関係なく、絶対に止まらない。こっちがボールを持てば彼らは向かってくる。彼らがボールを持てば巧みなプレーをする。フィールドの端から端まで隙がない。ワイドからも、カウンター攻撃からも、ビルドアップからでも得点できる」

と思わせること。それがユルゲンの望みだ。

強度は最初から際立っていた。コーチ陣はいつも伸びしろを埋めようとしていた。チームの進化はいまも止まらない。相手ボールのとき、ユルゲンは世界で最も見栄えの悪いチームであることを求める。ボールを持ったときには、最も鋭く、最も創造的なチームであることを求める。そのどちらも欠かすことはできない。

バーゼルでのあの試合の晩、僕は一睡もできなかった。帰国便のなかでは、「リヴァプールでの僕はもう終わりかもしれない」と考えていた。考えすぎの癖が、このときは最高潮に達していた。合理的な考えではないことはわかっていた。心の底では、ユルゲンが僕を出場させなかった判断を理解していた。僕は復帰を急いだし、問題をたくさん抱えていた。どの程度のプレーができるかわからなかっただろうし、外側側副靱帯の故障明けの僕を出場させなかったというのはうなずける判断だ。ただ僕は、感情的に反応していた。ピッチに立てなかったことで、悩み、心配する癖が過剰に出てしまった。

もう出場機会は得られない運命なのかもしれない。リヴァプール空港からバスに乗ってメルウッドへ戻り、そこで各自の車に乗り、来シーズンまでの別れを告げるまでのあいだ、その考えがずっと頭のなかをまわりつづけた。苦しさがしだいにつのっていった。バーゼルのホテルのベッドに入っていたときからすでに、自分の今後や、キャリアと人生の変化の可能性について、わからないままシーズンオフに入るのは耐えられないと考えはじめていた。

トレーニング場の建物に入っていくとき、監督にオフィスで10分だけ話したいと伝えた。入室するときは、少し感情的になっていて、いくらか怒りもあった。サッカーは僕のすべてだ。リヴァプールは僕のすべてだ。いまが運命の分かれ道だと思っていた。

それまでの数か月、怪我と疑念によってずっとためこんでいた不安と不満があふれ出た。僕はまだベストの姿をあなたに見てもらっていない。僕にプレーさせるかどうか、きっといまは答えられないでしょう。でも、僕が来シーズン、あなたのプランに入っているかどうか知りたいんです。

その問いへの答えは、この上なく完璧で、簡潔だった。ユルゲンはひと言でその場を収めた。

「ああ、入ってるよ」

第7章

6番と8番

リヴァプールでの在籍期間とは関わりなく、どの選手にも、プレシーズンの練習初日には自分の状態を証明するという関門が待ち構えている。アカデミーから上がってきたばかりの若手も、巨額の契約で入団した選手も、数百試合のプレー経験を持つベテランも変わりない。車を駐車場に停め、トレーニング場に入ってみたら使いものにならないというのであれば問題が起こる。読者はそろそろ、僕にはコンフォートゾーン（快適な領域）というものがないことに気づいているだろう。2016年の夏、チームに戻ったときは力を発揮できる状態にあった。ユルゲンは準備万端だし、今年のチームは大きなことが成し遂げられそうだった。だが僕はというと、体の調子はよかったし、前シーズンのヨーロッパリーグ決勝のあと、監督からかけられた言葉が心強かったのは当然だが、心の大きな部分を不安が占めていた。

ユルゲンからは、4-3-3のシステムの6番（守備的ミッドフィールダー）という新たな役割を与えられた。そのポジションなら力を発揮できるという判断だったが、僕にとっては新たな領域だった。守備に目を配り、自分本来の本能的なプレーは抑えなければならない。中盤の底として、テンポを定め、プレーの指示を出していくことになる。新しい困難に直面したときはいつも同じだ。自分にはそれだけの能力があるのか、という疑問もあるし、落ち着くには時間がかかるだろう。不安だった理由はこれだ。リヴァプールにいる価値があると証明することに加えて、これまでとちがうポジションでの能力も示さなければならなかった。自分にできるのだろうかと何度も思った。あのときはきっと、誰もが僕に疑念を抱いていただろう。

その役割で、あまりいいスタートは切れなかった。開幕戦となる敵地のアーセナル戦で勝利を収めたが、点の取り合いになった。フォーバックの前に位置した僕は、試合をコントロールするという任務がうまくこなせなかった。つぎの試合は、敵地ターフ・ムーアでのバーンリー戦で、0対2で敗れたうえ、僕はやるべきことを見失い、散々だった。当然、多くの批判を浴びた。なぜユルゲンが僕をそのポジションで使うのか理解できないという見解が多かった。

その夏にはサディオ・マネとジニ・ワイナルドゥムが加入しており、ユルゲンのチームが形を取りはじめていた。マインツからはロリス・カリウスも加わり、徐々にシモン・ミニョレの代わりにキーパーのポジションに就くことが増えていった。ジニが8番（攻撃的ミッドフィールダー）の選手として加入していたことも、明らかに僕が6番にコンバートされた理由のひとつだった。4-3-3のフォーメーションの6番は、8番とはまったく役割が異なっていた。監督は、僕にはその役割は務まらないとは思わなかったのだろうか？　疑問がつぎつぎに湧いてきた。チームにいられることは嬉しかったが、それを確固たるものにする方法はわからなかった。

一方でユルゲンはアダムを、それまでよりも攻撃一辺倒ではない8番のポジションに下げた。僕がプレーするだろうと思っていた場所だ。この巧みな配置転換は、すぐに効果を発揮した。アダムをそこでプレーさせることはまさに天才的な発想で、むしろ若いときからずっとやっていなかったのが不思議なくらいだった。そのポジションで、彼は世界の一流だった。ユルゲンがそのポジションの選手に望むすべてを備えていた。エネルギー、カウンタープレス、攻撃、ボールを巧みに操り何かを生み出す能力、タッチ、ポジショニング。まさに衝撃的だった。

こうして、ジニとアダムがそのポジションに固定された。エムレ・ジャンは僕よりも本来の6番だったし、彼と監督の関係が良好なことも知っていた。僕は、控えにまわるのかと自問した。自分への疑いが戻ってきた。ユルゲンは僕に、6番なら僕の強みが発揮できるからそこで使う、と言っていた。彼はプレシーズンやトレーニングでのプレーが気に入ったらしく、我慢して僕を使いつづけた。エネルギーは十分にあった。むずかしいのは規律の部分だった。じっと落ち着いて状況を見るべき場面で、僕は突如として相手ディフェンスの裏に走ったり、カウンタープレスで相手を追いかけていったりして、本来いるべき場所を空けてしまうことがあった。

最初は、まるで手錠をかけられたままプレーしているようなものだった。動きたくても、思ったままに動くことは許されない。役割がまるで果たせず、新たなポジションでまごつく新人のような姿をさらした試合もあった。また外からの雑音が聞こえてきた。どうして僕を6番でプレーさせるのか。どうして僕はその仕事をこなせないのか。

敵地でのバーンリー戦後、外されるだろうと思ったのだがその後も出場できた。監督からはポジションに関する指導を受け、要求を伝えられた。僕はボールを失ったとき、すばやく反応して取り返すのが得意だった。自分ではほかのポジションのほうが試合に関われると思ったのだが、監督には新しい任務を求められていた。その要求に応えなければならない。それこそがチームにとって最善なことだった。

使われつづけたことで、自信が生まれた。監督は僕のなかに、自分にも見えないものを発見していた。しだいに快適に動けるようになり、まもなく大きな瞬間がやって来た。2対1で勝ったスタンフォード・ブリッジでのチェルシー戦で得点を挙げたのだ。これは自分でも気に入っているゴールのひとつだ。右足で放ったカーブシュートが、ティボー・クルトワの手の先を抜けた。ゴールの隅に刺さって、それが決勝点になった。これで少し自信が持てたし、ユルゲンの要求がよく理解できた。彼のおかげでプレーが大いに改善され、ゲームの見かたも変わりはじめた。6番の位置からだと、自分よりも前方で行われていることがすべて見える。ふたつのポジションで高いパフォーマンスを発揮する選手にしてくれた彼には、大きな恩恵をこうむっている。はじめは自分の特徴に合わない要求をされているうえ、能力も足りないと思っていたのだが、そのポジションで成長していくことができた。シーズン途中では、守備的ミッドフィールダーを務めてリーグ4位以内を固め、第一の目標、つまりチャンピオンズリーグ出場権獲得へと順調に向かっていた。

残念なことに、また中足骨を故障し、シーズン後半の数試合を欠場することになった。今回は骨折ではなかった。2017年2月にトッテナムをアンフィールドに迎え、2対0で破った試合で、誰かのスパイクの底を蹴ってしまい、鋲で圧迫されたのが原因だった。液体がたまり、骨を打撲した。その後、出場するごとに悪化し、ついにプレーできなくなってしまった。シーズン最後の数試合を欠場したのはつらかったが、4位以内を確保したことで慰められた。

チームは急速に進化していた。その夏には、モー（モハメド・サラー）をローマから獲得した。クラブ新記録の移籍金に対しては、疑念を抱く人々もいた。またハル・シティからアンディ・ロバートソンが、移籍期間終了の直前にはアレックス・オックスレイド・チェンバレンが加入した。イングランド代表のほか、年代別の代表でも一緒だったオックスが来たのは嬉しかった。ちなみに、このときは僕自身がスカウトに協力し、チームにとって完璧な選手だと報告していた。ともかく、これでモー、ボビー、サディオという名高いスリートップが揃った。バルセロナのMSN（メッシ、スアレス、ネイマール）やレアル・マドリードのBBC（ベンゼマ、ベイル、クリスティアーノ・ロナウド）がよく知られているが、僕はわがチームのスリートップをこのどちらとも交換したいとは思わない。

2017-18シーズンは同じポジションで開幕したが、まだやりづらさは残っていた。チームの守備が移行期にあったことはたしかだし、守りきれていないと感じるときもあった。たとえば、11月のチャンピオンズリーグ、グループステージでの敵地のセビージャ戦もそのひとつだった。僕はこのとき、6番でプレーすることへの自信を完全に失いかけた。エスタディオ・ラモン・サンチェス・ピスファンでのこの試合は、開始から終了まで強烈だった。開始85秒でボビーの先制点が決まった。これはリヴァプールのチャンピオンズリーグでの最速ゴール記録だ。ハーフタイムには3点リードし、1試合を残してベスト16進出を決めるのはたやすいと思われた。

好調なうえ雰囲気もよかったが、後半に入ると一変した。波状攻撃を食らってしまった。つぎつぎにチャンスを作られ、食いとめる方法がわからなかった。結局、93分に目の前で混戦からギド・ピサーロに同点弾を決められた。この劇的な引き分けで、グループ最終戦のスパルタク・モスクワ戦で決勝トーナメント進出を勝ち取らなければならなくなった。

これは僕がリヴァプールで直面した最も過酷な状況のひとつだった。自分が6番でプレーしているときに、大量リードから追いつかれるようなことがあってはならない。あの後半、僕は迷子のようになり、いるべき場所を見失っていた。試合後に取材を受けたとき――主将としては、こうした状況も避けられない――、チームの改善について語る言葉が出てこなかった。あれは相当にきつかった。試合後はまったく眠れなかった。スペインから戻って、明け方までひたすらそのことを考えつづけ、翌日のトレーニングでユルゲンに相談することにした。自分が6番としてプレーすることへの疑念と、自分は選手として、また主将として、チームの士気を損ねているのではないか、ということを。

誰かに相談する必要があったが、すでに書いたとおり、人に助けを求めるのが上手ではないため、まわりくどい方法をとった。アダムにメールして、車でトレーニングに送っていこうと誘ったのだ。とはいえ、拾ったあとで何か聞かれたら、平然としてはいられないこともわかっていた。僕はその足でユルゲンのところへ行き、話をするつもりだった。自分が主将でいるべきかどうかも確認する気でいた。そんな状態のとき僕は、自分はチームのために何ができるのかを、あらゆる状況にわたって考え尽くす。大事なのはつねにチームだ。そして、現状は受け入れがたかった。車に乗ったアダムは何かを察知した。彼はただ、「大丈夫か？」と言っただけだったが、僕は感情をさらけ出してしまった。

リードを保てなかった試合は、あのセビージャ戦のほかにもたくさんあった。僕の考えでは、そんな場面で持ちこたえられるかどうかは、主将の力量しだいだ。だが僕には力がなかった。誰がなるにせよ、リヴァプールの主将は試合を決定づける瞬間に力を発揮しなければならない。背負った責任の大きさに、僕が押しつぶされていると監督は感じていた。主将の役割を果たせるようになったのは、監督のおかげだった。その成長を監督も感じてくれていた。スティーヴィーへの賞賛はやまないし、僕はいつも比較されている。だが、監督はこう言った。君はスティーヴン・ジェラードではない。自分自身であることに喜びを感じるべきだ。いまは、あまりに多くの責任を抱えている。自分自身のプレーにもっと集中したほうがいい、と。

僕はアダムに話すことで気持ちを落ち着かせようとしたが、考えはとめどなく広がっていった。彼は聡明で、なんでも話せるし、完全に信頼している。ヨーロッパからの帰国便で隣にすわったことがあり、家族や怪我、これまでのことなどを話して親しくなった。それから、チームでもアダムはいちばん信頼していた。このとき、高速道路M6を走りながら、僕はユルゲンと話をしようと思っていることと、その理由を話した。やめておけ、と彼は言った。おまえは自分のせいじゃないことにまで責任を感じすぎているんだ、と。そして苦しんでいる僕に、こう言った。「いいか、ひとつだけ願いを聞いてくれ。明日になって、まだそうしたいというなら、止めはしない。でも今日はやめておくんだ」

僕はその忠告を受け入れた。トレーニング場に着き、リカバリーをして、その話はせずに帰宅した。帰り道もまたアダムと話をして、気持ちは少しずつ落ち着いてきた。その後、リーグ首位に立つチェルシーと週末に1対1で引き分け、自分のプレーも悪くなかった。最低の気分は脱し、安定したプレーをした。自信を取り戻し、それをきっかけに正しい方向へと向かっていった。

モーとロボ（アンディ・ロバートソン）の加入で強化されたチームに、1月にはさらに、サウサンプトンから7500万ポンドでフィルジル・ファン・ダイクが加わった。これこそ、現在のリヴァプールを作りあげるうえで最も重要な契約だったとみなされている。チームは彼の獲得をしばらくまえから目指していた。夏にはうまくいかなかったが、僕は彼の大ファンで、1月の移籍期間にもう一度狙ってほしいとずっと思っていた。2020年にリーグ優勝したとき、フィルジルはこの契約のまえに僕が送ったメールを見せてくれた。そのメッセージには、彼がリヴァプールに来るためになんでもやる、と書かれていた。

これから数シーズンで、僕たちはきっと特別なことが達成できると信じてる。世界最高の監督のひとりに率いられ、すでに優秀な選手が集まっている。でも僕にとっていちばん大事なのは、チームの一体感と、監督のもとでどれほどチームが改善できるかということなんだ。君ならきっとこのチームに大きなインパクトを与えられるし、成功するための力になってくれる。

選手としてだけでなく、ひとりの人間としても、君は力になる。きっとこのチームの選手たちに合うし、楽しくプレーできる。リヴァプールが世界最大の、そして世界最高のチームのひとつなのはもちろんだが、監督やスタッフも僕がこれまで一緒にやったなかで最高だし、彼らはこのチームをつぎのレベルに引き上げてくれるだろう。君には世界中のさまざまなクラブからオファーがたくさん来ているにちがいないが、リヴァプールは特別で、唯一無二のクラブだ。6年以上ここにいるが、いまこそリヴァプールで最高の時間を過ごしている。長くなってしまって申し訳ない。ただそれも、君にできるだけきちんと伝えたかったからなんだ。

契約が結ばれたとき、僕はハムストリングスの負傷で離脱していたため、最初に会ったのはアンフィールドでだった。フィルジルはユニフォームではなく私服で、まるで富豪のようだった。背が高く、髪型まで完璧で、間違いなくいい選手だと思った。外見だけでもそれはわかった。彼の獲得は非常に重要だった。状況を一変させる契約だったと言ってもいい。彼と、翌年の夏に入団したアリソン・ベッカーによって、欠けていたものが補われた。フィルジルはセンターバックとしてチームが必要とするすべてを兼ね備えていた。まずはリーダーシップだ。世界最高のディフェンダーであり、そのことがチームに大きな自信を伝えるのだ。隣にいるもうひとりのセンターバックへ、隣のサイドバックへ、そして彼の前にいるミッドフィールダーへと。

彼はチームにそれまでとまるで異なる活力をもたらした。彼には自分よりも後ろで何が起こってもカバーできるという自信がある。スピードがあるから、チームは高いラインを引いてプレーできるし、速い攻撃にも自信を持って守れる。必要ならマンマークもできる。背が高く、空中戦でも負けることはない。まさに完全無欠だ。サウサンプトンにいたときに対戦して、いい選手だと思っていたが、僕が真価に気づいたのは、彼がここに来てトレーニングするのを見てからのことだった。彼を表現するには、やはり無双というしかない。

彼の人間性については、話に聞いていた。リヴァプールにおいても、プロフェッショナルとしてふるまう文化はとても重要であり、フィルジルは適応できるだろう。このクラブには、選手だけでなく裏方にもすばらしい人材が集まっている。彼こそ必要な選手だと感じられた。当時チームにいたセンターバックを認めないわけではないが、移籍を望む選手もいた。フィルジルは足元のプレーもできるし、相手にやられることもめったにない。スアレス、フィルジル、スティーヴィー、モーのような選手たちは、選手通路で待機しているときに姿を見るだけで、大丈夫だという安心感を与えてくれる。チームは世界最高の選手のひとり、フィリペ・コウチーニョをバルセロナへの移籍で失っていたが、手に入れた高額の移籍金でフィルジルやアリソンを獲得した。

フィルジルは1月5日のFAカップ3回戦エヴァートン戦でリヴァプールでの初戦を迎えた。2対1で勝利したその試合で、彼は残りわずかの時間帯にヘディングで得点を挙げ、1901年のビル・ホワイト以来はじめて、マージーサイド・ダービーでのデビュー戦でゴールを決めた選手になった。完璧な出だしだ。選手もファンも彼を愛した。さらに大きなことは、彼がディフェンダーとして世界最高の移籍金で加入したにもかかわらず、誰もその値段について文句を言わなかったことだ。そのエヴァートン戦の直後に、ドバイでトレーニングキャンプが行われ、すぐにチームに溶けこんだ。それからは、まるではじめからリヴァプールで過ごしてきたかのようだった。リーダーシップを持った選手が多い僕たちのチームに、最高のリーダーがまたひとり加わった。

あのセビージャ戦は僕にとってどん底だったが、その後状況は改善していった。あのころチームは相手を上回る得点を奪おうとしていたが、同時にたくさんのゴールを決められていた。そのシーズンは優勝争いに加わることはできなかったが、最終節にブライトンを破り、リーグで4位を確保し、翌シーズンのチャンピオンズリーグ出場権を得た。だがそのときには、チャンピオンズリーグでの決勝進出のほうに注力していた。クリスマスごろにはある友人と、翌年5月に決勝の会場となるキーウに行くこともありうると話していた。そして、ラウンド16でのポルト戦での完勝を皮切りに、順調に勝ちあがっていった。

　つぎは準々決勝のマンチェスター・シティ戦だが、僕たちが勝つと思っている人は誰もいなかった。シティはそのシーズン、プレミアリーグで100得点を挙げ、評論家の多くは僕たちを難なく片づけるだろうと予想していたが、第1戦の前半で圧倒し、その試合を3対0で勝利した。マンチェスターでの試合では猛攻に耐え抜くという任務を最後まで遂行した。後半開始早々、モーが同点弾を決めて1対1とし、さらにボビーが決勝点を挙げた。僕はその晩、出場停止で監督席からの観戦となったが、全員がすばらしいプレーをしてくれた。チームはいまや絶好調で、つぎの試合が待ちきれなかった。

　準決勝のローマ戦は現実でないようだった。アンフィールドでの第1戦では彼らを粉砕し、69分で5対0となったのだが、その後2ゴールを許してわずかな希望を与えてしまった。第2戦でも同じ過ちを繰りかえした。残り4分で2対2だったが、そこから2点を失って2対4になった。思った以上の接戦になったが、ともかく勝ちあがった。レアル・マドリードが待つチャンピオンズリーグの決勝に出場するのは僕の夢だったが、ローマとの2戦では、影を落とす出来事が起こっていた。アンフィールドでの第1戦の試合前に、チームのサポーターであるショーン・コックスがローマのファンに襲われ、深刻な怪我を負っていたのだ。頭部に怪我を負って意識不明となり、現在も完全には回復していない。

　クラブの全員がこの出来事に大きな衝撃を受けた。その後、スタディオ・オリンピコでの第2戦で、アウェイ席のリヴァプールファンのあるグループがあるバナーを持っていることに気づいた。「ショーン・コックス、ユール・ネバー・ウォーク・アローン（君はひとりじゃない）」。試合終了のホイッスルのあと、僕は選手たちを連れてそこへ行き、バナーを貸してもらってピッチ上に集まり、サポーターたちと勝利を祝った。ユルゲンはその日の勝利をコックスに捧げた。「決勝は100パーセント、ショーン・コックスさんのための試合になる」と、彼はメディアに語った。

その夏、僕はファンメディア『アンフィールド・ラップ』のウェブサイトで、あの晩の選手たちの行動に触れた記事を読んだ。「ローマでの準決勝第2戦の試合後の光景は、リヴァプール・サポーターとしての生涯で見たことのないものだった」と、ジョシュ・セクストンは書いていた。「あのチームのふるまいは、われわれサポーターが望むものと完全に一致していた。強制された行為ではなかったし、どこかの広告会社から『この程度のことを言っておこう……』と促された選手のSNSへの投稿などとも異なっていた。選手たちは、ごく自然にああした行動をとっていた。監督もよくわかっていた。偶然の出来事ではなかった」

僕はこんなふうに伝わっていたことが嬉しかった。計画されたものではなかった。手間のかかることでもなかった。あれは、これまでたくさんのものを僕たちに与えてくれ、僕たちの支援を必要としているひとりのファンに敬意を示すための、当然の行動だった。

決勝がキーウで行われたのは、現在の情勢を思えば不思議なことに思える。いつもどおり、僕たちは開催地では観光もできず、ただホテルとスタジアム、空港からの道路くらいしか見られなかった。だが、そのきれいな通りやドームつきの教会を目にしただけでも、美しい都市であることはわかった。だからその後、ロシアの侵攻により、通りがバリケードで封鎖され、郊外が野蛮な攻撃にさらされている写真を見たときは衝撃的だった。

国内リーグが終了してからチャンピオンズリーグの決勝まで、13日の間隔があり、もちろん入念な準備をした。僕のエネルギーはすべてその試合のために注がれた。キーウに入るまえの火曜日、アンフィールドで練習しているとき、イングランド代表のガレス・サウスゲート監督から電話が入った。2018年のロシア・ワールドカップのキャンプに向けて、ハリー・ケインを主将にすると決めたという。僕はその判断を尊重した。また、僕のチームへの関わりかたは変わらなかった。ガレスのリーダーシップ・グループのひとりとして、精一杯ハリーを支えると伝えた。ともあれ、それについて考えている時間はなかった。僕の意識はレアル・マドリード戦にすべて注がれていたから、すぐに気持ちを切り替えた。人生最大のゲームが近づいており、ほかのことを考える余裕はなかった。

決勝の前日は眠れなかった。これは僕が選手としてずっと、いや生まれてからずっと夢見てきたものだ。また、リヴァプールにとってのこの試合の意味についても考えた。この大会におけるクラブの歴史は強く感じていたし、70年代や80年代のリヴァプールの偉業はユーチューブの動画でしか見たことがないが、2005年のイスタンブールの奇跡についてはよく覚えている。僕の友人であるキャラガーやスティーヴィーの名を不滅のものにした試合でもある。

これからの試合の重要性を思うと眠れず、ベッドに寝ていても目が冴えてしまった。頭のなかはさまざまな考えでごちゃごちゃだった。試合のことや歴史、送られてくるメールのことを考えているうちに12時になり、1時になった。たとえば父は、試合当日にはメールしたくないからいま送るが、おまえのことが誇らしい、とメールしてきた。みなを失望させたくない、という思いが湧いてくる。明け方に少し眠ったが、翌日はまだ興奮状態だった。疲れはなく、動ける状態だった。一日中、アドレナリンが噴きでていた。その試合についてはずっとひそかに自信を持っていた。そもそも僕たちは、決勝に進出するとも、優勝のチャンスがあるともみなされていなかった。試合前にも、レアル・マドリードの先発は全員がチャンピオンズリーグの決勝でプレーしたことがあるという話題が出ていた。僕たちにはその経験がある選手はいなかった。

マドリードは銀河系軍団だった。セルヒオ・ラモス、トニ・クロース、ルカ・モドリッチ、ベンゼマ、クリスティアーノ・ロナウド。ガレス・ベイルは先発ではなかった。ただ、彼らのことは最大限にリスペクトしつつ、ひそかに、実際に戦えば彼らをあっと言わせることができると思っていた。相手は経験豊富で、この舞台もすでに知っているワールドクラスの選手たちばかりだが、われわれの強度には驚くのではないだろうか。

試合が始まると、最初の30分は互角だったが、ある出来事が試合の雰囲気を変えた。モーとセルヒオ・ラモスが相手陣の真ん中でボールを争っていたとき、ラモスがモーの右腕をつかんで引きずり倒したのだ。柔道の技をかけられたようにモーは地面に落ち、右肩を強く打った。故障したことは明らかだった。治療を受けたがプレーは続けられず、目に涙を浮かべながらピッチを去った。代わりに、3月終わりのクリスタル・パレス戦で怪我をして以来ほとんど出場がなかったアダム・ララーナが入った。

あれが故意のものなのかは、ラモスにしかわからない。経験豊富なプロフェッショナルが相手に与えた試練というところかもしれない。だがその試練は結局、審判の目が届かないところで行われ、なんのお咎めもなしにすまされてしまった。あの瞬間には、僕にも何が起こったかわからず、悪意のない行為に見えた。だがあとで動画を見直せば、意図について異なる解釈もできるプレーだった。

僕たちにとって大きな痛手だった。そのシーズン、モーはチームの護符だった。止められない日が何度もあった。というより、シーズンのあいだ、ほとんどずっと止められなかった。プレミアリーグに36試合出場し、32得点、さらにチャンピオンズリーグで10得点。シーズン合計44得点を挙げ、ＰＦＡ年間最優秀選手賞を受賞していた。ハーフタイム前に彼を失うのは厳しく、うまく対処できたわけではないが、同点でハーフタイムを迎えた。

だが、後半はよくなかった。モーの怪我はサポーターにも影響を与えていた。後半開始5分に、珍しいゴールを決められた。ロリスがペナルティエリアの端でボールを押さえたとき、危険は何もなかった。フィルジルが僕に何か指示の声を上げており、それからロリスがデヤンにボールを送るのが見えた。ただし、そのボールが彼の手を離れた瞬間、ベンゼマが右足を突き出してさえぎった。ボールは10メートルほど転がって、ポストの内側に入った。僕はよく見ていなかった。振りかえったときは、ボールがラインを越えるところで、すぐに手を挙げて審判にファウルのアピールをした。だがファウルはなかった。マドリードが1点リードした。

翌日になってわかったのだが、ロリスはおそらくラモスとの衝突で脳震盪を起こしていた。ユルゲンによれば、試合後の検査で頭部の負傷が判明した。脳震盪があの日のパフォーマンスに影響を与えたのかもしれない。もちろん、僕たちは試合中にはそのことを知らなかった。誰も予測していなかったボディブローのような失点でリードを奪われた。それはマドリードにとっては贈り物だった。彼らは自分から何もする必要がなかった。だが5分後に、同点に追いついた。ミリーがコーナーを高いボールでペナルティエリアの奥に入れ、デヤンが競り勝ってゴール前にボールを送る。サディオがすばやく反応してゴール前で押しこんだ。あのときの歓声はいまも耳に残っているし、もしかして勝てるかもしれないと考えた。

だが後半15分過ぎにイスコに代わってベイルが入り、その3分後、ゲームは大きく動いた。マルセロが左サイドでボールを持ち、右足で中央に切れこんだ。ゴール前に上げたクロスは僕の頭上を飛んでいった。振り向くとベイルが空中にいて、驚異的な左足のオーバーヘッドでそのボールに合わせた。ロリスにはどうすることもできなかった。チャンピオンズリーグ決勝での、歴代最高のゴールを投票で決めたら、どうなるだろうか。レアル・マドリードのジネディーヌ・ジダンが、２００2年にハムデン・パークでレバークーゼン相手に決めたゴールが最多の票を集めるかもしれないが、このゴールもそれに迫るはずだ。そのジダンはもちろん、キーウでのあの晩、レアルの監督としてサイドラインの脇に立っていた。僕たちはもう一度立ち向かっていったが、終了7分前に、ベイルがロングシュートを放った。ロリスはそれを捕ろうとしたが、ボールは両手に当たったあと、ネットに刺さった。これで決まった。試合終了だ。これこそマドリードだった。彼らのプレーはとりたててよくはなかったと思うが、質の高いプレーで、いつでも相手を叩きのめすことができる。これで3年連続してチャンピオンズリーグのトロフィーを掲げることになった。

試合後、僕たちは元気づけあった。僕はロリスに少し言葉をかけた。ほかの選手も多くが同じようにしていた。言い古された言葉だが、勝つときも負けるときも全員一緒だ。試合後、フィールドをまわってファンに感謝を伝えているとき、ロリスがほかの選手から少し離れていたという指摘もあったが、それは状況を誤解している。彼は自らファンたちのところへ行き、両手を上げてその日の結果について謝罪していた。メダルの授与式のあと、みながそれぞれの考えに沈んでいた時間があった。だがそれは、彼が見放されていたとか、そういったことではない。たぶん彼はひとりになる時間が欲しかったのだと思う。誰だって、そんなときはある。

チャンピオンズリーグの決勝でプレーするのは僕の夢だったが、トロフィーを掲げるのにあれほど近づいて、あと一歩というところでそれが叶わなかったことは受け入れがたかった。試合終了のホイッスルのあと、タッチラインまで歩いていくとき、トロフィーはまだ台座の上に置かれていたが、目を向けることはできなかった。いまでも、マドリードの選手たちがそれをいつも手にしている、ごく当たり前のトロフィーのように掲げ、祝っていた姿を思い出せる。あの晩は、さまざまな挫折を味わわなければならなかった。運がなかっただけだというなら、そうかもしれない。だがもっと大きく状況を捉えれば、あれはチームの進化を加速させるために、乗り越えなければならない苦難だった。そのためには、最も大きな試合で勝つすべを知らない、という批判に立ち向かわなければならなかった。なんといっても、この試合はユルゲンのもとで3度目の決勝での敗退だった。

更衣室に戻ると、モーは病院から帰ってきていた。彼は取り乱していた。夢のようなシーズンが、こんな形で終わってしまった。彼が心を乱していたのは、決勝で敗れたから、というだけではなかった。その夏、エジプトはワールドカップに出場することになっていたが、いい状態で大会を迎えるのはむずかしいだろう。いまはどんな話をしても、彼の心を軽くすることはできまい。ときには、どれほどチームメイトを慰めたくても、そっとしておくほかないという状況もある。

その晩はロリスをひとりにしたが、明け方の帰国便では、隣の席に移動して腰を下ろした。「どうだい?」「まあ、あまり元気とは言えないな」。さらに悪いことに、このあとはメディアによる報道や、とりわけソーシャルメディア上の反応が待ち構えていた。どこか遠くへ行き、休みを取って、ソーシャルメディアには手を触れないこと、君を非難しようとする愚か者は無視するんだ、と伝えた。よくあることだし、負けたのはチーム全体だ。君の責任じゃない。僕たちは誰かに罪をかぶせたりはしない。これまでも、これからも絶対にそんなことはしない。

だが実際には、サッカーはときに残酷だし、無慈悲なことも起こりうる。大一番での出来事ですべてが決まってしまうこともある。だから、最高のレベルで戦っている選手には、あまりに大きな重圧がかかる。ゴールキーパーはとりわけそうだ。そして、あの敗戦はロリスの責任ではないにせよ、また、たったひとつの敗戦でずば抜けたキーパーであるという事実は変わらないにせよ、現実には、彼はその後、リヴァプールでプレーすることはなかった。その夏、チームはアリソンを獲得し、ロリスはベシクタシュに期限付き移籍をした。

イギリスに帰る機内で、広い視野から物事を考えてみた。僕たちはまだチームとして完成していない。そんなことを考えながらメルウッドに着くと、家族たちの多くはまだ涙を浮かべていた。また移籍期間がやってくる。チームにはさらに選手が入ってくるだろう。アリソン、ファビーニョがモナコから加わる。１年前に結ばれた契約によって、ＲＢライプツィヒからナビ・ケイタが加入する。ジグソーパズルの最後のピースがはまっていくような感覚だ。

僕が前向きな要素を探そうと思ったのは、キーウのスタジアムを去る直前にある会話を交わしていたからだ。バスのほうへ歩いていくと、ちょうど監督がタバコを吸っていた。彼は僕にハグをした。「心配するな。また来年も戻ってくるんだから」。僕はいつものようにユルゲンの言葉を信じた。

第8章
イングランド代表、言葉にならない思い

ロンドンのケンジントンにあるロイヤルガーデン・ホテルは、イングランド代表サッカーチームと深いゆかりがある。１９６６年のワールドカップの際には、イングランド代表チームが優勝した晩にここに宿泊している。個人的にも、イングランド代表をいつも思い出す場所だ。はじめてフル代表に招集されるという知らせを受けたとき、僕はそこに滞在していたからだ。

２０１０年11月13日土曜日の晩。客室で何か食べに行こうと思っていたとき、携帯電話が鳴りはじめた。イングランドサッカー協会のチーム運営責任者のミシェル・ファラーからメッセージが入った。つぎのフランス戦でチームに招集するという内容だった。ワールドカップは残念な結果に終わり、ファビオ・カペッロ監督がユーロ２０１２に向けたチーム作りのために若手選手の発掘を検討しているという話は聞いていた。

個人的には、最悪の状況にいた。その2週間前に、敵地でのニューカッスル戦、タイン・ウェア・

ダービーで、サンダーランドは1対5で敗れていたのだ。それからこの知らせを受けるまで、僕はほとんど家にこもっていた。大げさでもなんでもない。セント・ジェームズ・パークでの1対5の敗戦などという許しがたいことははじめてだった。屈辱のあまり、家とトレーニング場を往復するほか、どこへも行けなかった。人前に顔を見せることなどできなかった。フル代表に呼ばれ、グローブ・ホテルでカペッロ監督とスタッフの面接を受けるよう伝えられたのはそんな状況のときだった。

電話を置いたとき、はじめは騙されているような、信じられない気持ちがどこかにあった。誰かに伝えるまえに、まずクラブの人々に確認するために階下に下りた。だが、心配する必要はなかった。スティーヴ・ブルースが満面の笑みで待ち構えていた。そのときの言葉は、一生忘れられない。

「俺はイングランド代表のキャップを手に入れられなかった。それがいまでも心残りだよ。君は20歳という若さでとてつもないことを達成するチャンスをつかんだんだ。国を代表するというのは、最高の栄誉だよ。みな大喜びしてる」

スティーヴの言うとおりだ。イングランド代表でプレーするというのは、まさに最高の栄誉であり、1998年のフランス・ワールドカップでマイケル・オーウェンを観たときから夢見ていたことだった。ほんとうに信じられない思いだった。そのうえ、翌日の試合ではサンダーランドがスタンフォード・ブリッジでチェルシーを3対0で破り、あまり実感も湧かないまま北東部へ帰った。イングランドでサッカーボールを蹴って遊ぶ子供は、男の子も女の子も全員、いつの日かイングランド代表の一員としてウェンブリー・スタジアムのフィールドに入場することを夢見る。そしていま、U19で1キャップ、スチュアート・ピアースが率いるU21で数キャップという僕に、その機会がめぐってきた。

代表選手であることが自分にとってどれほど大きなことであり、その地位を確立するためにどれほどの困難を乗り越えてきたかをわかってほしいから、このデビュー戦についてはもう少し詳しく語りたい。イングランド代表としてプレーする機会を得たら、二度と手放したくないと思うものだし、あのフランスとのナイトゲームでの経験は、生涯ずっと僕とともにある。

2010年11月17日水曜日、やはりワールドカップで失望を味わったフランスとの国際親善試合で、アンディ・キャロルとともに代表デビューを果たした。ベン・フォスターがゴールを守り、バックスはフィル・ジャギエルカ、リオ・ファーディナンド、ジョレオン・レスコット、キーラン・ギブス。ミッドフィールダーはテオ・ウォルコットが右、僕とスティーヴン・ジェラード、ガレス・バリーが中央、ジェームズ・ミルナーが左。そしてアンディが前線にいた。

公平を期すなら、実力ではフランスが優っていた。そして、カリム・ベンゼマ、サミル・ナスリ、フローラン・マルダを擁する彼らが2対1で勝った。僕はヨアン・グルキュフへのプレーでファウルをもらったものの、試合を楽しむことができた。ただし、まだまだ学ぶべきことがあり、自分に幻想を抱くことはできないと思い知らされた。その後1年半、またU21に戻されたが、またミシェルから突然、思いもよらない知らせが舞いこんだ。今度はロイ・ホジソン監督による招集だった。

ユーロ2012に向けた強化試合のオスロでのノルウェー戦とウェンブリーでのベルギー戦で、僕はわずかな出場時間を得た。ベルギー戦でスティーヴィーと交代して入ったとき、軽いブーイングを浴び、少し傷ついた。僕はまだ21歳だった。リヴァプールではあまりいいシーズンが過ごせていなかったが、イングランド代表では変なプレーはしていなかった。あれは、若手選手に対してあまりいい態度ではないと思う。ともあれ、僕はユーロのチームには入れず、負傷者が出たときのためのバックアップメンバーになった。

親友のライアンと、デイヴィッド・メイラー、フレイザー・キャンベルらサンダーランド時代のチームメイトとともに、メキシコのカンクンで休暇を過ごす予定だった。ライアンはずっと僕のそばにいてくれるし、メイラーとフレイザーはトップチームに昇格したときに心地よく過ごせるようにしてくれ、いつも気にかけてくれた仲間たちだ。当時はたいてい、一緒に食事をしたり、たがいの家に遊びに行ったりしていた。いまも変わらず、親しくつきあっている。

ヒースロー空港へ向かうため、サンダーランドからロンドン行きの列車に乗っているとき、ヨークを過ぎたあたりで電話が鳴った。ミシェルから、最初のセッションでフランク・ランパードが太ももを負傷したため、代わりにチームに入ってもらう、と告げられた。

そこで、ロンドンに着くと、車に飛び乗ってグローブ・ホテルへ向かった。カンクンでの2週間を逃したことなど、まったく惜しくなかった。だが、僕の代表選出に関しては、議論が起こっていた。メディアでも話題になり、さまざまな発言は僕の耳にも入っていた。

メイラーはそのときメキシコにいたのだが、僕のために声を上げようと考え、『トークスポーツ』のインタビューに出演した。彼はファンに向けて、つまらない心配はやめようと呼びかけ、僕がリヴァプールで自分の力を証明するだろうし、ポーランドとウクライナで行われるユーロでもイングランドを失望させることはないと語った。メイラーは最後にこう言った。「いつかイングランド代表のキャプテンになる男だ」。だが、その言葉を真に受ける者は誰もいなかった。

スティーヴィーも擁護してくれた。「わたしも代表デビューは21歳のときだったが、選手としての完成度は低かった。保証するが、ジョーダンを批判したら、早々に意見を変えざるをえなくなるだろう。彼は過小評価を覆す。実力もあるし、この経験でますます成長するだろう」

自分がメディアの批判を受けたことで、過去の選手がイングランド代表に加わったときにどんな経験をしたかを知った。かつては、選手たちが代表チームに入ることを恐れ、メディアや大衆からの批判に身構えていた時代があった。僕は、なぜいつも自分の力を証明するために闘わなければならないのかわからなかった。誰もが同じなのかもしれないし、その渦中にいると意識がどうしても過敏になるということもあるのかもしれない。だが、何があっても、僕は前に進む。絶対に。最初にリヴァプール退団の可能性があったときに、決して屈しなかったように、どんな否定的な見解を投げかけられても、僕はこの夢を必ず叶えてみせる。

代表に加わったとき、まだ自分に改善の余地があり、ほかの選手や監督から学ばなければならないことはわかっていた。目標とする姿からは自分はまだほど遠いが、それほど辛抱強く待ってもらえるわけではない。サッカーファンはときに、視野が狭く身内びいきになることがある。それは代表チームに対してもそうで、僕は彼らの目についてしまったのだ。それでも、ユーロに出場できることに興奮していた。めったにないチャンスだし、たとえ出場機会は少なくても、雰囲気だけは味わえるだろう。

いちばん重要なのは、大会でプレーしたということだ。ドネツクで行われたフランスとのグループリーグで、残り10分でスコット・パーカーに代わって入った。その後、無得点の引き分けに終わったキーウでのイタリア戦でも、ロイは僕を、またスコットに代わって、アディショナル・タイムに出場させた。9年前にオールド・トラッフォードで観たアンドレア・ピルロとダニエレ・デ・ロッシと対峙するという試練になった。

ベンチにすわってピルロを見ていても、うまい選手だと思っていた。PK戦にもつれこんだが、彼はパネンカを決めてみせた。試合は残念ながら、4対2でイタリアが勝利を収めた。PKが自分にまわってくるかとドキドキしていたが、もしまわってきたら、それをいい経験にして、将来の大会で役立てようと決意していた。

その後、フル代表のすべての大会に出場し、ふたつのワールドカップとふたつの欧州選手権を戦ったことには、計り知れない誇りを抱いている。そのあいだには、ジェットコースターのようにあらゆる感情を味わうことになった。なかでも際立っていたのが、2014年のブラジル・ワールドカップだろう。そのときには、選手として地位を確立し、チームに入ることで批判を引き起こすことはなくなっていた。プレミアリーグでは自己最高のシーズンを過ごし、ワールドカップでプレーすることが楽しみだった。

人それぞれ、お気に入りのブラジルは異なっている。たとえば父の世代の人なら、ペレとジャイルジーニョがいて、1970年のワールドカップを制したチームについて語る。ほかにも、ジーコとソクラテスの1982年のチームがいちばんだという人々を知っている。僕自身はロナウドがいた、1998年に決勝進出したチームが好きだ。ユニフォームも持っていたし、ワールドカップのころに流された、ブラジルの選手たちが空港を走りまわるナイキのテレビCMもよかった。ロナウドが手荷物用のベルトコンベアで遊び、ロベルト・カルロスは飛行機すれすれにカーブボールを蹴る。僕はその映像に魅了された。

ブラジル滞在は楽しかった。リオデジャネイロ、サン・コンラードの海岸に近いホテルを拠点に、シュガーローフ・マウンテンの近くのグラウンドでトレーニングをした。ある日トレーニングのあと、イングランドサッカー協会のセキュリティ担当であるトニー・コニフォードに、数人でコーヒーを飲みに行ってもいいかと尋ねた。僕とスタッジ、ウェルブズ（ダニー・ウェルベック）、クリス・スモーリングという面子だ。ウェイン・ルーニーやスティーヴィーのように誰でも顔を知っている選手はいなかったから、ファンに見つかることはないだろうと思っていた。だが、トニーはいい顔をしなかった。

何度もせがむと、彼はようやく折れ、車をホテルの裏にまわして、数百メートル先のお目当てのカフェに連れて行った。少し慎重になりすぎだと思ったが、世間知らずは僕のほうだった。コーヒーを飲み、ちょっと寛いで、そのあとホテルへ戻る途中でビーチを少し歩いた。完全に気を許していた僕たちは、シャツを脱ぎ、太陽を浴びることにした。だが、そのまま無事に帰るわけにはいかなかった。まず、何人かが僕たちに気づいた。するとすぐに、写真をねだる子供たちが現れ、すぐに数百人に囲まれてしまった。みんながこっちに走ってくる。パパラッチも、テレビ局のカメラクルーもいる。トニーは怒り狂っていた。結局、大騒ぎのすえ、ホテルに戻った。僕たちはその出来事を笑い飛ばしていたが、トニーはそれどころではなかっただろう。

初戦のイタリア戦はブラジル北西部、アマゾナス州のマナウスで行われた。みんな暑さで溶けそうだと言っていたけれど、僕は快適さを奪われたのはむしろいいことだと思っていた。ワールドカップなんだから、普段と同じなわけがない。チームのプレーはよかった。リヴァプールでの僕は広いエリアを走りまわるミッドフィールダーだが、代表では役割が少し異なっていて、フォーバックの前にスティーヴィーと並んだ。僕はいいシュートを打ったが、サルヴァトーレ・シリグに弾かれた。その後、イタリアは巧みなコーナーから、最後はクラウディオ・マルキジオがジョー・ハートの守るゴールを破り、ハーフタイム10分前に先制した。その2分後にウェイン（ルーニー）からのすごいクロスをスタッジが決めたすばらしいゴールで同点に追いつくが、後半早々にマリオ・バロテッリがヘッドで決勝点を決めた。出来は悪くなかったものの、イタリアはそれ以上だった。だがこれで、重圧のなかで残りのウルグアイとコスタリカ戦に臨むことになった。それでも、結果は出せるだろうと思っていた。

決勝トーナメント進出に自信を持ってサンパウロに向かい、ウルグアイ戦に臨んだ。ルイス・スアレスは怪我をしており、ワールドカップに出場できないのではないかと思われていた。だが、僕は出場が危ぶまれている選手について、このときほど出てくると確信したことは生涯で一度もない。ルイスがイングランド戦に出ないなどということはありえない。リヴァプールでは仲間として、超人だと思っていた。ときには、とてつもない痛みを押して出場することさえあった。普通の選手なら、利き足の膝に鍵穴手術を受けた直後に試合に出るはずがない。ところが、ルイスは普通ではなかった。２０１３年12月にアンフィールドで行われたノリッジ戦のときは、足とくるぶしが腫れてスパイクが履けないほどで、医師からは出場を止められていた。だが彼はそれに耳を貸さず、自分よりもワンサイズ大きいスティーヴィーのスパイクを借りた。とてもまともにプレーできるはずがないと思った。なにせくるぶしがありえない形になっていたのだから。だが、彼は先発した。しかもそれだけではなく、5対1で勝った試合で4得点を決めたのだ。月間最優秀ゴール賞をひとりで争えるほどの活躍だ。自分の目が信じられなかった。あれほどの痛みに耐えながら、しかも他人のスパイクを履いてあのパフォーマンスをするとは、完全に理解を超えていた。

そのときの記憶はまだ残っていた。だからスティーヴィーと一緒に、ルイスは出てくる、と仲間たちに告げた。たとえ膝から下がもげそうでも、あの男はプレーする。そして実際、彼は出場した。先発し、得点した。さらに2点目も。最初はマークを外してヘッドで決め、つぎは悪いはずの足で、ジョー・ハートの横を撃ち抜く誰にも止められないシュート。ウェインが決めて一時同点になったが、それは残念賞に終わってしまった。この結果、2試合で敗退が決まり、最後のコスタリカ戦は消化試合になった。僕は打ちのめされた。その年はチームの仕上がりがよく、ワールドカップ優勝を狙えると考えていたのだ。ところが、一生に一度の冒険はわずか5日間で終わり、はかなく消えてしまった。

つぎは、フランスでのユーロ2016。これについては、手短に済ませるにかぎる。僕は外側側副靱帯の故障から回復したばかりだった。動ける状態にあることを示して、ようやくチームに加わることができた。グループリーグの最初の2戦、ロシア戦とウェールズ戦はベンチにすわっていたが、サンティエンヌで行われた消化試合のスロバキア戦に出場した。つぎはニースでのアイスランド戦だった。アイスランドはユーロに出場経験がある国のなかで決勝トーナメントに進出した最小の国家であり、まず勝てるだろうと思っていた。だが、そうはならなかった。イングランドのサッカー史に汚点を残してしまった。

僕は控えだった。スタジアムに入ってみると、スタンドの向こうにはコートダジュールの丘に並ぶ家々が見えた。気がつくと、アイスランドのファンが手を高く上げていた。ヴァイキング・クラップを聞いたのはこのときがはじめてだった。あれは恐ろしい一日だった。ウェインが開始4分にＰＫで先制したが、18分には1対2と逆転され、その後追いつくことはできなかった。敗戦。それは1950年のワールドカップでアメリカに敗れたとき以来、イングランドのサッカー史で最も屈辱的な敗戦と呼ばれた。国を失望させた、と書かれたが、たしかにそのとおりだった。

選手生活のなかでは、いくつかの試合の記憶が混ざってしまうこともあるが、あの試合に関してはすべてをはっきりと覚えている。出場はしなかったが、あの怒りや、フィールドを去る僕たちに向けたファンの叫び声を忘れることはないだろう。さらに悪いことに、更衣室に戻ると、ロイ・ホジソンが辞任した。好人物の彼があれほど取り乱し、辞任を告げたことは痛ましかった。その場は静まりかえり、床に針が落ちても聞こえそうだった。僕たちは国と彼を失望させてしまったのだ。あんな思いはもう二度としたくない。

サム・アラダイスの短命政権のあと、ガレス・サウスゲートが監督に就任した。誰もが知る一流監督で、僕にもそのことは一目でわかった。ガレスはフル代表の監督の座を虎視眈々と狙っていたわけではない。U21のチームで3年間すばらしい時間を過ごしていたが、国に必要とされ、昇格することになったのだ。彼はまたたく間にチームを大きく進歩させた。選手に権限を与えることにも積極的だ。どの選手とも個別にじっくりと話し、イングランド代表としてのプレーの評価や改善点について、細かい部分まで伝えている。

ガレスとの最初の会話も、人生で消えることのない瞬間のひとつだ。ワールドカップ予選のためスロベニアに向かっていたときのこと。リュブリャナで行われる彼の着任2試合目に向かうため、ルートン空港のランウェイを歩いていると、言葉をかけられた。

「明日は君がキャプテンだ」

このときの思いは、言葉にならない。選手たちはガレスから、より多くの責任と独立性を与えられた。前向きな結果を出すことが狙いだった。また彼は、選手と国民がもう一度心をひとつにする方法を模索した。そのころは、選手と国民がバラバラになってしまっているという感じがあった。アイスランド戦で敗れたことで、その裂け目はさらに広がってしまっていた。ガレスは代表戦の緊迫した雰囲気を変えようとした。

大きな意味があるようには見えないかもしれないが、それは根本的な部分でパフォーマンスを左右する。ガレスは、ファンとメディア、スタッフ、選手たちが同じ方向を向くことができれば、もっと前向きで対立しあわない雰囲気があれば、選手たちはより自由にプレーできると考えていた。僕自身も、ユーロ2016で身をもってそれを感じていた。あのとき、選手たちとメディアの関係はとてもギスギスしていた。明確な亀裂が生じていて、警戒心が渦巻いていた。僕たちはメディアと距離を取ろうとしていたし、彼らもそれをわかっていた。そこには分断があった。これは何も新しいものではなく、たとえば1990年のワールドカップのチームのように、メディアとの敵対関係を利用して勝利への動機を高めようとした例もあった。

だが、そのころとはもう時代がちがう。ガレスは国民やメディアと選手がもう一度心をひとつにし、対立するのではなく協力しあえる状態を目指した。その計画において大きな意味を持った出来事のひとつが、2018年、ロシアでのワールドカップの数週間前にロンドンのセント・ジョージズ・パークで開かれたメディア・デーだ。ガレスはアメリカン・フットボールのスーパーボウルを観戦したときに、試合の数日前に、出場する両チームの全選手がスタジアムで1時間、メディアの取材に応じる、メディア・デーを目にしていた。ロシアへの出発前に、同様のイベントに協力してほしいと告げられ、選手も同意した。ジャーナリストにとっては新鮮な経験になり、選手も楽しめる、賢明なアイデアだった。普段のインタビューでは、クラブの広報担当が近くで目を光らせ、管理している。だがこのときははるかに自由で、管理はほとんどなかった。たがいの信頼を育むための場にするという目的は達成された。

報道陣と実のある会話を交わすことができた。こうした接点がないと、メディアは外側からしか選手について知ることができない。それでは人間性まではわからない。判断材料はピッチでのプレーだけだ。だが人間は、直接話をすることで温かい気持ちが生まれ、関係ができていくものだ。自分で直接話したことがあれば、選手をこき下ろすのはむずかしくなるし、選手のほうでもパスミスをしたり結果が悪かったりしても、それほどひどい書かれかたはしないと思えれば、緊張が少し和らげられる。違いはさほど大きいものではないかもしれない。パフォーマンスの向上は、ほんの1、2パーセントかもしれない。だが、たとえそうだとしても、それは価値のあることだ。

ワールドカップで優勝できるかどうかは、ごく小さなことにかかっている。僕たちはサンクトペテルブルクの郊外、フィンランド湾沿いのレピノという村を拠点にした。都市の住民が夏に旅行に来たり、別荘で過ごしたりするリゾート地だ。最初の試合は、そこから1600キロ離れたヴォルゴグラードでのチュニジア戦だった。僕はガレスがこの大会で好んでいた3-1-4-2のボランチでプレーした。キーラン・トリッピアー、ジェシー・リンガード、デレ・アリ、アシュリー・ヤングという中盤の4人の後ろのポジションだ。この布陣は保守的すぎるという批判を浴びたものの、批評家たちは悔しがるかもしれないが、結果をもたらした。

とはいえ、チュニジア戦はまるで楽勝ではなかった。前半の早い時間帯に、ジョン・ストーンズが強烈なヘディングを放った。キーパーが弾いたボールをハリー・ケインが押しこんで先制する。ところがハーフタイム10分前にPKで同点に追いつかれた。コーナーキックのときにはハリーがまるで、サッカーではなくプロレスのようにがっしりとつかまれていたが、審判はPKを要求する僕たちのアピールに耳を貸さなかった。VARも無視した。理由はわからない。

何度かこれ以上ないチャンスをふいにし、膠着状態のまま終了するかと思われたが、試合が終わる間際にハリー・マグワイアがコーナーに頭で合わせ、遠いサイドでフリーになっていたハリー・ケインがヘディングでネットを揺らした。ゴールを祝う僕たちの心情は、安堵と喜びが半々だった。それは僕がワールドカップで出場して勝利を挙げたはじめての試合であり、このときもやはり、言葉にならない思いだった。

その後、パナマからは6点を奪い大勝した。イングランドがワールドカップで取った最多得点で、ハリー・ケインはハットトリックを達成した。これで1試合を残して決勝トーナメント進出が決まった。これはブラジル・ワールドカップでの最初の2試合と比べてはるかにすばらしい展開だった。僕はグループステージの最終戦、カリーニングラードでのベルギー戦には出場しなかった。結果は0対1の敗戦。消化試合であり、通過順位によって決勝トーナメントの組み合わせが楽になるわけでもなかったにもかかわらず、ガレスは主力選手をメンバーから外したことで批判された。決勝まで勝ちあがりやすいルートを確保するために、全力で戦うべきだというのがその主張だった。ところが、トーナメントが終わってみると、批判者は、対戦相手が楽だったから準決勝まで勝ちあがれただけだと言うのだった。まあ、これがサッカー、これがイングランドだ。

レピノに戻って数日過ごし、モスクワでのコロンビア戦に臨んだ。報道陣もチームのホテルからさほど離れていないところに滞在し、関係もさらに良好になっていた。毎日、選手対記者でダーツの試合をした。僕はスカイスポーツのロブ・ドーセットと対戦した。彼は3本で23点だった。そして僕は、3本とも20点を揃えた。ダーツはそれほど得意なわけではないのだが、選手のなかでは最高得点だった。

第9章
強迫観念

モスクワ、7月3日火曜日の夜更け。あと10分ほどで4日になる。スパルタク・スタジアム。僕はペナルティ・スポットへ向かって歩いていく。右足でリフティングをしながら、平静を装ってペナルティエリアの端に着く。もっとも、心は実際に落ち着いていた——比較的、という意味だが。PKの練習はしっかりしてきたから問題ない。

当然ながら、全員PKの練習はしてきている。大規模な大会では、イングランドとペナルティは切り離せない。僕は6年前、キーウでのユーロ2012、準々決勝イタリア戦を思い出していた。あのときはキッカーに指名されるのではないかと不安を感じたものだが、今回はちがう。この状況への準備はできているし、自信もあった。

僕はコロンビアとのPK戦でイングランドの3人目になった。2018年のワールドカップ、決勝トーナメント初戦は1対1の同点だった。ジェリー・ミナが90分の終了間際に同点弾を決めたのだ。コロンビアは最初の3人が決めていた。こちらは最初の2人、ハリー・ケインとマーカス・ラシュフォードが決めていた。

センターサークルから前に歩いていくとき、歴史のことは考えない。大会での戦歴は重要ではない。過ぎた年月に起こったことを頭のなかでたどっても、なんの役にも立たない。ベストを着たガレス・サウスゲート監督が、タッチライン沿いでアシスタント・コーチのスティーヴ・ホランドの肩に腕をかけていたが、彼のことも頭になかった。PK戦での失敗について、ガレスは22年間も質問され、それに答えてきた。ユーロ1996の準決勝ドイツ戦、PK戦でサドンデスとなった6人目として蹴り、アンドレアス・ケプケにセーブされていた。彼はほかの誰にもまして、僕たちがそのことを考えないよう望んでいた。つねに前向きに集中するよう伝えられていた。

これ以上ないほど準備もしてきた。心理学者の話も聞いた。PKの練習を動画に収め、のちにそれを使って研究した。練習を繰りかえし、その統計をもとに、最善のキッカーを決めた。僕はそのなかに入っており、3人目として蹴ることになった。

だから僕は、「フットボールが母国(ホーム)に戻ってくる」の歌のことも、グループステージを勝ちあがるあいだに、イングランドで派手なお祝いが繰り広げられるのをサンクトペテルブルク近郊で見ていたことも、考えていなかった。PKを蹴るために歩きはじめたとき、僕を知っている人がどれほど神経質になっているかわかっていたが、正直なところ、そのPKを外したらひどいことだし、優勝を目指すこの旅を終わらせる原因になるかもしれない、といったことはまったく頭になかった。失敗したらどうなるか、とか、国民から非難され、「国を失望させた」と歌われるだろうとかいったことは浮かんでこなかった。越えるべきハードルのひとつにすぎなかった。

統計をもとに、僕は最善のキッカーのひとりだったと書いたが、あの晩は、ジェイミー・ヴァーディが3人目を蹴ることになるかもしれないという考えが頭をよぎっていた。90分の終了間際に投入されたのだが、延長戦で怪我をしていたらしい。ともかく、なんらかの理由で彼はキッカーから外された。だが僕は、そのことも考えていなかった。意味のないことだ。

PKを蹴るのは心地よかった。イングランドはPK戦であまりに多くの失望を味わってきたから、一度勝ちあがることが悲願になっていた。父は1990年のワールドカップ準決勝でスチュアート・ピアースとクリス・ワドルが失敗し、西ドイツに敗退したことを覚えている。だが、僕はそのとき生後わずか1か月だった。1998年のワールドカップのラウンド16でアルゼンチンに負けたことはかすかに記憶しているだけだが、PK戦よりも、デイヴィッド・ベッカムが退場になったことのほうがはっきりと覚えている。2006年にはポルトガルにPK戦で敗れたことは覚えているが、それよりも、ウェイン・ルーニーが退場したときにクリスティアーノ・ロナウドがウインクした記憶のほうが鮮明だ。ともあれ、そのどれについても、このときは考えなかった。それは嘘ではない。

この試合は勝てると信じていたものの、どちらに転ぶかはまだわからなかった。ラダメル・ファルカオがコロンビアの1人目で、真ん中高めに自信を持って蹴った。ジョーダン・ピックフォードは右に飛び、自分がさっき立っていた場所にボールが飛んでいくのを見送った。こちらはいつもどおり、ハリー・ケインが1人目だ。コロンビアのゴールキーパー、ダビド・オスピナはゴールで少し右寄りに立っているのがわかった。その心理戦に対して、ハリーはその右側にシュートを放った。オスピナはそちらに飛んだが、止められなかった。ハリーが一枚上手だった。

ファン・クアドラードがコロンビアの2人目だ。ジョーダンはライン上で上下に跳ね、ネットの上部に触れた。クアドラードは落ち着いて右側高めに打った。ジョーダンは右に飛ぶが、関係ない。セーブ不能だ。ボールはまたネットに刺さった。

つぎはマーカス。彼はボールを置き、ステップを踏んで後ろに下がり、左側に1度、2度、3度と跳ねた。それから助走に入り、オスピナの右側に低いボールを蹴った。オスピナの予測はまた当たったが、止められない。

緊迫感が高まってきた。自分の順番が近づいていたが、まだそのまえに1人いる。ルイス・ムリエルがコロンビアの3人目だ。緊張しているようだった。ピックフォードはまたライン上で跳ね、ネットの上部に触れた。ムリエルは助走し、ピックフォードが飛ぶのを見て、反対側にゆっくりと低い球を蹴りこむ。なかなかの神経だ。

そして僕が歩いていった。リフティングをやめ、ボールを置く。大丈夫だ。アドレナリンが全身を駆けめぐり、口が少し渇いているが、それはよくあることだ。問題ない。いつもどおり。普段どおりのルーティンを行う。意識は澄みきっていて、ルーティンにより余計な思考を閉ざし、落ち着きを得る。何度も話しあったとおり、ルーティンを忠実にこなした。

スポットに歩いていくとき、「絶対に外せない」と考えてしまうことだけは避けたかった。

オスピナ相手にPKを蹴ったことは以前にもあった。僕がキッカーになることは稀だったから、不思議な巡りあわせだった。たしか3年前のことだ。敵地エミレーツ・スタジアムでリヴァプールがアーセナルに1対4で敗れた試合の後半だった。その日はすでにさんざんやられ、PKを決めても慰め程度にしかならなかった。僕はそのときオスピナの右に蹴ったことを覚えていた。

だから今回蹴る方向は決まっていた。そのときの反対、左だ。高く足を上げ、コーナーに低く蹴りこむ。何度も練習してきたキックだ。十分な練習をしてきた。僕はルーティンに従い、ひるまず、歩数を数えて後ろに下がった。1、2、3、4。慌てず、下がったところで2、3秒置く。それからスポットに向かって走った。しだいに速度を上げ、ボールに近づく。きっちりとボールを蹴る。ボールは右足からきれいに飛んでいった。だが低い球ではなかった。低さが足りなかった。ゴールキーパーにとってちょうどいい高さだった——ゴールキーパーがPKをセーブしたとき、いつも言われるように。

オスピナの読みは当たった。彼の体が左に傾くのが見えた。いや、「傾く」どころじゃない。彼の体は左に跳ねた。俊敏でしなやかで、すばやく低い体勢になった。そして、彼の左手がボールに届いた。左手で弾かれたボールが宙に浮く。まるでスローモーションのようだった。僕はそれを見つづけていた。ボールは弾かれて回転し、ゴールの横の芝の上に跳ね、広告の入ったボードの向こうに立っていたカメラマンに当たった。

オスピナがセーブした。僕は失敗した。どう言っても変わりはない。僕は失敗した。これから先も、そう記憶されるのだろう。ジョーダン・ヘンダーソンひとりが失敗した。「ジョーダン・ヘンダーソンのPK失敗により、今夜イングランドはワールドカップで敗退しました」と言われるのだ。もうその言葉が耳に聞こえるようだった。誰かが頭のなかでそう叫んでいるようだ。

後ろを向いて舌打ちし、目線を下に落とした。内心、死にそうだった。世界は崩壊していく。サッカーは僕のすべてだ。イングランド代表は僕のすべてだ。ワールドカップのＰＫ戦で失敗することが大会の敗退を意味するのだとしたら、それにどうやって耐えればいいのだろう。ハーフウェイラインで僕を待つ赤いユニフォームのほうへ戻るときも、頭が真っ白だった。彼らの気づかいと恐れが感じられる。ハリーとマーカスのほうへ歩いていった。何を言っても状況はよくならないと誰もがわかっている。僕は平静を保とうとしたが、心のなかでは、あらゆる思考が駆けめぐっていた。みんなを失望させてしまった。監督、チームメイト、家族。それどころか、国全体を失望させた。何人かの選手が「大丈夫、勝てるぞ」と声をかけてくれた。だが僕は、「もし負けたら、イングランドに帰れない」と考えていた。

それは文字どおりの意味だった。しばらくの間、もう二度とイングランドには帰るまい、もう終わりだ、と考えていた。イングランドでのキャリア？　終わりだ。いまの生活は？　終わりだ。もう絶対に帰らない。帰れるはずがないだろ。国全体を失望させてしまったのだ。だが、希望が生まれてきた。コロンビアの４人目、マテウス・ウリベが歩いていく。かわいそうに、やはり緊張しているようだ。彼はボールにキスをしてから芝生の上に置く。僕の頭のなかで、ある言葉が延々と繰りかえされる。「頼む、ジョーダン。止めてくれ」

ウリベは何度か深い呼吸をする。まだ緊張しているようだ。それから、彼は助走し、ボールを強く蹴った。ジョーダンは止めなかったが、クロスバーの下に当たり、外に弾かれる。やった！　僕の呼吸が戻った。それまではほんとうに息が止まるようだった。失敗が帳消しになった安堵は強烈だった。

つぎはキーラン・トリッピアー。驚異的なセットプレーの名手で、チーム最高のフリーキッカーのひとりだ。彼は走っていき、キーパーの右に高いボールを蹴りこんだ。ここまでで最高のＰＫで、ついに追いついた。僕はさらに安堵した。カルロス・バッカがコロンビアの5人目だ。彼は助走のまえに、クリスティアーノ・ロナウドのように足を広げて立った。しっかりと蹴ったボールは、ジョーダンの右側に飛んだ。僕はそれを見て、ちょうどいい高さだと思った。

ジョーダンの読みは当たった。だが推測がよすぎて背後にボールが飛んだ。彼は飛びながら本能的に左手を上げてボールを止め、外に弾いた。ワールドカップのPK戦でイングランドのキーパーがセーブするのは、20年前にサンテティエンヌでデイヴィッド・シーマンがアルゼンチン代表のエルナン・クレスポを止めて以来のことだった。

仲間の何人かが、興奮を抑えられずに、ほんの数歩かけだした。それから立ち止まり、もう一度並び直した。たがいの肩にもう一度腕をかける。僕の頭はわけがわからないほどだった。確認のためにハリー・ケインに聞いた——これを決めたら勝ちだよな？　スコアを確認し、ハリーはうなずいた。僕たちはまた一列になった。隣にはマーカスがいる。

エリック・ダイアーが歩いていった。大会前には、彼と僕は中盤のポジションを争うのではないかと言われていた。だがいまはともにピッチに立ち、彼にすべてを託している。エリック、頼むぞ……。またオスピナが中央から少しずれたところに立っているのに気づいた。1本目のハリーのときと同じ場所だ。ハリーにしたのと同じように、エリックに右に蹴るよう誘っている。エリックはその誘いに乗った。彼はオスピナの右に蹴り、オスピナはボールに向かって飛んだ。だが、届かない。僕たちの勝ちだ。

ボトルからエナジードリンクを飲んでいた僕は、固まった——動けなかったのだ。ボトルを口に当てたまま。全員が走っている。赤いラインは消えた。マーカスは僕の肩から腕を離し、走り出した。みんなジョーダンやエリックのもとへ駆け寄った。ガレスのほうへ走っていった。だが僕は走れなかった。ただ膝から崩れ落ちた。安堵感、ただ圧倒的な安堵感だった。チームは助かった。僕は助かった。人生はまだ終わりじゃない！　ワールドカップの準々決勝に進出し、つぎはサマラで土曜日にスウェーデンと対戦することになった。

ようやく僕は立ちあがった。走ってほかの選手たちに加わると、イングランドのファンたちはたがいにのしかかるようにして祝福していた。まさに大騒ぎで、喜びが選手たちを洗い流していた。この夜は、長年にわたって語り継がれる試合になった。僕がPKを外したことはたいしたことではなくなった。僕は救われた。のけ者にならずにすんだ。仲間たちのおかげだ。

「国のみなさん、心臓が止まりそうになった人々に謝罪します」僕はテレビカメラに向かって言った。

ITVのガブリエル・クラークの試合後のインタビューに応じていた。

「サンダーランド時代のチームメイト、ジョーダン・ピックフォードに命を救われましたね？」

僕はもう笑みを浮かべられるようになっていた。

「はい、ほんとうに」

僕もPK戦も、あれで終わったと思った人が多いだろう。だが、そうではなかった。それは僕の強迫観念になった。もうあんなことは起きてはならない。もう失敗はしない。二度と。もう二度と、すべてを失う恐怖に直面してはならない。チームはレピノに戻り、軽いリカバリーを行った。試合や苦境、さまざまな感情からの解放を経験し、まだ疲労が残っていた。セッションが終わると、ほかの選手たちはなかに入ったが、僕は残った。

そして、ＰＫの練習をした。何度も何度も繰りかえした。絶対に失敗しない。もう二度と。自分は駄目なキッカーなんだ。練習するたびに高すぎたり低すぎたり、あるいは真ん中寄りすぎたり、キーパーが止めやすい高さに行ったりした。考えすぎなのはわかっているが、僕は取り憑かれていた。結局、スティーヴ・ホランドがやって来て、なかに入ろう、と声をかけるまでそうしていた。

翌日の朝、起きてベッドから出ると、鼠径部が痛かった。なんてこった。かなりヒリヒリする。ＰＫ練習が原因らしい。ほかの選手たちと練習をした。つらかったが、そうなった原因はわかっていて、自分でも愚かだと思っていたから、誰にも何も言わなかった。まあいいさ。問題ない。ただ少し怖くなっただけだ。その後、スウェーデン戦を迎えた。ワールドカップの準々決勝だが、90分で決着がついた。簡単ではなかったが、デレとハリー・マグワイアのヘッドで2対0の勝利。鼠径部はＰＫの練習をしすぎて痛かったが、プレーには影響しなかった。準決勝に進出したことで、チーム全員にとって、子供のころから夢だった領域に入った。

モスクワのルジニキ・スタジアムでクロアチアと戦った。彼らはいいチームだった。モドリッチ、ラキティッチ、マンジュキッチ、ペリシッチら、いい選手たちが揃っている。技術もある。なかでも最高の選手は、メッシとロナウドの時代に唯一バロンドールを獲得しているモドリッチだ。だが、僕の頭にあったのはＰＫ戦だった。もし準決勝がＰＫ戦にもつれこんだら、僕は蹴らなければならない。だから、さらに練習して臨んだ――しかも真剣に。今回は僕だけでなく、チーム全体が練習した。

僕は数回ＰＫを蹴った。するとまた鼠径部がズキズキと痛んで、怖くなった。ＰＫの練習で怪我をしてワールドカップの準決勝を欠場することを想像してみてほしい。人からどう見えるだろうか。治療を受けると、どうやら大丈夫そうだった。多少の不快感はあるが、ひどくはなく、ありがたいことにプレーは好調だった。それでも僕はまだ、準決勝がまたＰＫ戦になり、自分が決めなければならなくなったら、という想像に取り憑かれていた。

試合への入りはよかった。物語に書いたような出だしだった。前半6分のフリーキックで、トリッピアーがクロアチアの壁の上から曲がって落ちる球で決めた。その後2対0になるはずだったが、ハリー・ケインのシュートはクリアされた。それでも、ハーフタイムを終えてリードし、ワールドカップ決勝進出まで、あと45分だった。

そして、あと22分になる。だが、クロアチアがしだいに押しはじめ、流れが変わった。モドリッチがギアを上げ、ピッチを広く使った攻撃をしてくると、対処できなかった。彼らは巧みにサイドを変えていたが、僕たちはボールを持ったとき、ワイドに展開できなかった。そして状況は一変する。相手のクロスがペナルティエリアに入ってきて、トリッピアーがヘディングに行ったが、ペリシッチの足のほうが高く、先にボールに触れた。ボールは足の裏に当たってゴールした。危険なプレーで得点が取り消されるのではと思ったが、そうはならなかった。

彼らはさらに得点に迫った。ペリシッチが切りこんでシュートすると、ゴールポストの正面に弾かれた。戻ってきたリバウンドも彼らが取ったが、つぎのシュートはピックフォードの正面だった。彼が押さえ、窮地を脱した。まだ同点だ。試合は延長戦に入った。

ジョン・ストーンズのヘディングはクリアされた。僕は鼠径部の痛みを感じはじめていた。ＰＫの練習で負担をかけた鼠径部だ。延長前半7分に選手交代があった。タッチラインのほうを見ると、電光掲示板に僕の番号が映っている。僕が出て、エリックが代わりに入った。延長戦のハーフタイムに入る。まだ同点だ。まだ両者にチャンスがある。もしかしたらクロアチアが優っていたかもしれない。ピックフォードがマンジュキッチのシュートをセーブする。だがそのあと、ペリシッチが頭で落とした背後からのボールをマンジュキッチが受け、ゴールに流しこんだ。残りは11分。追いつくことはできなかった。力が足りなかった。

ホイッスルが鳴り、試合が終わる。しかしある意味では、終わりではなかった。2014年のワールドカップや、ニースでのアイスランド戦の屈辱を乗り越え、変貌を遂げた新たなイングランド代表が生まれていた。ワールドカップに沸く故国の映像を見すぎたせいかもしれないが、ファンの気持ちをあらためてつかみ、ガレスが求めていた結びつきは確固たるものになったように感じられた。誤解してほしくないのだが、ワールドカップの準決勝で敗れた痛みは、何をもってしても和らぎはしない。ただモスクワから帰国するとき、僕たちはもう終わりだとは感じなかった。何かが始まろうとしていた。

第10章
起死回生の勝利

チャンピオンズリーグの決勝でレアル・マドリードに敗れたあと、ユルゲンは楽天的になれるような言葉をかけてくれたのだが、それでも2018年のプレシーズンのトレーニングに戻ってきたとき、僕は隠しようがないほど苛立っていた。

その夏の出来事——キーウ、そしてモスクワでの敗戦——について考えていると、僕はまたこのときも、自分に疑問を抱いていた。今回は、少しちがった観点から。僕はつぎに優勝を勝ち取るまで、どれだけ待たなければならないのだろう？

たとえ100万人に尋ねても、正解は教えてもらえない。

嬉しくはないことだが、誰かにおまえは「あと一歩の男」だ、あるいはチームが「あと一歩の男たち」だと言われたとしても、言い返すことはできなかった。たしかに2012年にリーグカップを制しているが、急に、それがずいぶん昔のことのように思われた。ほかのチームが優勝を祝う光景を見ては、悔しい思いをするばかりになっていた。なぜ僕たちではないのか。２０１３-１４の優勝争い。２０１５年のふたつの準決勝。２０１６年のリーグカップとヨーロッパリーグの決勝。２０１８年のチャンピオンズリーグ決勝。そしてワールドカップの準決勝。とにかく、そのあと一歩を越えたかった。

自分のことをそんなふうに思いはしないが、サッカーの現実や、人がどう思うかについてはわかっている。僕は負け犬だと思われていた。そして、安直な批判の標的にされているのは僕だけではなかった。ユルゲンはドルトムント時代の3つを合わせて、決勝で6度負けつづけていた。批判者は好んでその点に触れていた。そんな批判はできるだけ早く吹き飛ばさなければならない。だが２０１８-１９シーズンの後半にも、また同じことが起こりそうな雲行きになっていた。

腹立たしいのは、どうしてまた優勝に手が届かないのか理解できないことだった。僕たちはプレミアリーグでかなりすばらしいサッカーをしていた。シーズン序盤には20戦無敗を記録していたし、ほかの年なら大差で優勝していただろう。だがこのシーズンは特別だった。僕たちは恐ろしいまでのレベルで一貫性を保ち、高いパフォーマンスを続けたが、マンチェスター・シティも同様で、しかもシーズン終盤の数週間、こちらがどれだけの重圧をかけても、彼らは失速しなかった。

またチャンピオンズリーグでは準決勝に進出してバルセロナと戦っていた。ところがプレーはよかったにもかかわらず、天才リオネル・メッシの前に、第1戦では0対3の敗戦を喫していた。ほとんどの人は勝ちあがりの望みはないと思っただろう。たしかに僕はここ数年、すばらしい時間を過ごせていたが、この２０１９年春のある期間には、優勝がこれ以上なく遠く感じられていた。

それだけではない。キーウから戻った2日後に、リヴァプールはブラジル代表のミッドフィールダーであるファビーニョをモナコから4300万ポンドで獲得していた。僕の知るかぎり、彼のポジションは6番だった。世界最高の守備的ミッドフィールダーのひとりだ。そして僕も6番でプレーしていた。「なるほど、4300万ポンドで6番を獲ってくる——何が起こるんだ？　僕は8番に移るんだろうか、それとも……」。そんな心配も抱えていた。

ファビーニョは適応に少し時間がかかった。プレミアリーグのペースはフランスリーグとは少しちがう。だが彼が本物なのは明らかだった。僕はしばらく6番でプレーを続けたが、クリスマスのまえの週にアンフィールドでマンチェスター・ユナイテッドを3対1で下した試合で彼が先発した。彼はまさに際立っていて、ピンチを防ぎ、シンプルに、最高のプレーをしていた。

僕はベンチにすわって考えていた。「いや、あれこそまさに6番だ。だけど、待てよ。僕はこれからどこでプレーすればいいんだ？」僕はサイドで何試合か出場した。ファビーニョはレギュラーになって数週間ですでにチームに慣れ、すばらしい働きをしていた。状況を変えなければならない——自分にとってもっと自然なポジションでよい印象を与えるべきかもしれない。

2019年1月3日の朝の時点で、マンチェスター・シティに7ポイント差をつけていた。その日、敵地エティハド・スタジアムでの一戦に向かうとき、10ポイント差をつければ、ひっくり返すことはできないだろう、と僕は選手たちに告げていた。試合が始まるとまもなく、のちになって多くの人が優勝争いの決定的な瞬間になったと考える出来事が起こった。モーとボビーがフィールド中央できれいなワンツーを決め、モーがスルーパスを送り、サディオを走らせた。サディオはゴールキーパーのエデルソンが出てきたところをかわしてシュートするが、ゴールポストに跳ね返ってくる。ジョン・ストーンズがクリアしようとするが、その球は戻ってきたエデルソンに当たった。

ボールは浮き、ゴールラインを割ったように見えたが、イングランド代表で実力はよく知っているストーンズが際どいところでクリアした。全員が審判のアンソニー・テイラーを見る。彼の腕時計が振動し、こちらの正当なゴールが認められるはずだ、と。ところがゴールライン・テクノロジーは、ボールが白線を完全にまたぐには、あと11・7ミリ足りなかったと判定した。彼らはわずかなところで救われ、試合も2対1で勝利した。それが僕たちのシーズン唯一の敗戦だったが、ポイント差は4となり、その後シティはじわじわと差を縮め、春に僕たちをかわした。しかも、最後の14戦は全勝だった。彼らの一貫性は、残念ながら信じがたいほどだった。

僕はしばらくユルゲンと話すことを避けていたが、3月終わりごろに面会し、欲求不満を伝えた。そのひと月前、0対0に終わったオールド・トラッフォードでの試合で、僕は交代で下がるときに自分の世界に入っていて、彼が差し出した手が見えずに握手をしていなかった。ユルゲンは気に入らなかっただろうが、それは完全な誤解だ。その後ドレッシングルームで言い合いがあったという臆測もあったが、僕は無作為に選ばれたドーピング検査に行っていたため、それは物理的に不可能だった。

それでも、気持ちは落ち着かなかった。たしかにファビーニョのすばらしさや、チームが最高のプレーをしていること、また自分が8番でプレーする機会があることは理解していた。ジニがそのポジションのひとつに固定されていることはわかっていたが、残りのひとつは争えるのではないか。監督は僕の話をわかってくれた――ある程度までは。両方のポジションでプレーできるし、試合ごとの使い分けも考えている、と彼は言った。ところがつぎの試合、4月5日の敵地でのサウサンプトン戦で、僕は控えだった。あの会話は思ったより意味がなかったのかもしれないと思った。

セントメアリーズ・スタジアムのベンチにすわっていると、苛立ちがつのってきた。自分が出場していないときは、軽い怒りを感じることもある。なんでもない顔をしようとするのだが、失望を隠すのはむずかしい。年とともに、感情の扱いははるかに上手になっていた。はじめのころ、監督には何度かきつく言われたことがあった。主将として、そんなふるまいはするんじゃない、と。振りかえればそのとおりだった。だがそうした失望も、僕という人間の一部なのだ。

開始早々にシェーン・ロングにゴールを決められ、サウサンプトンを0対1で追いかける展開になった。監督は残り30分で僕を投入した。アシスタント・マネージャーのひとりで、ユルゲンが「わたしの目」と呼ぶペーター・クラヴィーツは、タッチラインで待つあいだ、セットプレーの説明のあとでこう言った。「チームはいまこそ君を必要としてる――さあ、行ってこい」

ジニの代わりで、8番の位置に入った。時間はそれほどないが、よい印象を植えつけなければならない。まず1アシストを記録したが、実際には、ほとんど名ばかりだった。僕が自陣のペナルティエリア付近でヘディングすると、モーがピッチの半分を走って得点を決めたのだ。ともあれ、記録上は立派なアシストだ。

そして、2対1でリードしていた終了4分前に、エリア内に走りこむと、ボビーから完璧なパスが来た。左足でネットに蹴りこみ、両耳に両手を当ててファンのほうへ走っていった。それから振り向いて拳を突きあげる。その瞬間、すべてが変わった。翌週のチャンピオンズリーグ準々決勝のポルト戦の第1戦では、ファビーニョと並んで8番でプレーした。監督は僕の貪欲な姿勢を理解し、シーズン終盤はおおむねそのポジションで使いつづけた。

僕たちは毎試合勝つことで、僅差で追うシティに重圧をかけ、彼らがたったひとつでもミスを犯すのを待った。サウサンプトン戦のあとは本拠地でチェルシーを迎え、ファビーニョの隣で先発した僕はまた1アシストを記録した。ゴールライン付近から浮き球を上げ、遠いサイドで待っていたサディオが決め、2対0で勝利を収めた。僕の必死さを、ユルゲンが試合後の記者会見でジョークにしたほどだった。「ヘンドを6番でプレーさせたのは悪かったな！」彼はそう言って大笑いした。その言葉の意図や、僕がチームでの地位を確保するためにどれだけ貪欲かは、全員がわかっていた。

そしてチャンピオンズリーグ準決勝第1戦、敵地でのバルセロナ戦だった。僕はカンプ・ノウでプレーしたことはなかった。調子がよかったので、チームに入っていないなどとは思いもしなかったのだが、試合前日のトレーニングから入っていなかった。ユルゲンは3枚の中盤にミリー、ファビーニョ、ナビを選んだ。そのときの気持ちは、怒りなどという言葉では表せない。試合前にはいつものように、「若手対ベテラン」のトレーニングをしたが、僕の頭は混乱していた。最後はいいゴールを決めてミニゲームには勝ったが、さっさとその場をあとにした。シャワーを浴びるかジムに行って頭をすっきりさせないと、余計なことを言ってしまいそうだった。

バルセロナに移動しても、まだ納得がいかなかった。ホテルでエレベーターに乗り、自分の階のボタンを押したところで、警備のティムが言った。「待ってください。もうひとり乗ります」。乗ってきたのはユルゲンだった。立ったまま、どちらも口をきかない。エレベーターはすべての階に止まりながら上がっていく。そのあいだ、ひと言も話さなかった。ローテーションは理解しているが、自分がそれで外れる順番になったときは、感情が絡んでいると感じてしまう。まったくそうでなくても、そう感じてしまうのだ。ひとりの監督に長くつきあい、尊敬も深まっていくにつれ、監督が何を考え、避けられない決断をどう下すかがわかってくるだけになおさらだ。

若いときは、自分のプレーがよく、問題がなければ、当然チームに入るものだと思っている。そうした年齢では、ごく当たり前にそれが結びついている。自分が好調で、いい選手なら、全試合に出場するべきだ、と。監督にローテーションの話をされても、「自分はローテーションなんていらない。元気だし、3日おきにプレーしても問題ない」と考えている。だが、監督は23人のなかから選手を選ばなければならないし、全員がいい選手だ。また特定の状況で特定の任務をこなせる選手を使いたい試合もあるだろう。たとえ3日ごとにプレーできるにせよ、肉体的、精神的に少しでも疲れをためているよりも、1試合休んでもっといい状態で戻ってくるほうがいい。

ユルゲンは相手の反応を見るためにチームから外すことがあるのだろうか。その点に関して、話しあったことはない。選手がどんな反応をするか、お見通しなのだろうか。たとえばバルセロナとの第2戦ではジニを先発から外したが、その試合でジニはまるでハリケーンのようなプレーをした。ジニはあの晩ほど大きな怒りを感じたことはないと言っている。つまりあれは、ジニの力を引き出す天才的采配だったことになる。ユルゲンは彼がすねたり、やる気をなくしたりすることはないとわかっていたのだ。僕は監督の行為を判断するのをやめた。チームから外れるのは気分がよくないが、それも受け入れなければならないのだと学んだ。

ただ怒りを止めるだけでは駄目だ。怒りが湧くのは出場したいからだが、怒っても何も変わらないことを受け入れなければならない。ときに、選手は監督について、「コミュニケーションをとってくれない」というようなことを言う。だが問題は、コミュニケーションではない。決定なのだ。監督がピアノを弾き、歌いながら説明してみせても、気に入らないものは気に入らない。

公平に見て、ユルゲンが多くの決定を行っていることは理解している。そして、判断は的確だから、受け入れるしかない。それを正しい方向へ向け、使われたときにしっかりプレーできるようにするだけだ。彼はときどき僕を叱りつける。「歌って踊って、上機嫌でいることなんて期待していない。ただ少なくともその努力はしろ。さもないと、ほかの選手たちが、外されたときにおまえと同じようにするだろう」。ユルゲンの忠告は、僕を主将として向上させてくれた。ほかの選手たちが僕の渋い表情を見て真似するなんて、まったく思いもよらなかった。そんな当然のことに、気づいていなかったのだ。悪い見本を見せることは避けたい。いまでは、あのころよりも少しましになっているだろう。全体を俯瞰して考えることは上手になった——きっと、周囲は変わっていないと言うだろうけれど。

対バルセロナの第1戦のまえに、苛立ちを振り払っておく必要があった。アシスタント・コーチのペップ・リンダースが僕のところに来て、30分ほど有意義な会話をした。彼は共鳴板のように人の考えや気持ちを汲みとってくれる人で、ユルゲンのもとで重要な役割を果たしている。2018年には半年間、オランダのNECナイメヘンで監督を務めていたが、リヴァプールがキーウでレアル・マドリードに敗れたあと、ユルゲンのアシスタント・コーチに復帰していた。サッカーに取り憑かれたような人で、目標達成のために力を注いでくれるから、選手からの信頼も厚い。その点は、ペーター・クラヴィーツやゴールキーパー・コーチのジョン・アフテルベルク、その他多くのコーチたちも同様だ。彼らは躊躇せず、選手の耳に入れるべき事実を伝える。ペップはそのとき、これから2週間で、このバルセロナ戦と、敵地のニューカッスル戦、本拠地でのバルセロナ戦、本拠地でのウルブス戦をこなさなくてはならないんだ、と告げた。問題は、僕がそのすべてに出場したがっていることだった。その会話は少し役立った。必要なのは、試合に集中することだった。ナビ・ケイタが前半24分に負傷して、僕が入った。するとその2分後、スアレスが得点して彼らが1点リードした。とんだインパクトを与えたものだ。

チームの出来はよかった。僕が入るまえも、入ったあともいいプレーをしていた。だが相手は、どんな小さな隙も逃さない選手たちだった。ルイスに先制点を奪われたものの、しばらくはこちらが押していた。

だが、残り15分で彼らは試合をさらっていった。こちらがやりたかったことをやられてしまった。クロスバーから跳ね返ったボールにメッシが反応した。胸で落とし、落ち着きはらって無人のネットに蹴りこむ。さらに残り8分で、こちらのペナルティエリアの外でファウルを与えてしまった。ここでメッシが、彼としても特別と言えるフリーキックを決めた。思い返せば、あれは僕が見たなかで最高のフリーキックのひとつだ。しなやかさ、正確さ、ボールの速さ。アリソンは僕が同じチームでプレーした最高のゴールキーパーであり、ゴールに向かってくるボールのほとんどを防いでしまう驚異的な選手だ。だがメッシは、30メートル近い場所から、アリソンでも守れない唯一の場所に決めた。信じられないゴールだった。

だがいまは、天才を賞賛しているときではない。なんでまたこんなことが起こるのか。大事なのは、どれくらい不利な戦況なのかを見定めることだ。試合後のドレッシングルームには奇妙な雰囲気があった。0対3で負けたのはたしかだ。だが、ジニやフィルジルとアイスバスに入りながら話しあった。「なんでこうなった？　俺たちが圧倒してたじゃないか」。頭のどこかから、考えが浮かんできた――アンフィールドで早い時間帯にゴールする、そして今日と同じようなプレーができれば、まだ終わりではないかもしれない。もしかしたら……。

まだ希望は消えていない。プレミアリーグでは、最後の抵抗をしていた。8連勝して追いかけていたが、シティは隙を見せない。こちらは1月3日以降リーグで負けなしで、ニューカッスルでは、危ういところを、ディヴォック・オリギが終了間際に決めて3対2で勝っていた。だがこの時点で、僕たちは残り1試合。シティが足元をすくわれる可能性もなくなりつつあった。

最大のチャンスは、僕たちがバルセロナとの第2戦を戦う前夜に行われる、シティが本拠地でレスター・シティを迎える一戦だった。レスターは好チームで、70分間シティにリードを許さなかった。だが、このシーズン無得点だったキャプテンのヴァンサン・コンパニが、右足で20メートル以上の距離から狙った。豪快なシュートがゴール上隅に刺さる。冗談はやめてくれ！　僕は信じられない思いでボールを眺めていた。しかも、レスターの攻撃では、ハムザ・チョードリーがケレチ・イヘアナチョにスルーパスを通して大きなチャンスを作ったが、イヘアナチョがサイドで蹴って外した。もしこの試合が引き分けだったなら、シーズン最終戦のアンフィールドでのウルブス戦に勝てばリーグ優勝が決まっていた。だがシティは勝利を収め、その結果、奇跡を待つほかなくなった。

本拠地での試合前には毎回、滞在するホープストリート・ホテルでミーティングが行われていた。バルセロナ戦を控えた午後、ユルゲンが語った言葉はこれからも忘れないだろう。彼は部屋を見まわし、話しはじめた。

「バルセロナ相手に、第1戦を終えて3対0でリードされている。それがもしこのチームじゃなかったら、わたしはたぶん、見込みはないと言うだろう。誇りを持って戦え、尊厳のために戦え、顔を上げて試合をしてこい、そんなことを言ったはずだ。だが、ここにいるのはほかでもないこのチームだ。おまえたちなら、チャンスはある」

彼の語りが誇りを植えつけ、強い自信を持たせた。ホテルの部屋を出るとき、僕はこう思った。「よし、やってやる！　いけるぞ。奇跡は起こる！」

6日前に敵地カンプ・ノウで戦った感触はまだ残っていた。彼らは僕たちの強度を嫌がっている。得点差が示す以上にいいプレーをしていた。アンフィールドで、早めのゴール。そうしたら、何が起こるかわからない。バルセロナは前シーズンには、ローマ相手に3点のリードを吐きだしている。とはいえ、モーはニューカッスル戦で脳震盪を起こし、ボビーも怪我をしている。つまり、世界最高クラスのチームに、3人の攻撃陣のうち2人を欠いて、3点を追って挑むことになるわけだ。それもあって、逆転は不可能だという声はさらに大きくなっていた。

僕はこの試合に先発した。ジニは控えで、今回は怒りを駆りたてる番だ。ディヴォックが中央で、モーの代わりにシャキリが右で先発する。チームは普段と大きく異なるが、ファンには関係ない。彼らはチャンピオンズリーグの準決勝で何が求められているか、よくわかっている。いまこそ彼らが必要なのだ。スタジアムに着き、ウォームアップでピッチに出たとき、特別な夜であることが感じられた。アンフィールドでのバルセロナ戦。沸きたつ大観衆に囲まれ、地元でチャンピオンズリーグの大一番が行われる。

試合が始まった。それは狂気だった。はじめから、美しい狂気のような夜だった。早い時間帯にコーナーを得た。見まわすと、メッシがロボの後ろを走っているのが見えた。メッシは彼を苛立たしそうに指さしている。「ロボは何をやったんだ?」あとからテレビで確認すると、ロボは地面に腰を下ろしてファウルのアピールをするメッシの髪を軽く小突いていた。僕たちはメッシを大いに尊敬しており、世界最高の選手だと認めているが、ピッチに立てば11人対11人、相手が誰であろうと関係ない。ここはアンフィールド、僕たちはリヴァプールだ。ロボもなかなかやってくれる。

これが僕たちの戦いだ。相手が誰で、どんな名声を得ているかなど気にしない。アンフィールドに来たチームは、僕たちが命がけで戦っていることを思い知る。ここでは一歩たりとも譲らないし、なるべく居心地の悪い思いをしてもらう。メッシのような選手やバルセロナのようなチームに対しては、もちろん敬意を払わなければならないが、いったん白線の内側に入ったら、これは戦争だ。あのロボの行為には、あの夜のすべてが詰まっていた。かつて父から、ピッチの上に立てば誰もが平等だと言われたことにも通じている。メッシというすばらしい選手への賞賛は誰にも劣らないつもりだ。だがあの夜は、チャンピオンズリーグの決勝進出がかかっていた。当然、彼もまたひとりの対戦相手でしかないし、特別待遇など理屈に合わない。

アンフィールドは沸きたっていた。必ず得点できそうな雰囲気だ。最初のゴールまではわずか7分だった。ジョエル・マティプが前方に蹴ったボールを相手のジョルディ・アルバがヘディングで落として仲間に渡そうとしたところを、サディオが奪って僕に渡す。ペナルティエリアに向かっていくと、アドレナリンが全身を駆けめぐった。振り向いて内に切れこむと、ジェラール・ピケがタックルに来る。僕は跳ねたボールを確保しつつかわした。ゴールまで10メートルの場所で、左足でシュートするチャンスが生まれる。利き足でない左の練習に費やしたすべての時間が報われるときが来た。だが、わずかに練習が足りなかったらしく、マルク・アンドレ・テア・シュテーゲンの近くに蹴ったシュートは防がれた。しかしボールは強く、押さえられずに右手で弾かれ、転がったところに走りこんできたディヴォックが、無人のネットに蹴りこむ。スタジアムは狂乱状態に陥り、いまにもまるごと離陸しそうに感じられた。

僕は足を止めなかった。ゴールに駆けこんで跳ね返ったボールをつかみ、センターサークルまで走ってそれを置く。彼らに休む暇を与えてはならない。一瞬たりとも、息をつき、結束を固めなおす時間は取らせない。そうして、絶え間なく重圧をかけつづける。

そこからがほんとうの勝負だった。僕たちはまだチャンスを作らなければならないし、彼らも得点を狙ってくるのはわかっていた。メッシはやはりすばらしい選手で、前半に何度かゴールに迫ったが、アリソンが巧みにセーブした。メッシが自分で打ったシュートを、アリソンがバーの外へ弾く。重圧をかけるのはこちらだけではない。決勝進出への望みはまだわずかだ。僕は前半の終わりにクレマン・ラングレのスパイクの鋲が膝に当たり、負傷していた。最初は猛烈な痛みで、それから感覚がなくなり、動かせなくなった。走ることもできない。たしかに負傷だが、鋲が当たった衝撃だけだから、最悪のものではない。

ハーフタイムに入る。ほとんど歩けなかったので、バイクに乗ってペダルをこぐことで足を動かしつづけた。痛み止めを飲み、背中には注射も打って、痛みを軽減しようとした。後半に入るときはもたないかもしれないと思ったが、アドレナリンのおかげで乗りきった。ロボも前半で負傷しており、後半開始からミリーが左サイドバックに移り、ジニが途中出場した。彼はまるで怒り狂った雄牛だった。先発を外されたことで自分の実力を証明しようと躍起になっており、わずか8分で強烈な印象を与えた。

右のタッチライン沿いでトレント・アレクサンダー・アーノルドがジョルディ・アルバからボールを奪い、低いクロスを上げた。ジニが走りこむ。テア・シュテーゲンに近いが、防ぎようがないほど強烈なシュートだ。これで2対0。夢が現実味を帯びてきた。その2分後に、合計得点で追いつく。またジニだ。シャキリが左からクロスを上げ、ジニがいちばん高い打点で頭に当て、近いサイドに叩きこんだ。テア・シュテーゲンはほとんど動けない。とてつもない騒ぎだ。コップ・スタンドの前にいるジニに最初に追いついたひとりが僕だった。ただ叫んでいた。何を言ったか覚えていない。それに、どっちみち彼の耳には届かなかっただろう。

まさに望みどおりのことが起こっているのに、実際に起こったことをほとんど信じることができなかった。残り時間の30分で、もう1点取れるかもしれないし、バルセロナがこの物語を断ち切ることもありうる。僕はこちらが上回っていると思った。まだ彼らもチャンスを作っているが、余裕はなさそうだ。バルセロナは勢いを削がれている。そして、スタジアムはまるで燃えさかる炉のように、前シーズンのローマでの記憶を彼らに焼きつけている。心の傷となっているであろう記憶を。「負けるはずがない。最高の雰囲気だ」と僕は思っていた。だが心の奥では、相手にはメッシやスアレスがいること、そうした能力を持つ選手がいれば、瞬きするあいだにすべてが終わってしまうこともわかっていた。ひとつのチャンスで仕留められ、試合は終わり、これまでやってきたことが無になってしまう。

そして、トレントの見せ場がやってきた。残り12分で、コーナーを得た。トレントがコーナーにいたが、シャキリがそこに向かい、トレントはいったん離れようとした。だがそのとき、守備位置につくバルセロナの選手たちが気を抜いていることに気づき、トレントはすばやい判断でコーナーを蹴りこんだ。ピケはそれを見ていたため、起こっていることに気づいたが、ほとんどのバルセロナの選手はボールを見てもいなかった。トレントがあんなコーナーを蹴ったのは見たことがない。あれは本能的な行動、瞬間の反応だった。トレーニングでもあのプレーはやっていない。想像を超えた選手の天才的なひらめきだ。

蹴ったボールはディヴォックのほうへ飛んでいく。彼はすばやく向きを変え、冷静に対処した。トレントは蹴る直前に、ディヴォックに声を上げて指示をしたと思う。僕は自陣のほうを見て、つぎのカウンターに備えた守りのことを考えていた。ところが、雰囲気が変わったのを感じて振りかえったとき、ちょうどボールがペナルティエリアに入ってきた。

ボールはディヴォックに向かって行く。速い球だったが、彼はゴールの上部に向けて蹴った。テア・シュテーゲンは反応が間に合わない。ピケが必死でクリアしようとするが、蹴り出すには高すぎ、頭で当てるには低すぎた。アンフィールドは熱狂した。まさにスタンドの揺れを体で感じられるほどだった。ヨーロッパの大会での名勝負が何度も繰り広げられてきたスタジアムだが、これはまさにはじめてのことだった。これこそサッカー選手として夢見る瞬間だ。自分の名前が歴史に残り、生涯消えることのない記憶が生み出されるのはこんなときだ。

僕はメッシを気にしていた。状況をひっくり返す時間はまだ残っている。1ゴール挙げれば彼らの勝ちになる。ただ彼が右寄りでプレーしていたのは幸運で、チームとしてかなりうまく対処できた。彼にひとりで対処することはできないが、試合を通じて2人、3人で囲み、うまく封じこんだ。終了間際に、僕はボールを持った相手のセンターバックを追い、さらにべつの相手を追った。ずっとこうしつづけてもかまわない。危険を察知する感覚は研ぎ澄まされていた。史上最高の崖っぷちからの勝利を目前にして、ここで隙を見せるわけにはいかなかった。

ホイッスルが鳴るまで、一晩中でも走りつづけるつもりだった。走りながら、その瞬間を待つ。クラブとチームにとって、大きな瞬間だ。ついに試合終了のホイッスルが鳴ると、僕は膝から崩れ落ち、立ちあがれなくなった。さまざまな感情が湧き起こってきた。サポーターの前へ行き、「ユール・ネバー・ウォーク・アローン」を合唱する。ピッチを去るときには、メインスタンドのファンに向かって、いちばん人気があるチャントのひとつ、「アレ、アレ、アレ」を歌った。この試合は、自分が出場したなかで間違いなく最高の試合だ。

また、最も重要な試合でもあったかもしれない。

第11章
頂点

つぎの日曜日に、プレミアリーグの最終戦でウルブスと戦った。ファンはまだバルセロナ戦の高揚のなかにいて、アンフィールド・ロードをスタジアムに向かうときには熱狂的なサポーターによる驚異的な光景が見られたが、優勝争いの状況はよくわかっていた。僕たちにできるのはここで勝利し、シティがブライトン相手にポイントを落とすのを願うことだけだった。

開始17分でサディオが先制弾を放ち、そのあとの21分間、チームは暫定首位の位置を保った。それはまさにこのシーズンの縮図だった。29年ぶりのリーグ優勝まであと52分。スタジアムは狂乱状態になった。こんな雰囲気は味わったことがない。そこには希望と絶望が入り交じっていた。あとわずかのところにいるようでいて、実際には遠い。典型的だったのが、ブライトンがリードしたという知らせが入ってきたときだ。だが、それは誤報だった。

その後、サディオのゴールのときよりもひときわ大きな歓声が湧いた。今度こそたしかなニュースだ

――ブライトンのグレン・マレーがアメックス・スタジアムでシティから先制点を挙げた。一瞬、チャンスが来たかと思われたが、喜びすぎてはいけないことはみなわかっている。シティとの優勝争いでは、過去にもほんの一瞬の希望が垣間見えたことがあった。

慎重になったのはやはり正しかった。ブライトンがゴールを祝った直後に、シティのセルヒオ・アグエロが同点にした。まだ僕たちが首位にいるが、その座にいたのはわずか21分だった。ハーフタイムまであと7分で、コーナーからノーマークのエメリク・ラポルトが頭で決めた。シティはこれでリードし、悠々と戦い、結局4対1で勝利を収めた。僕たちは2対0で勝ったが、それは関係ない。そのシーズンはあらゆる記録を樹立したが、トロフィーには手が届かなかった。サディオとモーが、アーセナルのピエール・エメリク・オーバメヤンと並ぶ22得点で得点王になった。アリソンは21のクリーンシートを記録し、ゴールデングローブ賞を受賞した。チームはシーズンを通じて1敗しかしなかった。そして勝ち点97はプレミアリーグの歴史上3番目に高い数字だ。それ以上の勝ち点を得たチームは、このシーズン僕たちを僅差で退けたシティと、100に到達した前シーズンのシティしかいない。

史上最高のプレミアリーグ優勝争いのひとつであり、チームへの賞賛の声が聞こえてくるのは嬉しかった。だが最後のホイッスルが鳴り、エレクサとアルバを腕に抱いてピッチをまわったとき、僕は打ちのめされていた。世界中の何よりも子供たちを愛しているが、この状況では、トロフィーを両手に持ち、ふたりが僕のまわりで踊っていないのが残念だと思ってしまった。公平に見て、シティは信じがたいほどいいチームだったが、差はわずかだった。どちらのチームも勝ちつづけ、目が離せない戦いを繰り広げた。これ以上のことができただろうか？　たぶん、できなかった。ただとにかく、チャンピオンズリーグの決勝でまた2位に甘んじることは絶対にあってはならないと固く決意した。
もうひとつの準決勝ではスパーズがアヤックスを下した。その試合も、僕たちのバルセロナ戦に劣らない劇的な勝利で、ルーカス・モウラがハットトリックを決めた。決勝はリヴァプール優位という声が大きかったが、向こうにはマウリシオ・ポチェッティーノという尊敬すべき名監督がいたし、準々決勝ではシティを破ってきていた。つまり、プレミアリーグでのチーム状態が、チャンピオンズリーグでは逆転することもあるということだ。

順当なら僕たちの勝ちだと誰もが言っているのは嫌だった。そもそも相手に対する敬意を欠いているし、どの試合であれ、勝つことがどれほどむずかしいかをわかっていない人が多いようだ。それから、またさまざまなことが頭をよぎった。イングランドのチームに決勝で負けたらどうなる？ べつに違いなどないはずなのだが、他国のチームと戦うときよりも負けることへの恐れは大きかった。スパーズは十分に僕たちを倒す力を持っているし、試合が行われるのはスペインの首都にある、アトレティコ・マドリードの本拠地、エスタディオ・メトロポリターノだ。

リーグ最終節のウルブス戦からチャンピオンズリーグの決勝戦までは3週間の間隔があった。5日間の休暇が与えられたが、僕はひたすらスパーズのことを考えていた。毎日ずっと。朝起きても、ベッドに入っても、いつもスパーズが頭に浮かんできた。日中、リラックスしているときも、やはり頭のなかはスパーズのことばかりだ。それしか考えていなかった。

前年は決勝で敗れていた。プレミアリーグも僅差で優勝を逃した。同じことがまた起こるのではないかと考えこんでしまった。負けるかもしれないという恐れは耐えがたいほどで、頭から離れなくなった。

恐れに飲みこまれてしまいそうだった。今回は、絶対に負けられない。チームの進化を見せつけなければならない。その思いは計り知れないほどだった。

リヴァプールの選手として、それまで5回、決勝戦を戦っていた。そのうち4回は負け、勝ったのは1回だけ。その1回も、早々に交代してしまっていた。もう決勝では負けられない。絶対に。この試合にすべてがかかっているように思えた。まさにすべてが。チーム全員にとって、敗れれば大きな痛手になる。その思いが頭のなかをまわりつづけた。絶対に負けられないという思いが、つねに意識を占めていた。そのせいで具合が悪くなりそうなほどだった。あと2週間、このままでいるのは不可能だった。僕はあらゆる「もしも」を考えていた。なかでも、「もしも負けたら?」について。

強烈な重圧を自分にかけていた。数日の休暇のあと、チームはマルベーリャで1週間キャンプを張り、その後リヴァプールのトレーニング場で5日間練習した。リーグで優勝を逃したことを発奮材料にしようとしたが、毎朝起きるたびに、スパーズ戦のことが重くのしかかってきた。耐えられなくなって、スティーヴ・ピーターズにメールを送り、電話をしてもいいかと尋ねた。折り返しの電話をかけてくれた彼に、決勝のことで頭がいっぱいだと伝えた。思考が間違った方向に行っていることは自分でもわかっていた。敗北への恐怖でボロボロになりかけていた。僕たちは数年前の最初のセッションのことを振りかえり、何が重要なのかを話しあった。

「起こりうる最悪の事態はなんだろう?　まずそれを挙げてみよう」と彼は言った。

「最悪の事態は、この試合で勝てないことです」

「これまでに負けたことはある?」

「もちろん」

「チャンピオンズリーグの決勝で負けたことは？」

「ある」

「復活できた？」

「ええ」

「君はそれに耐えられたかい？　家族は耐えられた？　子供たちは？　いま君は健康？」

「はい」

「さて、君はまたチャンピオンズリーグの決勝でプレーする機会を得た。それは、いままでうまく対処してきたし、よく危機を乗り越え、チームとして正しい方向に進んできたからだ。最悪の事態のシナリオが起こったとしても、君は対処できる。以前にもそれはできたし、もう一度そうすることもできる。さて、最高のシナリオは、試合に勝つことだ。もしこの試合に勝ったら、どんな感じがするだろう？」

「まあ、僕の人生で最高の出来事だと感じるでしょうね。僕のすべてです」

「じゃあ、その感覚を想像してみる。その感覚をずっと味わいつづけよう。試合前に不安になったり、興奮することがあっても、それはいいことなんだ。君はそれを求めている。アドレナリンや感情、エネルギー。それらをすべて試合中に使おう。勝利の感覚を抱きつづけよう」

　話したあと、おもりが取れたように軽くなった。そのときから、前向きに勝利に向かって考えはじめた。生涯目標にして頑張ってきた、あのトロフィーを掲げるのはどんな気持ちだろうと想像した。その瞬間、戦う準備はできた。もういつでもプレーできる。精神も肉体も最高の状態だった。

決勝戦の4日前、木曜日の午前に、ミリーと僕はメルウッドで選手だけのミーティングを開き、みなの前に立った。そんな仰々しいものではなく、普段とちがうことを言ったわけでもない。ただ前年のレアル・マドリード戦の経験を生かして、今回はもっとうまく準備しようという話をした。スティーヴとの会話で、過去の経験を有効に使うことが重要だと気づいたからだ。

去年のキーウでの決勝では、まえの晩に眠れなかったが、今回はマドリードのホテルではるかに落ち着き、寛いで過ごすことができた。少し早めにベッドに入り、うまくいくことを想像した。すぐに眠りに落ち、しっかりと休むことができた。自分も、またほかの選手たちも、2018年より余裕があるのがわかった。試合当日は、負けるはずがないという気持ちだった。きっと自分たちの時間になる、準備は万全だ。

こうして、僕は人生最大の試合で先発出場した。シーズン中には、それは無理だと思うこともあった。ポジションは8番で、真ん中のファビーニョの右。左側にはジニがいる。何もかも完璧だ。いまこそやるしかない。

ジニは普段、試合前に話すタイプではない。だがこのときはその習慣を破った。試合開始のまえに、チームが更衣室から出るタイミングを待って、短いスピーチをしたのだ。このチームの一員であることを誇りに思っている。いまこそピッチに出て、世界に俺たちの強さを示すときだ、と。ジニは寡黙で控えめな性格だ。その彼がこんなふうに前に出たことは、全員に大きな力を与えた。

僕たちはキックオフからスパーズを引き裂いた。僕は最初の争奪戦でヘディングに勝ち、そのあとスパーズ陣の真ん中あたりでボールを受け、左サイドのサディオにパスをした。彼はペナルティエリア内に切れこみ、ボールを上げる。近くにいたムサ・シソコがブロックしたが、高く上げた右腕にボールが当たった。スロベニア出身のダミル・スコミナ主審はまっすぐペナルティ・スポットを指さした。試合開始からまだ25秒だ。モーが蹴る。彼はコースを狙うよりも強い球を蹴り、飛びついたウーゴ・ロリスの手の先を抜け、ネットが破れるかというほどの強烈なゴールを決めた。

その時点からすでに、史上最高の決勝ではないなどと言う人々もいたが、そんな発言はどうでもよかった。もし負けたら、史上最高の決勝かどうかなど、どちらでもよくなってしまう。あの決勝には、数多くの大一番や重圧のもとでのプレー、チームのために働いてゲームをコントロールするといった、さまざまな経験が生かされていた。普段以上に気持ちが入っていたかもしれないが、試合をしっかりとコントロールしており、スパーズに多くのチャンスを作らせなかった。アリソンは何度か好セーブを見せた。よく覚えているのはクリスティアン・エリクセンのフリーキックのときだ。だがトレントとフィルジル——彼は1度、驚異的なリカバリーでソン・フンミンを止めた——、ジョエルとロボもすばらしい守りだった。いや、チーム全体がよく守った。ケインは怪我からの復帰戦だったが、しっかりと封じこめた。彼やソンがカウンターをしかける状況を作らせなかった。あのふたりのカウンターは、芸術の域にまで高められた彼らの強みだった。そして、1点リードにしては落ち着いてプレーしていた終了3分前に、そのときがきた。

ミリーが蹴ったコーナーは押し戻された。競りあいでハンドがあったように見えたためアピールをしかけたが、攻撃はまだ続いていた。ジョエルから足元に出されたボールを、オリギが左足で遠いサイドに叩きこむ。2対0。これで試合は決まり、いよいよその瞬間が近づいてきた。どこを見まわしても、優勝は決まったという雰囲気だ。ゴールが決まったとき、フィルジルは地面に体を投げ出し、ロボとファビーニョはこの日いちばんの速さでオリギのもとへ駆け寄った。僕はその近くで、腕を広げ、声のかぎりに叫んだ。まだ試合は続いている。だが、トロフィーにもう片手をかけた状態だ。僕は走りつづけた。そしてついに、試合終了のホイッスルが鳴る。その瞬間は、たぶんサッカーをやってきたなかでも最高の心地よさだった。

まるで自分の体の外に出てしまったようだった。幸福と安堵。すべての心配は消えた。突然、これまで負けた決勝戦や逃したトロフィーが、小さなことに思われた。僕はここまで来た。チャンピオンズリーグ優勝チームのキャプテンになった。これこそ僕の夢だった。子供のころ、2003年に父とともにオールド・トラッフォードでユベントス対ACミラン戦を見たときからの。ここに到達するまでには、あまりに多くのことがあった。チームとしてくぐり抜けてきたあらゆること。さまざまな挫折、いくつもの決勝戦での敗退、そのたびに、もっと強くなって戻ってくると誓ったこと――あのホイッスルが鳴ったとき、それまでのどんな小さなことさえ、経験する価値があったのだと思えた。僕たちはクラブチームの最高峰、頂点に到達した。この栄誉は誰にも奪われない。僕たちは人々の記憶に残る。

感情が爆発した。普通ではいられず、自分を抑えられなくなった。抑えようとさえしなかった。周囲が大騒ぎするなか、僕は泣きそうだった。いや、泣きだしていたかもしれない。そして、ピッチ上の混乱のなかで、ユルゲンを見つけると、やはり泣いていた。そこへ行って抱きしめると、「やったぞ！」と彼は言った。僕は頭を彼の胸に沈めて、「ありがとう」という言葉を繰りかえした。

あのチャンピオンズリーグの決勝は、僕にとってただのサッカーの試合ではなかった。ただひとつの勝利ではなかった。選手として、人間としての僕のすべてだった。これでようやく、サッカー選手として敬意を得られたと感じられた。ユルゲンも僕も、感情の揺れ幅が大きい。リヴァプールではともに、たくさんの挫折を味わってきた。もっとも、僕には彼とひとくくりにして賞賛されるだけの価値はない。彼こそがクラブのすべてを動かす源なのだから。それでも、監督と主将というクラブのリーダーとして、あと一歩の男だと批判された者同士だった。

ユルゲンは、僕が主将としてくぐり抜けてきた困難を理解していた。何をしてもいつも、スティーヴィーはこうしていたと言われ、やりかたを比べられる。だがユルゲンは、僕が自分らしい主将になれるよう手を貸してくれた。チャンピオンズリーグを制したあの瞬間に、僕は影であることをやめ、自分自身の物語を語れるようになった。ユルゲンは苦しいとき、動揺を乗り越える力になってくれた。この優勝は決定的な瞬間だった。選手として、主将として、敬意を向けられていると感じられたのは、このときがはじめてだった。チームメイトや監督ではなく、外部の人々から。それは大きな瞬間だった。

これで僕たちは、英雄的だが失敗を重ねたチームではなく、偉大なことを成し遂げたチームとして記憶されるだろう。「たら」や「れば」はもう必要ない。すべての苦しみや犠牲、痛み。バーゼルやキーウからの帰国便。ウルブス戦では、プレミアリーグのトロフィーがほかの場所で掲げられることを知りつつ、終戦を迎えた。こうした挫折はすべて消えさった。心にのしかかってこなくなった。もう、チームが批判される理由ではなくなった。そうした敗戦は、ここに到達するまでの戦いの一部だったのだ。それらがなければ、あの夜、マドリードで達成したことの意味も変わってしまう。いまこそ勝利を味わおう。挫折があったからこそ、挫折につぐ挫折を重ねても前に進みつづけ、負けたあとでも立ちあがってきたからこそ、勝利は特別なものになる。

ステージに集まり、トロフィーが授与されたときに考えていたのは、こんなことだった。そして、ユルゲンがこれまでクラブのためにしてきたことを思うと、彼にトロフィーを掲げてほしかった。ピッチに立って、スパーズの選手たちがメダルを授与されているのを見ているとき、僕はミリーに近づいて、一緒にトロフィーを掲げよう、と言った。

「ふざけるな」彼は独特の口調で言った。「おまえがキャプテンだろう――おまえがトロフィーを掲げろよ」

ユルゲンにも同じことを言った。同じ答えが返ってきた。もちろん、トロフィーを掲げるのは僕にとって大きな栄誉だ。だが同時に、あの瞬間、トロフィーを勝ち取ったことだけで自分には十分だという気持ちがあった。トロフィーを授与されることをずっと目指して努力してきたのだが、その重みが肩からすっと落ちてしまった。勝っただけで十分だ。それが僕の夢であり、望みだった。達成することがすべてだった。

結局、ミリーと監督の言葉を受け入れた。それに正直に言えば、トロフィーを受けとる役目がそれほど嫌だったわけでもない。欧州サッカー連盟のアレクサンデル・チェフェリン会長から、大きな耳（ビッグイヤー）のついたトロフィーを手渡された。彼が「おめでとう」と言うのは聞こえたが、僕の意識はべつの場所にあり、すぐに向きを変えて、選手たちが待っているほうのステージに歩いていった。手にしたトロフィーを、チームメイトたちに見せたかった。背中ではなく、正面からみんなに見せたかった。喜びに満ちた彼らの顔を見たかった。

トロフィーをチームメイトたちのほうへ持っていき、足踏みをしてから正面を向くと、頭上にトロフィーを突きあげた。僕はそれまで、あんなふうに叫び、咆えたことはなかった。思いのたけをすべてそれにこめた。そのあと、ピッチの周囲をまわってファンとともに勝利を祝福していたとき、BTスポーツのインタビュアーであるデス・ケリーに対して、自分の気持ちを語った。そのなかで、僕はこう言った。「僕のキャリアはずっと困難だった。でも僕はやりつづけた——それに、このチームもやりつづけたんだ」

思いはすべて出したと思っていたのだが、ピッチの反対側に来ると、そこに父が立っていた。まだ出し尽くしてはなかった。これでほんとうに全部だ。チャンピオンズリーグの決勝で勝利を収め、そのすぐあとに父に会えるとは。この勝利は父とともに夢見てきたことだった。それに彼は、とても多くの困難を乗り越えていた。

ほかの選手の家族と一緒にピッチの脇に立っていた父のところへ、両手を広げて近づいていった。きっとこうなるように定められていたのだろう。父がどうしてそこにいたのか、僕がどうしてスタンドのその場所に行ったのかはわからない。父を見つけ、抱きしめたとたん、感情があふれた。チャンピオンズリーグで優勝するという夢を叶えたからだけではなかった。父はこの数年、苦難の連続だった。とても短い期間に、兄弟と姉妹、母親を亡くし、打ちのめされていた。僕にとっても、母と父が別れたときには支えてもらい、いつも会いに行っていた大切な祖母だ。つぎつぎに悲しみに襲われていた父と、いつまでも抱きあった。

宿泊先のユーロスターズ・ホテルに戻ったときは疲れきっていた。チャンピオンズリーグで優勝すれば、高揚感は一晩中続き、跳ねまわり、笑いつづけ、喜びに満ちたパーティが繰り広げられると思うだろう。だが、僕は正反対だった。消耗しきっていた。話しかけられ、祝ってもらっても、意識はほとんどそこになかった。言葉の意味さえわからないほどだった。自分たちがやったことが信じられなかった。それまで続けてきた、目標を達成し、敬意を勝ち取るための戦いが終わったことが信じられなかった。ようやく実感が湧いてきたのは、親友のライアンと会ったときだった。保育園で出会ってから26年間ずっと一緒にいるライアンと、最も偉大なトロフィーの脇に立った。一緒に、チャンピオンズリーグの試合をどれだけテレビ観戦したことだろう。こうしてトロフィーをともにつかんでいるというのは、信じられないことだった。あの晩彼と過ごしたのは、僕にとって大きな意味があることだった。

優勝したあとのこうした感覚は、さほど特別なものではない。ほかの競技の選手が、同じようなことを語っているのを聞いたことがある。あまりに長く何かを追い求めていると、いざそれを手に入れたとき、かえって不安に駆られることがあるのだ。すばらしいことなのに、喪失感を覚える。自分を駆りたててきたものが、ひとつなくなってしまうのだ。人生のすべてだった探求が終わってしまう。それは、自分でもどうにもならない。トロフィーを勝ち取ったあとの日々には、感情が涸れてしまうような――ほとんど二日酔いのような――状態になるものなのだ。いつまでも祝福されていたいと願うが、それはつぎに、いつやってくるかわからない。

生涯追い求めてきたチャンピオンズリーグでの優勝という目標が叶ったが、現実感はなかった。どうにか状況を飲みこもうとしていたとき、「スティーヴィーが来ている」と告げられた。部屋に入り、なかを見まわした。照明が暗い地階の部屋で、はじめは姿が見えなかった。指さされた部屋の隅を見ると、スティーヴィーはそこに、友人や家族とともにいた。彼はひとりのリヴァプールファンとしてそこにいることを喜んでいた。ここに来たのは、自分が栄光に加わるためではなかった。彼は僕がそうでありたいと強く願うものを体現した人物だ。主将を引き継いでからは、ずっと支えてくれていた。

ユルゲンが監督になった初シーズンの終了後、休暇にロサンゼルスを訪れ、彼とランチをともにした。そのとき僕は苦しんでいた。チーム内での地位は不安定で、主将として求められているのかもわからなかった。スティーヴィーとの2時間ほどのランチは最高だった。一生懸命やれ、チャンスが来たときにしっかりとつかむんだ、名監督がクラブにいることを楽しめばいい、と言ってくれた。

部屋の隅へと歩いていくとき、主将はチームの勝利で判断されるという彼の言葉を思い出していた。トロフィーを持ってくるので、一緒に写真に写ってほしいと言った。

「今夜はやめておこう」と彼は言った。いつもと同じ、満面の笑みを浮かべて。

「今日はおまえの夜だ。好きなだけ味わってくれ。この勝利は、俺とはなんの関係もない」

第12章 波高し

トッテナムを破ったあとの日々については、記憶がぼやけている。翌日、オープントップバスでトロフィーを掲げるためリヴァプールに戻ってきた。市内をまわるときに僕が見たもの、その映像を、僕の言葉ができるだけ再現できていたらと思う。2005年に、ラファエル・ベニテスのチームが受けた熱烈な歓迎のことは聞いていたが、想像を超えていた。昨日は人生最良の一日だった、という言葉をつぎつぎにかけられた。そのたびに僕はこう答えた。「正直に言って、僕にとってはそれ以上でしたよ」

休んでいる暇はなかった。数日後には、ネーションズ・リーグの決勝ラウンドを控え、滞在先のポルトガルで、トレント・アレクサンダー・アーノルドの部屋にいた。代表チームのトレーニング中も、気持ちはまだエスタディオ・メトロポリターノにあった。そのとき、トレントが言った。

「タトゥーを入れよう！　ふくらはぎにチャンピオンズリーグのトロフィーを彫るんだ」

僕はあまりタトゥーを入れていなかった。肋骨のところに子供たちのものがあるだけだった。けれども、やるよと即答した。「おまえも入れるんだろ?」自分から言いだしたんだから、当然だ。「絶対入れるよ」と彼は答えた。

ふたりとも夏の休暇にはロサンゼルスに行く予定だったから、ダニエル・アッガーに連絡を入れた。ダンはタトゥーのことならなんでも知っている。全身にタトゥーを入れているだけでなく、彫り師の資格も持っている。きっとロサンゼルスの彫り師を紹介してくれるだろう。お薦めの職人に、きちんとした仕事をしてもらえるとわかっていれば安心だ。トレントには、ダンに相談したこと、ロサンゼルスにいるあいだにタトゥーを入れてもらえることを伝えた。あとは行くだけで、ちゃんとやってくれる。

「すごいね」とトレントは言った。「最高だ。楽しみだよ」。予約するまえには、もう一度念を押した。

「大丈夫だよな? やめるなんて絶対に言わないよな?」

「もちろん言うわけない」

僕はダンにメールした。問題ない、という返事が返ってきた。ロサンゼルス近郊に知っている職人がいるから、そこに予約を入れる、と。1週間後には、ダンから予約が確定したというメールが来た。日付と時間、場所、彫り師の名前。これですべて整った。

場所はロサンゼルスの中心部から東におよそ30キロのところにある、カリフォルニア州コヴィーナのクロックワーク・タトゥー・クラブという店だった。まえの晩には、トレントと外で食事をした。滞在先はふたりともビバリーヒルズだった。僕はホテルで、彼はどこかの貸別荘だった。その晩、別れ際には、迎えに行く時間を決めた。

「11時におまえのところに行く」

「ああ」トレントは言った。「わかった」

貸別荘に午前11時に到着した。待ち構えているかと思ったが、静かだ。待っていると、ようやく出てきた。なぜか申し訳なさそうな顔をしている。

「行くぞ」と僕は言った。「早くしろ」

「いや、行けないんだ」声が小さい。

「なんだって？」僕は驚いた。「行けないって、どういうことだよ」

「とにかく行けないんだ」彼はもう一度言った。「ママに駄目だって言われちゃって」

こいつは俺をからかっている、と思った。

「なんだって？　車に乗れよ。ほら行くぞ。おまえ本気かよ。ママがタトゥーを許してくれないだと？」

だが、トレントは本気だった。彼は兄のテイラーにタトゥーのことを話した。テイラーからそれを聞いた母親が、電話をかけてきたらしい。「タトゥーなんか入れては駄目。この話はもう終わりよ」

僕はそんなこととは知らず、貸別荘の外で馬鹿みたいに待たされたわけだ。行かないわけにはいかないだろ、予約もしてあるんだ、としつこく言った。だが、トレントはもう一度出てきたとき、ママが悲しんでるんだ、と深刻な顔で言った。ようやく、からかいなどではないことがわかってきた。

僕は頭を振った。もう行くのはやめようかと思ったが、ダンのことが頭に浮かんだ。手はずを整えてくれたことを思うと、がっかりさせたくない。それで、出かけることにした。ロサンゼルスから1時間ほどのドライブで、太ももにタトゥーを入れてもらう。着いたあと少し待ったが、すばらしい仕事だった。トロフィーを細かく再現し、日付も入れてくれた。

その晩、トレントと食事に行く約束をしていた。店に着くと、彼は尋ねた。

「じゃあ、見せてもらってもいい？」

「俺と口がきけるだけでありがたいと思えよな」

それでも、結局は許してやった。ただ、忘れたわけじゃない。あいつにはまだタトゥーひとつぶん貸しがある……。

この一件はともかく、トレントとはさまざまな場面でたくさんの時間を過ごしてきた。はじめて彼がメルウッドでのトレーニングに来たときのことを覚えている。当時はカークビーにあったアカデミーからの参加だった。すぐに性格の良さを感じさせたし、真面目で情熱的なところが気に入った。懸命にトレーニングをこなし、いい印象を与えようとしていた。自分がその年齢だったころと似たものを感じた。そのときのセッションでは、公平に言えば状況判断やパスの技術がとりたてて優秀だったわけではないが、勤勉さは非の打ちどころがなかった。トレントにとって、メルウッドはまるで別世界だっただろう。怖じ気づいていただろうが、基礎ができているところを見せ、それから着実に成長していった。

2017年にオールド・トラッフォードでのマンチェスター・ユナイテッド戦でプレミアリーグ・デビューを果たしたとき、彼はまだ無名だった。ナサニエル・クラインが前日の晩に急に体調を崩し、グラナダ・テレビ・スタジオの向かいにあるマリオット・ホテルの周囲で試合前の散歩をしていたとき、監督がトレントを脇に呼んで、出場を伝えた。

数か月前にはリーグカップのトッテナム戦でプレーしていたが、そのときは自分が出場するとあらかじめ知っていた。ユルゲンはキックオフの24時間前に話し、準備の時間を与えていた。だが今回は大一番だ。急な起用だったうえ、プレミアリーグの試合で、舞台はオールド・トラッフォード、7万5000人の観衆が集まっている。だが、僕はトレントのことを心配していなかった。まだ18歳になったばかりだったが、落ち着いていて、ずっと高い望みを抱いて過ごしていたのだ。

僕は彼を認めていたけれど、その時点ではまだ堅苦しい関係だった。トレントはどこへ行くときも、やはり才能ある若手選手であるベン・ウッドバーンと一緒で、ふたりセットで「子犬たち」と呼ばれていた。彼らはトップチームのメンバーと話すときは緊張しているようで、いつも腕を背中にまわしていた。トレントと僕の関係が変わったのは、翌年のワールドカップでロシアにいたときだった。2017-18シーズンのトレントは際立っており、チャンピオンズリーグ決勝のレアル・マドリード戦でもクリスティアーノ・ロナウドをよく抑えていたが、内気な性格のため、なかなか打ち解けなかった。

僕たちはビジネス上の関係といったところだった。だがロシアで結びつきは深まった。ただの仕事仲間ではなく、フィールドを離れた友情が生まれた。彼は当時──そしていまも──すごい人気だった恋愛リアリティ番組『ラブ・アイランド』を僕の部屋で観て、それをネタにきついジョークを飛ばすようになった。それからほかの選手たちも数人来るようになり、僕の部屋で休暇の過ごしかたや個人的なことなど、いろいろな話をするようになった。内容は、どこにでもあるようなものだ。そのときから、急速に仲がよくなった。卓球に行けば、究極の負けず嫌い同士だから、何時間もやりつづけた。旺盛な競争心をぶつけあって、当然のことだが、最後には僕が勝った。

トレントはロシアから帰ると、見違えるようになった。しっかりとグループの一員になった。ただし、僕はまだ厳しく接している。好きな仲間だが、緊張感は保った関係でいたい。彼の両親や兄は彼に大きな影響を及ぼしている。育ちがよく、勤勉で、人に対する敬意がある。母親のダイアンに会ったときすぐに、彼は周囲の人に恵まれてここまで来たのだとわかった。ダイアンは初対面の僕に、「トレントがよくないことをしていたらわたしに教えてください――決して遠慮せずに」と言った。

この1年ほどは、接しかたを考え直した。若手のころは、忠告をしたり、冗談を言ったり、こちらに経験があるぶん上からものを言ったこともあった。だが彼はもう自分を確立し、当然の成功を収めている選手なのだから、伝えかたもその内容も慎重に考えなければならない。

彼の才能は恐ろしい。いずれ銀河系軍団にも入れるだろう。世代にひとりの才能の持ち主で、あらゆることを成し遂げられるだけのものを持っている。落ち着きがある。試合ではミスもするが、苦にしない。驚異的なパスに挑戦して、ときにはボールを失うこともある。もう一度ボールを持っても、やはり同じことに挑戦し、またボールを失うかもしれない。僕は「何やってんだ!」という顔でにらみつける。だがそれでももう一度挑戦し、ついに成功させる。彼は自分が正しいと思うことを行う。安全な選択肢をとるのではなく、正しいことをやりつづけるだけの自信を持っているのだ。

自分だって、あの年齢であれほどの自信を持ってプレーしたかったと思うくらいだ。いまでさえ、あんなふうでありたい。トレントは右サイドバックからゲームが組み立てられる。まるで30歳の選手のように状況に対処する。だからといって、傲慢なのではない。ほかの選手にはない自信があるのだ。彼の成長は、2019-20シーズンでチームが開幕から好調だった理由のひとつだ。

僕たちはまだプレミアリーグのトロフィーを掲げていなかった。僕たちが逃したのは、ただそれだけだった。そのために、ほかのトロフィーよりも大きな痛みと苦しみを味わった。シーズン終了時には、最後の優勝から30年が経過することになる。もうこれは終わらせるべきだ。マドリードでチャンピオンズリーグを優勝したのは重要なことだった。選手たち、監督、クラブ――みなにとってきわめて大きかった。あれで自信が膨らんだ。勝者になれるのだという証明になったし、それをあらためて証明しようという決意は固まった。

その自信に加えて、僕たちはさらにプレミアリーグで結果を出すという野望を持っていた。新シーズンに入るとき、最も強く求めたのはプレミアリーグ制覇だった。それまでとは狙いは変わり、国内タイトルに比重が置かれることになった。

チャンピオンズリーグを制したあと、アメリカでプレシーズンのツアーを行った。インディアナ州サウスベンドのノートルダム・スタジアムやボストンのフェンウェイパークで試合をした。スタジアムの巨大スクリーンにはずっとマドリードでの勝利と、翌日リヴァプールでパレードをしたときの大観衆の歓迎を写した写真がつぎつぎに映しだされていた。

だが、選手や監督には、どこかで幕を引かなければならないという感覚が広がっていた。もう、勝利のパレードをしている場合ではない。パレードはもう済んでいる。ユルゲンはチームミーティングを開いてこう言った。アメリカを発ったら、チャンピオンズリーグのことは終わりにする。それはもう過ぎさったことだ。俺たちにはほかにやるべきことがある。

アメリカから戻ると、前シーズンと同様に、レマン湖のほとりのエヴィアン・レ・バンに向かった。厳しいプレシーズンの練習、午後と夜の2度のセッションがある、過酷なトレーニングだ。そしてこの年、ユルゲンはドイツのビッグウェーブ・サーファーで、世界チャンピオンになったこともあるセバスティアン・シュトイトナーを講師としてホテルに招いていた。

驚かれるかもしれないが、彼の話は、まだシーズンも始まっていないというのに、とても重要なものになった。前シーズン、チーム力は最高で、しかもそれを完全に出しきったはずなのに、リーグ戦でマンチェスター・シティに一歩及ばなかった。だがセバスティアンは、人はつねに新たな限界を探し出せるということを教えてくれた。大事なのは、精神的な重圧への対処法だ。心の持ちかたで現実は変わる。かつて限界だと感じた地点で、平静を保ちつつ、それを乗り越える新たな方法を探すことも不可能ではない。

セバスティアンはまず、自分が波に乗っていて、ボードから落ちてしまった瞬間の連続写真を見せた。彼は重圧への対処と、あらゆる状況への準備について話した。何か月もビッグウェーブに乗れずに過ごすこともある。ところが急に連絡があり、あるビーチに翌日、大波が来るからとそこへ呼び出される。準備はいつも欠かせない。

ボードに乗っているときは、死ぬ可能性もある。判断を誤れば終わりだ。重要なのは、明確な意識を持ち、結果を恐れないこと。そのためには、練習し、身についたことを行わなければならない。導入部分の話が終わると、10人ずつ3グループに分かれて、プールに行った。まずは、どれだけ長く顔を水につけていられるかに挑戦する。多くの選手は、20秒から30秒くらいで我慢できなくなり、顔を上げて咳きこんだ。

そのあと、テクニックが授けられた。プールの壁際につかまり、顔を水につけて、自分の体に集中する。自分の足の指、脚、腕のことを考える。呼吸のことだけは忘れて。それからもう一度やってみた。ポイントのひとつは、ストレスを感じはじめ、呼吸が我慢できなくなり、もう耐えられなくなったとき、楽しいことを考え、意識をべつなものに移しリラックスする、ということだった。感情と戦ってはならない。自分の指や腕、肩、脚、足の指をリラックスさせることを考えよう。僕は彼の注意を心にとめて、もう一度チャレンジした。家で子供たちと過ごし、寛いでいるときのことを考えた。空気を吸いたいという気持ちは忘れて、ゆっくりと顔を水から上げると、2分以上水中にいたと告げられた。

アダム・ララーナは、信じられないことに、3分か4分水のなかにいた。また、全員が最初よりも長くなっていた。つまり、もう終わりまで来た、ここが限界だと考えたとしても、実際にはほんとうの限界のわずか50パーセントほどにすぎないのだ。ポジティブ心理学を用いれば、精神がもう駄目だと伝えようとしても、体はさらにその先へと進むことができる。偶然かもしれないが、そのシーズン、僕たちは続けざまに、重要な試合のいくつかで終了間際に得点を決めた。ミリーは10月5日の本拠地でのレスター戦で、アディショナル・タイムの5分にPKで決勝点を奪った。10月20日のマンチェスター・ユナイテッド戦では、85分にアダムが同点弾を決めた。10月27日にはアンフィールドでのスパーズ戦で、モーが75分に決勝点を奪った。11月2日にはアストン・ヴィラとのアウェイ戦で、後半遅くロボが同点にすると、アディショナル・タイムの4分にサディオが決勝点を決めた。そして11月23日の敵地のクリスタル・パレス戦では、ボビーが85分に試合を決める得点を奪った。

この間に、アンフィールドでマンチェスター・シティを3対1で破った。僕は試合の数日前に風邪を引き、ほとんどトレーニングができなかったが、60分過ぎまでプレーし、勝利に大きく近づくサディオのゴールをお膳立てした。クリスタル・パレスに勝った時点で、シティには9ポイント差をつけた。誰にも止められないと感じていた。

それとともに、試合の時間や状況にかかわらず、いつでもチャンスができるという自信が生まれていた。決して諦めず、最後まで戦いつづけていた。それはユルゲンがリヴァプールに来たばかりのころに語っていたことだった。得点を許すと、チームの雰囲気はたしかに少しだけ変わる。だが、勝てるかどうか疑うのではなく、いつも勝てると信じるんだ、と彼は言っていた。そしてそれがまさに実現していた。観衆の前でも、更衣室でも同じだった。ホイッスルが鳴り、試合が終わるまで、とにかく前へ進みつづけた。

セバスティアンの教えで最も重要な点は、疲れ、困難に陥ることがあっても、つねに進みつづけることだった。意識をずらし、やるべきことに集中する。自分の限界は、思っていたところから、さらに2倍にも3倍にもなる。そこが目指すべき場所だ。疲れを感じたら、疲れていないと自分に言い聞かせる。このシーズン、チームはそうした意識で臨んでいた。

リーグではがっちりと首位を固めていたクリスマスの直前に、カタールのドーハに移動し、ブラジルのフラミンゴとクラブワールドカップの決勝を戦い、勝利を収めた。それもまた誇らしい瞬間だった。僕は光栄にも、リヴァプールの主将としてはじめてそのトロフィーを掲げた。さらに、8月にはUEFAスーパーカップで、チェルシーをPK戦のすえ下していた。それでも、僕たちがいちばん欲しいトロフィーは揺るぎなかった。シティは僕たちがドーハに飛ぶ直前にマンチェスター・ユナイテッドに敗れ、さらに12月27日にはウルブスにも敗れた。僕たちは帰国後も力を緩めず、12月26日にはレスターを4対

0で破った。1月2日に本拠地でシェフィールド・ユナイテッドに勝利を収めた時点で、シティに対して14ポイント差をつけ、さらに未消化の1試合を残していた。

リードはさらに拡大した。僕たちは勝ちつづけた。チーム内では、「つぎの試合に集中しよう」とだけ話していて、その先は見ないようにしていた。仲間たちからはいつも、あまりの用心深さをからかわれた。カメラの前では、重要なのはつぎの試合で、シーズン終了までは何もわからない、としか言わなかった。退屈なコメントだし、派手な見出しで人々を喜ばせることもできないが、かまわなかった。カメラの前だけではなく、更衣室でも同じことを言っていた。実際に、順位表すら見ていなかった。ロボはそんな僕をからかった。優勝したらラスベガスにお祝いに行こうか、祝賀パーティは君が取り仕切るんだろ、と。そんなときは、何も答えずに部屋を飛び出すしかなかった。前年、紙一重で逃した優勝だ。絶対に危険にさらすわけにはいかない。

相手の力もわかっていた。前年はシーズン最終盤にあれほどの連勝を見せたシティが、また同じことをしたとしてもまるで驚きはない。シーズンが終わるまでは、シティは全部勝つものと覚悟しておかなければならない。ロボには、安全圏と言える勝ち点の目安を伝えていたのだが、勝ちつづけてそこに到達しても、まだそれを認められなかった。

シーズン無敗の可能性が話題になりはじめた。負けがつかないまま年明けを迎えた時点で、それを目指していなかったと言えば嘘になる。2月に入ると、達成できればすばらしいと考えはじめた。シーズンを無敗で乗りきったのは過去にわずか2チーム、1888-89のプレストン・ノースエンドと2003-04のアーセナルのみだ。ユルゲンは記者会見のたびにその質問を受けることに苛立っていた。

どうでもいいと思っていたわけではないと思うが、選手たちに最も重要なもの、つまりリーグ優勝に集中させたかったのだろう。大事なのは、ただそれだけだった。

1月19日にアンフィールドでマンチェスター・ユナイテッドを破り、リードが16ポイントになると、ファンたちは「優勝するぞ」というチャントを歌いはじめた。キャラガーもスカイスポーツの解説席で歌っていた。2月下旬に残り11試合で22ポイントリードすると、とてつもない異変が起こらないかぎり、ここから優勝を逃すことはないだろうと認めざるをえなかった。

2月29日の土曜日にヴィカレッジ・ロードでの試合に臨むときは、勝てばイングランドのトップリーグで史上最多の19連勝になることは知っていた。対戦相手のワトフォードはここ5戦勝ちがなく、降格圏ぎりぎりにいた。ところが、その日は彼らのほうが上だった。イスマイラ・サールとトロイ・ディーニーに対応できず、0対3であっさり負けてしまった。

チームの勢いが落ちてきていたのかもしれない。チャンピオンズリーグの決勝トーナメントでは、アトレティコ・マドリードとの敵地での第1戦で敗れていたし、前節のウェストハム戦は3対2の辛勝だった。だが、優勝は視界に入ってきた。「優勝確定」の報道も出ていた。

そのころようやく、僕は新型コロナのことを意識しはじめたところだった。シーズン中はほかの選手と同様に、世間から隔絶されていた。サッカー以外のことには気が向いていなかった。サッカーに埋もれていて、新型コロナのことはあとまわしになっていた。中国で問題が起こったことは知っていたが、遠いことだと思っていた。鳥インフルエンザのような恐ろしいニュースはこれまでにもあったが、実際の影響はほとんどなかった。今回も同じようなものだろうと思っていた。

ＢＢＣのウェブサイトで報道を読んではいた。チームでいちばん世の中の出来事に詳しいミリーは、これまでとはちがってかなり深刻だと言っていたのだが、僕はまだ事実から目を逸らしていた。だがついに、ワトフォードに敗れた当日、イタリアでの新型コロナ感染者の爆発的増加により、ユベントスの本拠地でのインテル・ミラノ戦を含むセリエＡの５試合が延期されたというニュースが入ってきた。いよいよ大きな影響が及んできた。

プレミアリーグでは、試合前の握手が禁じられた。スペインとフランスでは無観客で試合が行われることになった。チャンピオンズリーグのパリ・サンジェルマン対ボルシア・ドルトムント戦は無観客になった。競馬の障害競走、チェルトナム・フェスティバルは中止になると噂されたが、通常どおり行われた。アトレティコとのチャンピオンズリーグの第２戦も無観客になるとの臆測があったが、予定どおり行われ、それに伴ってスペインから多数のファンが渡航した。のちに、このファンたちの来場がマージーサイドでの新型コロナ感染者数の増加の原因とされた。

新型コロナやその影響はますます近づいてきて、不安も高まっていった。プレーできなくなるのも、時間の問題だと思われた。アトレティコ戦に集中しようとしたが、新型コロナが迫っていた。もちろん、両チームにとって条件は同じなのだから、延長戦のすえに敗退した言い訳にはならない。

プレーはよく、勝てたはずの試合だった。監督は緊張しているようには見えなかったが、報道陣に対して、自分のキャリアでこのときだけは試合に集中できなかったと語っていた。試合前に選手通路を通ってピッチに出てくるとき、彼はハイタッチしようとしたファンの手を払いのけた。アトレティコのディエゴ・シメオネ監督が手を差し出したときには、握手をせずに肘で触れた。

アトレティコ戦の翌日は休みだった。アーセナルのミケル・アルテタ監督が新型コロナ陽性となり、その週末に予定されていたブライトンとの一戦は延期されたと報じられた。シティのチャンピオンズリーグ、レアル・マドリード戦も、レアルの選手が隔離になったことで延期された。翌日の3月13日には、ついに起こるべき出来事が起こった。イングランドサッカー協会、プレミアリーグ、イングリッシュ・フットボールリーグ、バークレイズ・ウィメンズ・スーパーリーグ、ウィメンズ・チャンピオンシップは、イングランドでのプロサッカーの試合を4月3日以降まで延期することで合意した。

その日はトレーニングに集まっていたが、状況は知らなかった。延期について聞いたときは呆然とした。到着するなり、これでしばらくトレーニングに集まることはないとわかった。ユルゲンは全員を食堂に集め、リーグが中止になること、トレーニングに来ることは認められないこと、いつ再開されるかはわからないことを伝えた。すぐに家に帰り、SNSのグループで連絡を取りあうことになった。

監督はビリヤード台の脇にすわり、全員に向かって話をした。内容はサッカーのことより、チームという共同体に関することが多かった。いま起こっているのは、より重要なことだ。各自、体に気をつけてくれ。選手やスタッフのなかには、独りになる者もいる。この話で、僕は事の重大さを理解した。それは強力なメッセージだった。うかつにも、僕はまだどこかで、自分の属する社会でこんなことが起こるはずがないと思っていたのだが、そうではないとはっきりとわからせてくれた。われわれは共同体として、たがいを気づかっていこう。ユルゲンはとても心配そうだった。

その日、メルウッドからの帰り道は、まだ気持ちが落ち着かず、現実とは思えずにいた。数週間ののちにはまた元に戻るのだろうと思っていた。だが、それは完全な誤りだった。

第13章

#PlayersTogether

まずは自宅でトレーニングを始めたが、まもなく家族で数日、湖水地方に行くことにした。ところが、ウィンダミア湖をまわってランニングをしていたとき、首相からロックダウンの発表があったため、自宅に戻り、家で過ごすことになった。僕にとっては、問題ではない。子供たちもいるし、それなりの広さの庭もある。だが、リヴァプールで部屋を借りて独り暮らしをしている連中はどうなるんだろう。何をしているだろうか。どうやって食事を手に入れているだろう。どんなふうに過ごしているだろう。

ほぼ毎日、チームの仲間とズームのグループセッションで話したり冗談を言いあったりして交流した。顔を見せあい、励ましあった。たがいを気づかおう、というユルゲンの言葉を思い出していた。僕は少しヨガをし、グループセッションをしてそれぞれの動画を撮り、選手が体を緩めていないことをユルゲンに確認してもらった。

サッカーのことやリーグのことを考えた。試合が再開され、元のようにプレーして、優勝を勝ち取ることができるのだろうかと心配することに罪悪感を覚えた。そんなことを心配しているのは浅ましく、利己的なことだと感じた。数多くの死者が出ていたし、看護師が個人用防護具を身につけて疲れきるまで働き、命を救おうとしている画像がニュースで流れていた時期だった。

だが、犠牲者の話をしているときでさえ、あるいは病歴がある父のことを心配しているときでさえ、リーグのことを考えずにはいられなかった。サッカー界には、この状況を利用して自分に有利になるよう働きかけ、リーグの戦績を無効化しようとする動きがあった。リーグを短縮し、1試合当たりのポイントで順位を決めようと言い張る人々もいた。

そうした主張にはたいてい、自分に関係のあるチームが降格を免れたり、昇格を保証されたりするといった利害が絡んでいた。人々の健康はないがしろにされていたが、サッカー界ではよくあることだった。彼らはビジネスとして、醜態をさらしてでも利益を守ろうとしたのだ。

リーグ戦がなくなってしまうかもしれないと考えた瞬間は、たしかにあった。世界にはサッカーよりも大事なことがあるのだから、そんなことは考えていなかったと言いたいところだが、そう答えたら嘘になってしまう。なかには、プレミアリーグの今シーズンはまったく無効にして、つぎのシーズンをゼロからスタートするべきだという主張もあった。

僕の意見は、ロックダウンやこの危機的状況がいつまで続くかわからないのだから、ふたたび安全になるまでプレーを中断し、中断されたときの状況からプレーを再開するべきだ、というものだった。安易な考えだったというのは自分でもわかっている。テレビ放映権や放送業者への払い戻しといった複雑な問題を切り捨てた、単純化した解決策だった。

ともかく、全体の4分の3が終了したシーズンにすべてを注いできたのだから、それをなかったことにはできない、と僕は考えていた。最後までやらなければならない。それは8月になるかもしれないし、11月までかかるかもしれない。いつになろうと、再開するべきだ。急ぐ必要などない。優先されるべきは人々が健康で、元気でいることで、それが達成されたあと、ちょうどいい時期に、いったん停止した場所からあらためてやればいい。大事なのは僕でも、リヴァプールでも、サッカーでもない。人々の健康だ。

どうすべきかについて、公衆の面前で論争をすることだけは避けたかった。まったく不適切だし、あまりに無神経だ。クラブ外の人々から、シーズンの成績無効化に反対の立場を表明するように重圧をかけられたが、そのつもりはなかった。ユルゲンに話をすると、同じ考えだった。そんなことをするのは醜悪なことだし、ふさわしい行動でもない。

サッカーをしたいという気持ちを表に出すつもりもなかった。愛する人々の喪失に苦しみ、仕事について心配し、体が弱くて健康に不安を覚えている人々に、どんなふうに見えるだろう。もちろんサッカーをしたいという気持ちはあるが、現在とるべき行動の規範を無視することなどできない。

ロックダウンが始まってから、長いあいだ父にも母にも会えなかった。父はかなり早い時期に新型コロナに感染し、息が切れて階段を上るのにも苦労しているとメールを送ってきた。ガンのことがあったから、罹患しやすくなっていたのかもしれない。急に重症化することもありうると思った。

ＮＨＳ（国民保健サービス）で看護師をしている従姉妹のステファニーから、病院での面会が認められない状況で、家族が患者の最期を看取るために、看護師がｉＰａｄで患者の姿を映すという話を聞いていた。人工呼吸器をつけた人々の状況が報じられていた。父が感染し、症状が出はじめていると知ったとき、クラブの医師に相談し、父の家に酸素モニターを送ることにした。

酸素の数値が下がったら救急車を呼ぶように、と医師から指示されていた。症状が重くなる可能性のある状況だった。父にもそう伝え、数値の写真を撮って送るように言った。そうしないと、甘く見て放っておくと思ったからだ。数値は安全な範囲に入っていた。良好とは言えないまでも、危険な状況になることはなかった。

完全に回復するまでにはひと月ほどかかった。子供たちのことも不安だったが、その後、子供は症状が重くなりにくいことがわかった。当時は誰もがそうだったが、あまりに多くが不確実で、何もわからない状況に置かれていた。

心配のうちでもかなり低い次元の話だが、そのころベックに髪を切ってもらったことがあった。行きつけの美容師とビデオ通話をつなぎ、やりかたを指示してもらいながら。髪がありえないほど伸びていたので、わざわざバリカンを購入した。できた髪型はとんでもない代物だった。それでも、プロの手に委ねるというルールはギリギリのところで守り抜いた。だがもちろん、誰かに見られたときは、「ああ、奥さんにカットしてもらったんだね」と容赦なく酷評された。

幸運な状況にあったから言えることだが、ロックダウンにはよいところもあった。普段はサッカーのシーズン中、あまり会えない子供たちと距離を縮められた。学校のオンライン授業を一緒に受けたり、エレクサとアルバがズームでギターを教わっているときは練習に交じったりした。

休みを取れたことも大きかった。わが家は新たなメンバーを迎えたところだった。2020年2月6

日に生まれたばかりの息子のマイルズと、ロックダウンのおかげで毎日一緒に過ごすことができた。娘たちが生まれたときとは異なり、何にも妨げられずに息子といられるのはすばらしかった。そのときに結ばれた強い絆のためか、息子はいま僕にぴったりと寄り添い、どこへ行くにもついてくる。

さまざまなクラブの選手たちとたくさんの話をした。とくに、ズームで週に1度行われたキャプテン会議を通じて。ロックダウンが始まったころ、看護師たちが病院で限界まで勤務している写真や、新型コロナの圧倒的な感染者数を目の当たりにして、僕たちは集団で寄付をする計画を練りはじめた。だが、その話がまとまるまえに、国民的危機のさなかで、サッカー選手をスケープゴートにしようと考える政治家が現れた。マット・ハンコック保健相はこう語った。「この国民的な努力においては、すべての人々が役割を果たすべきだろう。サッカーのプレミアリーグの選手も同様だ。寄付や給与カットはすぐにできるだろう」

それはおかしな介入だった。僕には不自然なことだと思えた。たぶんハンコックは重圧にさらされ、それをほかに逸らす必要に駆られたのだろう。安易にも、高給取りのサッカー選手がその標的にされた。その直後、タイロン・ミングスはズーム会議でこう発言した。「選手たちはもっと貢献するべきだ、と言いたいんだろう。当然、政府の行動も不十分だと考える者もいるだろうが、いまは誰がやるべきだとか、やっている姿を見せるとか、そういうことを気にするときじゃない」

すでに述べたとおり、選手が何かをしようと議論をしはじめたのは、保健相の発言よりもまえだ。力になりたいという選手もいたが、方法がわからなかった。個人用防護具の不足や、ＮＨＳの職員が大変な状況に陥っているのを自宅で見ていることしかできなかった。僕たちはいい家や庭のある、恵まれた状況にいるが、テレビでは、多数の死者が出ていると報じられていた。どうすれば役に立てるだろうか。キャプテン会議のメンバーからも、そうした思いが伝わってきた。普段、この国ではサッカーという競技は愛され、選手には敬意が払われている。人々が苦境に立ち、つらい思いをしているいま、行動を起こせば、そうした敬意や愛情はさらに高まるかもしれない。主将全員に個人的に電話をかけて考えを聞くと、ひとり残らずすぐに行動することに賛成してくれた。僕たちに何ができるか。どうすれば行動をともにできるか。結束することで、行動はより強力になる。所属チームの違いやライバル関係などを考えるときではない。大切なのは、最も必要としている人々の役に立つことだ。

そこで僕は、この行動のために全主将が参加するべつのズーム会議を立ち上げ、みんなに伝えたいことのリストを作った。ほかの主将も案を出してくれた。チームごとに何かをするよりも、全体でまとまったほうが強力なことができるという点には全員が賛成だった。そして、最も助けを必要としており、また僕たちに有効な貢献ができる人々は、ＮＨＳ職員だと判断した。僕も含めて、多くの選手の身内がＮＨＳで働いていた。北東部の病院で勤務している従姉妹のステファニーからは、病院は混乱していると聞いていた。なかには、病棟での勤務にまつわるホラー映画のような話もあった。以前と変わらず、明るく前向きに、元気を出して頑張っているようだが、話を聞いているだけでつらい気持ちになった。

ＮＨＳチャリティーズ・トゥギャザーという、「ＮＨＳの活動を促進する」ことを目標に掲げる慈善団体がある。活動内容は、職員が仕事の合間に休む場所を確保することや、精神的な健康を損なっている職員を丁寧にカウンセリングすること、職員同士がより支えあえるように職業訓練の費用を寄付することなどだ。僕はこの団体の会長であるエリー・オートンと、職員やボランティアへの資金や物資の援助、長時間勤務のため家に帰ることのできない職員の宿泊費用の肩代わり、より多くの個人用防護具を供給するための支援などについて相談した。その情報をほかのクラブの主将たちに持ち帰ると、NHSの職員のために財源を集めることが、必要とする人々への支援になるという点に全員が賛成してくれた。

これだけ集めれば十分だという目標金額があるわけではなかった。また、たとえ数千万ポンドもの金額を集めたとしても、さらに数千万ポンド拠出すべきだと言われるかもしれない。僕たちは、参加者の氏名や寄付金額を口外しないことにした。大事なのは、金額を公表し、これだけの貢献をしたのだと主張することではない。できるかぎりの寄付金を集め、精神面で職員を支えること、僕たちの支えがあることを職員が感じ、勇気づけられることだ。

リヴァプールの選手たちにはそこで話しあった提案を伝えた。寄付を義務づけることはしなかった。またすでに自分の判断で、フードバンクなど、ほかのところに匿名で寄付をした選手もいた。さらに、金額の指示もしなかった。200ポンドでも20万ポンドでも、額は各選手に委ねられた。

まとめるのは思っていたよりもはるかに大変だった。休む間もなく誰かと話しあっていた。ベックからは文句を言われた。「何してるの？　うちには3人も子供がいるのに――しかもひとりは生まれたばかりじゃない！」と。それでも、ずっと2階で電話していた。どうしてもまとめなければならなかったし、しばらくは生活がこれ一色になるのもしかたがなかった。すべてを取り仕切ろうとしていた僕を、クラブの仲間が手助けしてくれた。ミリーは表に出ることなく、献身的に働いてくれた。

さまざまな選手が寄付するとしたら、どうすれば実際にうまくいくだろう？　寄付金集めのホームページを作ったら、内容が公になり、誰でも見られるようになる。それは匿名で行うという考えに反することになる。僕は内容を公にしたくなかった。そこで銀行に話を持ちかけ、個人口座を開設した。寄付金はその口座からNHSチャリティーズ・トゥギャザーに振りこまれるようにした。何人かの選手が保証人になることで準備が整った。計画の詳細や口座番号は、各チームから選手たちに伝えてもらった。なかには、すべて選手個人に任せたチームもあった。多くの選手は、給与の一部を寄付するため、給与支払い時に差し引かれることに同意した。リヴァプールの選手たちはそれに関してとても協力的だった。ほかのチームについて、彼らがどのように行っているかを知ろうという気はなかった。これは競争ではないのだ。それぞれが寄付金を出しあい、合計金額だけわかればいい。

多額の寄付金が集まった。金額は公表されていないし、僕がそれを発表するのは適切ではないだろう。ただおよそのところ、数百万ポンドという額だった。その後現在までに、選手たちの寄付金が使われた病院を訪れ、職員の心の健康や生活の改善にその金額が大いに貢献したことを確認している。

4月8日に、声明を発表した。

わたしたちプレミアリーグの選手グループは先週、新型コロナウイルスが蔓延するなか、最も必要なところに資金を提供するための基金創設を目指して協議を重ねました。NHSの最前線で国民のために戦う人々や、必要とされるその他の重要分野への支援がその目的です。国やNHSは現在危機的な状況に陥っており、わたしたちにできるあらゆる方法で支援をするつもりです。

プレミアリーグの全クラブに所属する多数の選手によって長時間の話しあいを行い、選手主導の活動、#PlayersTogether を立ち上げました。また基金を最も必要とする場所に早く効率的に分配されるよう、ＮＨＳチャリティーズ・トゥギャザーと提携しました。

ＮＨＳチャリティーズ・トゥギャザーはＮＨＳを支援する１５０以上の団体の統轄組織であり、チャリティ委員会、保健省、ＮＨＳイングランドと提携し、ＮＨＳへの公的な支援団体を代表し、擁護し、支える、ＮＨＳの全国的な公式慈善団体です。

この活動は今後、ＮＨＳチャリティーズ・トゥギャザーを通じて現場に資金提供を行い、速やかにさまざまな方法で支援を行います。そして新型コロナウイルスの影響を受けたＮＨＳ職員やボランティア、患者の生活状況を改善するほか、彼らの業務に役立て、また現在だけでなく長期的に必要とされる重要な分野を支援します。

#PlayersTogether において重要なのは、選手たちが協力しあい、自発的な活動を生み出すこと、そしてクラブやリーグとは別個に、いま必要とする人々に必要な資金を提供することです。助けようとすることが、国内の多くの人々の活動とともに、大きな成果を生むでしょう。わたしたちの祈りと思いは、今回の危機で影響を受けたすべての人に捧げられます。ともに手を携えて、乗り越えましょう。

イングランドとスコットランドの女子選手や下部リーグの選手も加わった。僕たちがともにＮＨＳ職員のために活動するというこの報告は、彼らを力づけたと思う。トロイ・ディーニーやマーク・ノーブルもこの活動を方向づけるうえですばらしい貢献をした。ケヴィン・デ・ブライネも、そして主将全員が大きな力になった。

政治の世界では、他者を非難するばかりで、国にとって何が最善なのかが大切にされているようには思えなかった。僕はサッカー選手たちが行うこの活動を、国全体にとって前向きなものにしたかった。サッカー界には数多くのライバル関係があるが、力を合わせて活動した。たがいを知らない選手もいれば、いがみあう選手もいたかもしれないが、はるかに大きなもののために全員で協力した。

選手たちが集まって行動したことはとても誇らしい。サッカー選手はいつも批判にさらされている。匿名で、さまざまな慈善団体や組織、財団などを通じて活動している選手については、一般に知られることはない。人々は、サッカー選手が自分のことばかり考えている、傲慢な人間だと思っているだろう。だがそれは、僕が所属するチームにはあてはまらない。よく知っている、ほかのクラブの選手たちもそうだ。ほとんどの選手は、多くの人々をできるかぎり助けたいと思っている。プレミアリーグ全体では、慈善活動を行っている選手はさらに多いだろう。

一部のトップ選手の報酬への疑問は理解できる。人命救助に携わる人々と比べれば、サッカー選手はたしかに価値以上の金額を稼いでいる。一般の人々が、自分はもっと多くの収入を得るべきだし、サッカー選手の収入は多すぎると言うのももっともだ。だからこそ、多くの選手たちは人の役に立ちたいと考えている。それは特権的な地位にいると自覚しているからだ。

そのため、慈善活動をし、基金を設立する選手は増加している。選手の多くは労働者階級の出身で、突然大きな金額を手にすると、葛藤が生じる。子供のころ、サッカー選手になりたいと思うのは、何百万ポンドも稼ぎたいという理由からではない。子供はお金のことなどわからず、好きだからサッカーをするだけだ。かりにサッカー選手が最低賃金しかもらえなかった時代に戻ったとしても、僕はサッカー選手になりたいと思うだろう。ところが巡りあわせによって、クラブから高額の給与が支払われる時代にプロサッカー選手になり、望んだ仕事に就いた。

その状況を作ったのは僕ではないし、ほかの誰でもない。ともかく、そうした現状がある。イングランドで最高レベルのサッカーをする、つまりプレミアリーグでプレーすることは、実現する望みがかなり薄い夢だ。数十万人という子供たちが、その夢を叶えることなく脱落していく。僕もまた、脱落しかけたひとりだ。それを叶えるのは、ごく少数の者だけ。サッカーを仕事にできるのはとてつもなく幸運なことなのだ。

イングランドの最高レベルでプレーすることができれば、多額の金銭が手に入る。そこには市場があり、需要と供給で物事が決まっていく。移籍金は莫大な額だが、それは僕がコントロールできるものではない。僕は金のためにサッカーをすることはない。子供たちには、高価な家に住み、いい場所で休暇を過ごせるのは普通のことではないんだと教えている。過度な贅沢はしないし、子供たちにはできるだけ地に足をつけて生活してほしい。心地よい生活を子供たちに与えたいとは思うが、決して自分が得ている報酬を当たり前とは思っていない。

幸福に恵まれなかった人々を助けられるのは、こうした状況にいるからこそだ。たとえばマーカス・ラシュフォードは、食べることのできない人々を救助している。サッカー選手は莫大な報酬を得ている。だが、それを善行に費やし、いくらかを人助けに用いれば、社会をよくできると思いたい。

いま、イングランドのサッカーは変わりつつある。いや、すでに変わっている。更衣室では、求められるのは人間性とサッカーの実力、チームへの貢献だけだ。信条や肌の色、性的指向といったものは、どれも僕にとって問題ではない。それぞれが、あるがままの自分でいてほしい。チームにすべてを注ぐかぎり、僕はその選手を全力で支える。

この態度は、教えられたものではない。多様性や受容について、講義を受けたわけではない。ただそうすべきだと信じているだけだ。自分の立場や経歴によって、自分の思いを主張できない人々を助けられるのなら、しない理由は何もない。リヴァプールの更衣室は寛容であり、多様な選手たちがいる。もし自分のことを打ち明ける選手がいたら、問題なく受け入れられるだろう。それは間違いない。イングランド代表も同様だ。

選手たちのあいだではいま、意識の改革が進んでいる。ソーシャルメディアもまた、よい影響を与えている。そこで教わることも多い。リヴァプールとイングランド代表だけが判断材料なので間違っているかもしれないが、僕の立場からは、宗教も性的指向も、肌の色も、どれも問題にはならない。それは些細なことだ。

重要なのは、勝利に貢献できるかどうかだ。だが、それだけではない。いい人間か、僕のために戦ってくれるか、苦しい状況で僕の味方になってくれるか。知りたいのはそれだけだ。大事なのは人間としての芯の部分、内面であり、そのほかのことはどうでもいい。

僕がプロ選手になったのは、まだ古い考えが残っている時代だった。だがいまでは状況は改善され、それにつれて僕の考えも変わってきた。正直なところ、僕はいまの時代の平均的なサッカー選手だ。たとえば、代表のチームメイトである黒人選手たちがブルガリアで人種差別発言の標的にされたとき、仲間を守ったと賞賛されたときは変な感じがした。べつに僕でなくても、誰でもそうしただろう。僕たちはチームであり、友人同士であり、善悪の区別はつけられる。当たり前のことだ。

こうした問題を、僕がまわりの選手に教えても意味がない。白人で、恵まれた環境にあり、異性愛者である僕が、人にどうすべきかを教えることなどできるだろうか。僕は支えを提供することはできるが、自分でそうした差別を経験していないのだから、その痛みをほんとうに理解することなどできない。僕にできるのは、正しいと思うことをすることだけだ。

僕はずっと、仲間はずれやいじめを見るのが嫌だった。たぶん、そう感じるように育てられたからだ。そして、多くの人もきっと、そのように育てられたはずだ。社会的包摂を推進する運動があれば、僕は熱意をもって支持する。主将の腕章はレインボーカラーのものをつけ、イングランド代表ではレインボーカラーの紐でスパイクを結んでいる。繰りかえすけれど、それは賞賛されるようなことではない。僕はそれほど立派なことをしているわけではない。

サッカーはみんなのものだという単純なメッセージを伝えているだけだ。

第14章

#BlackLivesMatter

この混乱した不確実な世界のただなかで、46歳の黒人男性、ジョージ・フロイドが、アメリカ合衆国ミネアポリスの街角で昼日中、44歳の白人警察官であるデレク・ショーヴィンに殺害された。２０２０年5月25日のことだ。殺人の模様は通行人によって撮影されていた。僕たちはそれをテレビで見た。

世界中に怒りの渦が巻き起こり、スポーツ界でもさまざまな反応が起こった。男女を問わず、世界各地のスポーツ選手たちが、その影響力を用いて変化と教育の必要性を訴え、「黒人の命を守れ（ブラック・ライブズ・マター）」という考えを支持した。そのとき、スポーツは新型コロナウイルスの危機により行われていなかった。だがアメリカ合衆国で7月に、フロリダ州オーランドでのニューオーリンズ・ペリカンズ対ユタ・ジャズの試合でＮＢＡが再開されたとき、試合前の国歌斉唱で会場のすべての人々がひざまずき、ブラック・ライブズ・マターへの支持を表明した。

ペリカンズとジャズの全選手、コーチ、スタッフのほか、試合運営のスタッフ全員も「Black Lives

Matter」と書かれたシャツを着ていた。さらにその言葉はコートの床にも印刷されていた。隣りあった多くの人々が腕を組んでいた。拳を高く突きあげた選手もいた。

７月８日には、イングランド代表対西インド諸島によるクリケットのテストマッチ初戦が行われた。このとき選手たちは片膝をついてブラック・ライブズ・マターへの支持を表明し、西インド諸島の選手たちは１９６８年のメキシコシティーオリンピックでアメリカ合衆国の選手が行ったことで有名になったブラックパワー・サリュートに倣い、右手に黒いグローブをはめた。西インド諸島の元選手で速球投手だったマイケル・ホールディングは、「わたしたちが望むのは、いま黒人の命が大切にされること、ただそれだけだ」と語った。

殺人事件の直後に、フィルジルとジニが僕のところに来て、自分たちも何か意思表示をしたいと言った。フロイドが亡くなって最初の週末には、ジェイドン・サンチョなど４人のブンデスリーガの選手が支持を表明した。ジェイドンは、「ジョージ・フロイドに正義を」と呼びかけるＴシャツを着た。

自分たちも何かすべきだという意見には賛成だった。それに集団なら、いっそう強力な行動になるだろう。プレミアリーグの再開まではまだ２週間以上あったが、トレーニングは始めていた。フィルジルとジニから、明日、つまり７月１日に、練習のあとアンフィールドで膝をつくのはどうかと提案があり、全選手が賛同した。海の向こうへメッセージを送るのは正しいことだと思われたし、ここから同じ思いによる行動が続いていくかもしれない。センターサークルで膝をついた画像を、クラブがソーシャルメディアに投稿した。「結束は力だ。#BlackLivesMatter」という言葉が添えられた。

当時、プレミアリーグのズーム会議では、再開計画やＮＨＳを支援する活動でユニフォームにロゴを入れることなどが議論されていたが、ある回に、トロイ・ディーニーが、人種差別の問題が取りあげられないのは不満であり、腹立たしいことだと発言した。リーグとして何かをすべきだというのが彼やウェズ・モーガンの意見だった。この問題が無視されているのは、誰もがそれをきまりが悪いと思っているからだ、と。僕は、どうすればいいか誰にもわからなかったのだと思う。トロイはまだそれについて議論されていないことに少し怒りを覚えており、リーグとして行動することを求めた。キャプテン全員もそれに賛成した。

こうして、ブラック・ライブズ・マターの文字をユニフォームの背中に入れ、試合開始前に膝をつくというアイデアが生まれた。これは選手主導の行動だった。かつてNFLで、警察の暴力や人種差別に抗議するため、サンフランシスコ・フォーティーナイナーズのクオーターバック、コリン・キャパニックが膝をついたことに倣ったものだ。

僕たちはこうした行動を正しいと感じていた。トロイは妻とともに、ブラック・ライブズ・マターの言葉が背中から外されたあと、忘れられてしまわないように、ユニフォームの袖につけるロゴをデザインした。ところが、ブラック・ライブズ・マターが政治化すると、政治運動に加担しているという批判を浴びることもあった。それについては、政治運動とはなんの関わりもないとあらかじめ述べていたとおりだ。あれは政治的な行動ではなかった。人種差別は間違いだという思いを示しただけだし、イングランド代表の試合では立場の表明はしていない。人々の目をそこに向け、サッカー界でも社会でも、教育を促し、人種差別に関する議論を開かれたものにしたかったのだ。

サッカー選手が意見を持ち、それを公表することを不快に思う人々はまだたくさんいるため、僕たちを批判し、メッセージを歪曲する人が現れるだろうということはわかっていた。鼠径部の負傷とか、4-4-2のフォーメーションといったこと以外に自分の見解を持つと、「サッカーのことだけ考えていろ」と言う人はまだいるのだ。

論争を招くのを恐れて、サッカー選手が重要な問題について口を閉ざしていなければならなかった時代はもう終わっている。ソーシャルメディアの伝播力は多くの物事を変えた。あるプラットフォームを知名度のある人物が利用すれば、そこには責任が生じる。自分が情熱を持っている事柄に関して、実際に経験したり、人を助けたいと思ったときには、自分の意見を表明すればいい。人を助けない理由なんてない。自分がほんとうに情熱を持っていることについて、自分のプロフィールを使って行動を起こそうとしてはいけない理由などないだろう。

マーカス・ラシュフォードが自分の仕事のことだけを考え、何も発言しなかったら、数百万人の子供たちが利益を受けることもなかった。そして、彼の行動はすばらしかった。注目を集める自分の立場をうまく活用して、イギリス中の貧困家庭に手をさしのべた。情熱があるし、かつて自分も乗り越えた経験があるため、そうした家庭の状況をよく理解している。彼は自分がかつて属した世界に思いを馳せ、大きな変化をもたらした。また、道義的に、やらずにはすまされないことだったと思う。

ただし、正しい情報が与えられていないなら、どんなことにせよ意見を持つべきではないと思う。誰かから、「白人であるあなたには、人種によって差別されることがどのようなものか、わからないだろう」と言われるとしたら、まさにそのとおりだ。だが僕には黒人の友人もいるし、彼らは僕が白人だからこそ、声を上げることで大きな変化をもたらすことができると言う。

U21イングランド代表が2012年にセルビアのクルシェヴァツで試合をしたときに、ダニー・ローズ、ラヒーム・スターリング、ウィルフレッド・ザハ、マーヴィン・ソーデルが差別的発言を受けるのを見た。ダニーとラヒームが2019年3月にモンテネグロのポドゴリツァでやはり人種差別を受けたときはそばにいた。そして2019年10月にブルガリアのソフィアでプレーしていたとき、マーカスとタイロンが人種差別発言を受けたのを見た。こうした出来事は心に突き刺さる。無力感にさいなまれる。彼らとは親しい友人同士なのだ。知りあって、もう何年にもなる。彼らを支えようとしないのは誤ったことだ。

あのブルガリア戦で、もし誰かひとりでもそう望む選手がいたら、僕はピッチを去っていただろう。それでもかまわなかった。誰かがピッチを去りたいと言えば、全員がそれを支持するとみなで話しあっていた。ただ、あのときは全選手が、もしピッチを去れば人種差別主義者を勝たせることになると感じていた。プレーを続け、サッカーなりのやりかたで罰を与えたほうがいい、と。僕たちはその考えで一致していた。

怒りが収まらず、ブルガリアのクラシミール・バラコフ監督に抗議した。スタンドの声は僕の耳に届いていた。こちらが得点を挙げるたびに、気持ちをむき出しにしてゴールを祝った。チームとして、誰ひとり試合放棄は望んでいなかった。だが、僕は必要ならば、自分がチームを率いてピッチを去ってもかまわないと意思表示をしていた。ハリーも同様だった。

膝つきがまだ継続されているのは喜ばしい。ただ、やはり反対意見があることは知っている。また、僕は現場にいなかったのだが、今年（2022年）のネーションズ・リーグのグループリーグ、ブダペストでのハンガリー戦で、現地の子供たち数万人が膝つきに対してブーイングをしたそうだ。無観客試合になるはずだったのだが、特例として子供たちが入場していたのだ。僕たちの行為は何も成し遂げていないと批判されることもあるが、もしそうならば、だからこそ続けなければならない。しかし、この行為は実際に状況を変えていると僕は思っている。ユーロ2020に向けた強化試合で膝をついたとき、ブーイングが起こった。最初はミドルズブラのリヴァーサイド・スタジアムで、さらにはウェンブリーでも起こった。ピッチでそれが耳に入ったら、僕は「こんな状況だからこそ、僕たちはこれをしなきゃならない。まだ理解されていないんだ」と思う。そして結局、ブーイングは時が経つにつれて少なくなっていき、声援が少しずつ大きくなっていった。

プレミアリーグの上層部とのズーム会議で、再開計画において人種差別反対が欠かせない要素となることが確認されたが、サッカーを再開すべきかどうか、またいつ再開するかについて、意見は一致していなかった。僕は主将たちにそれぞれの見解と、各チームの選手たちの意見を尋ねた。練習の再開について、自分の考えを押しつけることはしなかった。ただほかのクラブではどう考えているのか理解したかった。

ズームでのキャプテン会議を開始し、政府の副主任医務官であるジョナサン・ヴァン・タム教授や、プレミアリーグのマーク・ジレット医務官と協議し、試合を再開するための条件を確認した。僕はできるだけ率直になり、リーグでの順位のことは忘れて、自分のチームメイトだけでなく、選手全員にとって最善な方法を探った。選手たちが再開を心地よく思わないのであれば、僕は喜んで待つという立場をとった。選手たちが意思に反して復帰を急かされることは許容できなかった。

ヴァン・タム教授からは、リスクに関する説明があった。彼は選手たちから質問攻めに遭い、ときには明確な答えが出せないこともあったが、できるかぎり率直な回答をしてくれた。それを受けて、選手たちは自ら答えを出すことになった。僕はチームの選手たちにその話を伝えた。理解して伝達すべきことがあまりに多く、まるで自分が医療関係者になったような気分だった。

明らかに、再開への懸念には正当な根拠があった。国内の民族的マイノリティがその他の国民に比べて新型コロナに感染しやすいという証拠が出ていた時期があり、ヴァン・タム教授もそれをはっきりと認めていた。僕はこのことをチームの選手たちに伝えた。

そのときの話しあいは有益なものだったが、結局のところ、選手の発言は決定に大きな意味を持たないのだと強く感じさせられることになった。ズーム会議では、選手は再開を望んでいないと伝えたが、決定権はプレミアリーグにあり、僕たちの意思は考慮されなかった。選手の発言は重視されなかった。重視されたのは、オーナーたちの発言だ。「僕たちは試合をする商品にすぎない。だから受け入れるしかない」とタイロンは言った。まさにそのとおりだった。

選手たちが再開したくないと言っていたとしても、オーナーたちは再開を強行しただろう。だが、新型コロナウイルスについて理解を深め、その感染経路を知り、リスクを減少させることができるのだとわかってくるにつれて、多くの選手たちが再開を望むようになった。僕自身も、信頼できる専門家からアドバイスを聞くことで、再開したいと思うようになった。

はじめは2人または3人ずつ集まってトレーニングが再開されることになった。リスクを減らすために対人距離を保ち、家族は家にいてもらい、ユニフォームを着て自分の車で来る。着いたら車を停め、ピッチへ歩いていき、軽く練習をして、まっすぐ車に戻り、家に帰ってシャワーを浴びる。

リヴァプールの選手の多くは納得し、その指示に従った。新しいプロトコルに満足しているようだった。トレーニング再開に不安があれば電話してほしいと言ったが、誰からも連絡はなかった。全員が進んで専門家のアドバイスを聞き、それに基づいて判断した。当時はまだメルウッドが練習場だったのだが、活動はすべて屋外でする必要があったため、晴天に恵まれたことはありがたかった。最初に、アカデミーに出向いて検査を受けた。その後、割り当てられた時間にトレーニングをした。

一時期、メルウッドの屋外にテントが設置され、少人数でなかに入り、ストレッチをすることができた。マッサージも受けられた。ただし時間は10分間限定で、マッサージ師は頭からつま先まで個人用防護具に身を包んでいた。必要な処置だとは理解していたが、それでも少しがっかりせずにはいられなかった。

ブンデスリーガが5月16日に無観客で再開されることが発表されると、再開計画は加速した。同月の28日に、プレミアリーグは、すべての安全要件が満たされた場合に、２０１９-２０シーズンが6月17日水曜日に暫定的に再開されると発表した。

この計画をともに進めたすべての医療関係者を賞賛したい。再開は決して簡単ではなかったが、僕たちはむずかしい組織や事業計画を成功させ、リーグにおけるスポーツの高潔性を保った。そこにはさまざまな動機が絡んでいたが、選手としては、やっとサッカーができる、という思いだけだった。

第15章 フォームビー・ホールでのバーベキュー

サッカーの再開を待ち望んでいたとはいえ、最後に試合でボールを蹴ってから、世界は完全に変わってしまっていた。軽く言えることではないが、僕自身もやはり変わっていた。いつも言っているように、サッカーは僕のすべてだ。それでも、周囲の世界にも目を向けるようになった。新型コロナの蔓延によって愛する人を失って苦しんだり、いまも課せられた行動制限に適応しようとしている人々が多いなか、何もなかったかのようにサッカーに戻ることはできなかった。

またプレーしたい、という願いもたしかにあった。だが同時に、人々の多くが仕事に戻り、好きなことに携わることのできない状況で、選手は非常に恵まれているのだという思いも強かった。サッカーが再開されることで、家から出られないサポーターは気持ちのはけ口が与えられ、つらい暮らしからの気分転換にもなるのだと自分に言い聞かせた。

スポーツには、そうした気分転換やはけ口としての役割も求められている。現実世界の重圧からの解放だ。これほどの混乱と孤立に見舞われたいま、サッカーはその役目をいつにもまして果たすことができるだろう。イングランドのサッカーが中断されたのは、第二次世界大戦以後はじめてのことであり、これでようやく無観客ではあるが、テレビの前では家族揃って観戦できるようになる。すべての手順とヴァン・タム教授の忠告に従い、徹底した検査が行われている。選手自身や周囲の人々は、できるかぎりリスクから遠ざけられている。100パーセント安全というものは存在しないとわかっているが、これだけやれば、あとは再開を待つばかりだ。

僕には再開を喜ぶ、もっと利己的な理由もあった。リヴァプールが30年ぶりのリーグ優勝を勝ち取るために、試合を再開することに罪悪感を抱いてきたことについてはすでに書いた。ロックダウンのさなか、多くの家族が苦しんでいるのに対して、サッカーがどうでもいいことのように感じられることもあった。だがこうして再開を目前にすると、クラブが長年待ち望んできたものにこれほど迫っているということに心を掻きたてられた。あと6ポイントで優勝が決まる位置にいた。

3月13日にリーグが中断されるまえ、キング・パワー・スタジアムでレスターがアストン・ヴィラを下した最後の試合から100日以上が経っていた。再開後の初試合は、見た目も感覚もそれまでとは異なっていた。6月17日水曜日のヴィラ・パークで、アストン・ヴィラとシェフィールド・ユナイテッドの選手たちは試合前に膝をついた。背中には選手の名前ではなく、「Black Lives Matter」の文字が入っていた。

再開第2戦はマンチェスター・シティがアーセナルを本拠地のエティハド・スタジアムに迎えた。もしアーセナルが勝ち、日曜日にグディソン・パークで行われるエヴァートン戦で僕たちが勝てばリーグ優勝が決まる。だが、そんなにうまくはいかなかった。シティはすばらしい試合で3対0の勝利を収めた。まだ22ポイントリードしているが、マージーサイド・ダービーでの優勝決定はお預けになった。

日曜日の晩にエヴァートンの本拠地で試合をしたとき、再開後すでに10試合が行われていたから、どういう状況かは予想ができた。いちばん大きいのは空のスタジアムだ。雰囲気を生み出すのは選手たち自身とサポートするスタッフ、スタンドの控え選手しかいない。少し奇妙な感じがした。

試合の前夜はリヴァプールの北にあるフォームビー・ホール・ホテルに宿泊し、そこからグディソン・パークへ3台のバスに分かれて向かった。座席は普段のように5人か6人掛けではなく、2人掛けだった。グディソン・パークに着くと、いつもならメインスタンドの下にある更衣室に行くのだが、このときはブレンズ・ロードの突き当たりに設置されたプレハブ小屋に向かった。

正直なところ、そのプレハブ小屋はグディソンでいつも使っている更衣室よりもよかったから、文句はなかった。はるかに広く快適で、ありがたかった。各選手のスペースが用意され、ハンガーにユニフォームがかかっていた。背中には「Black Lives Matter」と書かれ、胸にはＮＨＳのロゴが入っている。僕たちははじめてカメラの前で膝をついた。観客がいなかったので、少し現実感がなかった。リザーブチームの試合か、トレーニング場での練習試合のようだった。僕が無観客で公式試合をしたのはこれまででただ1度、２０１8年のイングランド対クロアチア戦、敵地である港町リエカにあるスタディオン・ＨＮＫでの試合だけだった。

無観客だったのは、本拠地でのユーロ２０１６の予選イタリア戦でピッチに鉤十字が描かれていたことに対して、クロアチアが受けた罰則のためだった。イングランド代表がファンの声援を受けずに試合を行うのは1872年以来のことだった。だがいまは、それがごく当たり前になることに慣れなければならない。リエカでのその試合で、僕は自分がチームでもかなり大声を出していることに気づかされた。デイリー・テレグラフ紙のサム・ウォレスは、この試合でわかったこととして、「ジョーダン・ヘンダーソンはサッカーにおいて、語ることでゲームを操っている」と書いている。それは的確な指摘だった。そして僕はこのとき、しばらくは空のスタジアムでプレーすることになるため、自分の言葉を抑制する必要があるかもしれないと感じていた。

僕は言葉遣いが少し「粗野」だと言われることがあるが、なかなかうまい表現だと思う。だが、それにはいい点もあるのだ。周囲が静かだと、自分の声をより効果的に使うことができる。声が相手にちゃんと届くからだ。満員の観衆が入ったスタジアムでは、自分の言葉を伝えるためには声を張りあげなくてはならない。観衆が沸いていれば、10メートルと離れていないところでも、声が届かないこともある。相手が聞こえないふりをすることだってある。

だが無観客だと、注意を引くのははるかに簡単だ。また、ピッチ上で雰囲気を作ることもできる。タックルを決めたり、ボールを奪いかえしたりしたとき、声を上げてプレーを賞賛することができる。またそれは、相手チームにやられれば心理的に逆の効果をもたらす。自分たちのサポーターがいないことによる優位な点はほとんどないに等しいが、僕はどんな小さな優位さも逃さず、この状況に適応するつもりだった。

審判やほかの選手たちへの接しかたにはもちろんそれ以上に注意した。僕はわれを忘れて試合に入りこんでしまうことがあるという自覚がある。ただ、アンフィールドでのトレーニングで今後の状況、とくに空のスタジアムでのプレーへの対処はしていた。アンフィールドでリーグ1に所属するブラックプールと練習試合を行った。試合当日とできるかぎり同じ条件にするため、キックオフ前には「ユール・ネバー・ウォーク・アローン」が流された。人気のないスタジアムでのプレーを再現しようとしたのだが、結局、ファンの存在がいかに重要かが身に染みたというだけに終わった。わかってはいたが、それではっきりした。ファンがいることでスタジアムが要塞と化すアンフィールドはもちろん、ファンがとりわけ大きな声を出してくれる敵地でも、観客の不在は同じくらい大きな影響があった。

観客がいないと、サッカーはまったくべつのスポーツになる。何もかもが異なっている。5万の観衆の前でプレーするときには、さまざまなことを考慮に入れる必要がある。ミスをしたときの影響、観客の反応が自分だけでなくチーム全体の士気に及ぼす影響。重圧にさらされたチームは、大観衆が大声でわめいている状況では、なかなかそこから抜けだすことができない。

たとえば、高い位置でボールを奪い、スローインになったとする。そんなときも、無観客だと相手チームにあまり影響を与えられない。もし観客がいて、しかもアンフィールドであれば、状況はまったくちがう。雰囲気は盛りあがり、こちらはテンポを上げていこうとするが、相手ディフェンダーは慌てた表情を見せ、ボールを渡すのを渋る。こうしたことが状況を大きく動かす。ところがファンがいなければ、何も起こらない。だから自分たちの声によって雰囲気を作りだすことが必要になる。味方がタックルを成功させたら、選手たちが声を上げるのだ。

慣れないことではあったが、僕たちは少なくとも、リーグ優勝がかかっているため、元気になるだけの理由はあった。エヴァートン戦はとても静かだった。観客がいないとパフォーマンスが落ちる選手もいれば、それによってプレーがよくなる選手もいた。観客なしでプレーするのは、子供が楽しんでサッカーをしているようで好きだという選手もいたし、スタジアムが無人だと自由にふるまえるという選手もいた。

このころ、ストライカーは無観客のほうが落ち着いて、大胆なシュートが打てるという指摘もあった。満員のスタジアムでは、ボールをふかしたり得意のシュートが不発だったりしたときに、観衆から漏れるため息が頭をよぎるからだ。たしかにそういう面はあるだろう。

僕は観衆が入っていたほうがいいプレーができる。それでも、無観客でも気持ちを高めることはできた。無観客の時期に自分がしていたプレーを見返しても、意志や貪欲さが見てとれる。ほかのことを忘れさり、ただ試合に集中していた。勝ちたいという気持ちだけだった。結局、それこそが僕にとって重要なことだ。ただ、勝つこと。観客の有無や、本拠地か敵地か。そうした変化があっても、目標はつねによいパフォーマンスをして勝つことだ。勝利への情熱はいつも消えなかった。

とはいえ、こうした状況で、自分の声を聞くのは好きではない。翌シーズンに敵地のアタランタ戦が無観客で行われたが、そのときリヴァプールのソーシャルメディア・チームは、僕が試合のあいだずっと大声を出している動画を集めて投稿した。僕はただ、仲間を勇気づけようとしただけだ。いちばん多かったのは、「いいぞ」という言葉だった。ソーシャルメディア・チームはたぶん、賞賛するためにそうしてくれたのだろう。だが僕はそれが我慢できず、削除してほしいと伝えた。自分では見るのも聞くのも嫌だったが、ともかくそこには、たしかに勝利への意欲が表れていた。

あのエヴァートン戦は、イングランド国内では経験したことのないものだった。いつもは敵意にあふれた満員の観衆がいるのに、このときは無人で、フィールドのあらゆる音が聞こえてきた。僕はびっしりと埋まった、敵意むき出しのグディソン・パークの観衆が好きだ。リヴァプールの選手たちはそれを愛している。なくなってはじめて、どれほどそれを愛し、戦う動機としてきたかに気づかされた。全員がその状況に適応しなければならなかった。

試合は0対0で引き分けた。それ以前も、以後も、決してないだろう奇妙なマージーサイド・ダービーだった。静寂が支配していた。それは前に進むためには、避けられないものだったのだろう。両チームともそれを乗り越えなければならなかった。そのあとは、もう少しリラックスしてつぎの試合、本拠地でのクリスタル・パレス戦に臨むことができた。

あの晩のアンフィールドでは、強い感情が湧きあがってきた。ロックダウン前には、この試合は優勝を決めるかもしれない一戦に当たっていた。もし実現していたらと思うと、とてつもない雰囲気だったことが想像された。だから、空のスタジアムで「ユール・ネバー・ウォーク・アローン」が流れたとき、ここに足を運び、キックオフ前にこのチャントを聞くことを喜んだであろう観客のことを考えると、僕たちは心が動かされ、鼓舞された。その試合の僕たちは最高のプレーをした。

カウンタープレスは的確で、鋭く貪欲だった。僕たちはパレスを圧倒した。トレントはすばらしいフリーキックを決めた。壁の上を越えるボールで、キーパーにはどうすることもできないシュートだった。2点目は、ファビーニョの最高のスルーパスに走りこんだモー。ファビーニョはさらに、豪快な3点目を叩きこんだ。ついでモーがワンタッチですばらしいパスをサディオに通し、サディオがキーパーのウェイン・ヘネシーの手の届かないところに蹴りこんで4点目が入った。

スタジアムには観衆の声がなかった。テレビ放映のときは人工的な音声による声援が加えられたが、フィールドではそれまでとまるで異なる雰囲気だった。僕はペナルティエリアに選手が密集しているときにボレーを打ったが、ポストに跳ね返された。アンフィールドの揺れるほどの大観衆のなかでは、普通は気づくこともないような金属音が響いた。ゴールが入らなかったことが音でわかるほどだったが、結局は大きな違いではなかった。この試合とパフォーマンスで、優勝がまた一歩近づいた。

試合後の更衣室は格別だった。選手たちはロッカーを叩きはじめ、しかもその音はどんどん大きくなっていった。みなの感情が高ぶっていった。そこには独特の雰囲気が生まれ、勝利の祝福が始まった。このパレス戦での勝利は安堵をもたらした。パフォーマンスもよく、しかも優勝をさらにたぐり寄せたのだ。エネルギーと安堵感がともに充満していた。僕は祝福にほとんど加わらなかったが、すさまじい音が響いていた。

僕は落ち着いていた。まだ、そのときではない。カップ戦やチャンピオンズリーグの決勝で勝ったのならば全身全霊で祝うが、まだ何も勝ち取ってはいない。たしかに優勝目前まで迫ってはいるが、まだ確定はしていない。僕としては、もう誰も追いつけないところまで到達するまでは感情も祝福も取っておきたかった。この試合ではまだ何も決まっていない。だから踊らなかった。つぎの試合――8日後に、敵地でのマンチェスター・シティ戦――がある。そこで優勝を決めたら祝福すればいい。だからこのときの更衣室について尋ねられても、よく覚えていない。確定すれば、祝福しよう。だがあのパレス戦はそうではなかった。

そしてまた、罪悪感が忍びこんできた。僕はファンがそこにいられないことに、彼らの身になってというだけでなく、自分自身が納得いかない思いを抱いていた。クラブがこれほど長く追い求めてきた優勝なのに、ファンがいなければべつのものになってしまう。繰りかえし、ただプレーできるだけでも幸運なんだと自分に言い聞かせなければならなかった。

多くの人々が亡くなり、何か月も家に閉じこめられているこの状況で、ファンがそこにいないと雰囲気が変わってしまうと失望しているだと？　おいおい、いい加減にしてくれと気を悪くする人もいるかもしれない。だが、リヴァプールのファンはサッカーに取り憑かれているうえ、リーグ優勝を30年も待っていたのだ。彼らがその場にいて、選手たちとそれを分かちあうことができないのは過酷なことだ。それはファンだけでなく、選手にとっても同じだ。それくらい優勝は大きなことなのだ。

その晩は、選手や関係者以外との接触が禁じられていたため、誰にも会わずに家族のもとに帰った。翌日、6月25日の朝、僕たちはメルウッドでリカバリー・セッションをした。その移動中に、数人で連絡を取り、その晩集まる方法はないだろうかと話しあった。マンチェスター・シティはこの日のスタンフォード・ブリッジでのチェルシー戦で、勝たなければ優勝の目が消える。多くの選手は彼らがポイントを落とすことはないと考えていたが、ユルゲンはちがった。メルウッドに集まった僕たちに、今晩決まるような気がする、みなでフォームビー・ホールへ行こう、と言った。

フォームビー・ホール・ホテルでは、数多くのスタッフがチームのために犠牲になって働いてくれていた。外部から隔離された関係者（バブル）に含まれているため、家族のもとに帰れなかったからだ。選手はパートナーや子供たちを連れて行くことはできなかったが、ユルゲンは一軍のバブル全員を、選手やコーチだけでなく、ユニフォーム係やメディカルスタッフ、マッサージ師にいたるまでその晩フォームビー・

ホールに呼び寄せた。

2016年には、レスターが優勝を決めた晩に、ジェイミー・ヴァーディが自宅でパーティを開いたが、今回は規制があり、僕やほかの選手の家に集まることはできなかった。家に集合すればルール違反になってしまうが、フォームビー・ホールならば大丈夫だ。リヴァプールのバブルに含まれる全員が規則に従い、責任を持って、仕事の一環としてそこにいることができる。

ホテルにはほかの宿泊客は入れなかったので、スタッフが食事を準備する必要があった。そこで野外でバーベキューをし、中庭にテレビスクリーンを用意し、食事をしながらチェルシー対シティ戦を観ることにした。序盤はシティが試合を支配していたため雰囲気は静かだったが、ハーフタイムの10分前に、バンジャマン・メンディとイルカイ・ギュンドアンがハーフウェイ付近で交錯し、ボールを奪ったクリスチャン・プリシッチがエデルソンの脇を抜いてゴールを決めた。それで雰囲気はがらりと変わった。ケヴィン・デ・ブライネが強烈なフリーキックで同点にしても、誰も気落ちしなかった。

試合中は至るところで声が上がった。ラヒーム・スターリングのシュートがポストに跳ね返ったときは何人もが拳を突きあげた。カイル・ウォーカーがプリシッチのシュートを驚異的なクリアでしのいだときは頭を抱えた。そして終了13分前に、熱狂的な騒ぎになる。シティのゴール前で混戦になり、そこでフェルナンジーニョが手でボールを防いだ。審判ははじめ気づいていなかったが、VARで確認され、フェルナンジーニョは退場になり、チェルシーがPKを得た。僕たちがいる中庭は静まりかえった。ウィリアンが蹴る。そして決める。熱狂と興奮に包まれた。

試合終了のときを待つ。ホイッスルが鳴ると、僕もついに祝福した。シティは僕たちから23ポイント離され、残り7試合では追いつくことができない。決まった。リヴァプールは30年ぶりにリーグ優勝を飾った。ようやく、僕はチームがそれを成し遂げ、もう誰にも奪われることはないと認めた。全員で抱きあい、ハイタッチをし、歌をうたった。喜びが爆発した。全員が集まっていたからこそ、それは特別な瞬間になった。僕たちはあらゆることを越えてきた。97ポイントで優勝を逃したこと。新型コロナの蔓延への懸念。ふたたびチームが集まり、リーグが再開できるのかどうか、優勝を決められるのかどうかわからずに過ごしたこと――しばらくのあいだ、そのすべてが消えていた。

僕は感情が表に出るタイプだ。普段、ピッチの上でも感情をむき出しにしているが、このときはそんなものではなかった。彼らにとってどれほど大きなことかを思うと、感情があふれ出した。全員で泣いて、抱きあって優勝を祝った。なかには生涯のリヴァプールファンだという選手もいて、リーグ優勝したチームの一員であることが彼らにとってどれほど意味があるかに気づいた。特別な夜になった。母と父に電話をかけ、話をすると、涙があふれてきた。父はうまく話せなかった。電話に出ているのはわかるのだが、こちらから声をかけても言葉は返ってこなかった。切れたのかと思ってスマートフォンの画面を見たが、それからようやく、つながっているけれど返答できないのだと気づいた。しばらくして、父はようやく言葉を絞り出し、僕とチームを誇りに思う、と言った。父の思いの深さに心を打たれた。胸がいっぱいになった。

電話を切ると、真っ赤になった目を隠すためにサングラスをかけ、少し落ち着きを取り戻してから2階に上がり、インタビューを受けた。フォームビー・ホールにはチームとともに隔離されている人々しか入れなかったから、当然テレビ局もいない。ノートパソコンの画面上でスカイニュースと話をした。そのインタビュー中に、僕は席を立たなければならなかった。あまりに大きな感情に飲みこまれてしまったためだ。ユルゲンも同様だった。スカイニュースのカメラは数か所に接続されていて、そのひとつがケニー・ダルグリッシュのところだった。ユルゲンはケニーの姿を見てこらえられなくなったようだ。ロンドンのスタジオにいたジェイミー・レドナップから声をかけられたとたん、涙が出てきた。ジェイミー・キャラガーは、自宅にカメラが設置されていた。彼が明るくシャンパンの栓を抜き、「酔いつぶれるまで飲もう」と言ったとき、笑いがこらえられなくなり、そのあとすぐに席を外した。

ちょうどそのとき、選手たちは通路を行き来しながら、「カンピオーネ」を歌っていた。

いつもなら、大きなトロフィーを手に入れた直後には家族に会うのだが、このときはもちろん不在だった。それは不可能なことだとわかっていたので、選手たちやスタッフたちと喜びを分かちあった。家族がその場にいると、選手たちはそれぞれの家族と時間を過ごすことになる。それが通例だ。だが今回は、選手とスタッフしかここにいない。この旅をともにし、最高のときも最低のときも、あらゆる瞬間を経験してきた人々だ。ときには挫折も味わったが、いまこうして勝利を手に入れた。

僕の個人的な夢はチャンピオンズリーグの優勝だったから、マドリードのあの晩にそれを手に入れて、心を満たすことができた。だが同時に、クラブにとっては、国内でリーグ優勝することが、おそらくはチャンピオンズリーグよりも重要だということもわかっていた。チャンピオンズリーグでは、このクラブは感情を揺さぶるような輝かしい歴史を誇っている。だがプレミアリーグでは長期間にわたって優勝を逃しつづけており、トロフィー奪回はサポーターの切なる願いだった。リヴァプールがかつてこのリーグの盟主だったことは、誰もがよく知っている。それを取り返すまでは、このチームにまだ未達成のものが残されていることを意味していた。リーグ優勝を叶えるまで、最後のタイトルからの年数をからかうユナイテッドファンに、同じことをやり返すことができるまで、ファンは決して満足しない。

いまやそれが叶ったのだ。僕たちはさらに成長しつつあり、自らの力で優勝を成し遂げ、クラブの歴史に新たなページを書きこんだ。ユルゲンは過去の名選手につねに敬意を払っているが、いまのチームが必ずやクラブの新たな物語を作り、新たな世代のファンの記憶に残るのだと確信していた。いまようやく、かつての巨人たちに肩を並べることができた。同等になったとはとても言えないが、国内最高のチームの呼び名を手に入れ、過去の偉大なチームと同じ幸福をサポーターにもたらすことで、そのすばらしい実績の一部をなぞることができた。

僕はあの晩の祝福を決して忘れない（たぶん誰ひとり、ダンスフロアでユルゲンが披露した踊りを忘れることはないはずだ）が、優勝がもたらしたその後数日の感情はあまりよく覚えていない。行動はかなり制限されていたし、友人の家でのパーティもなく、リヴァプールの夜に繰りだすこともなかった。その週末はよく眠れなかった。じわじわと実感が湧いてきていた。ほかの選手たちも同じだっただろう。マンチェスター・シティ戦に向けたミーティングは緊張感に欠けていた。もちろん勝ちたいという気持ちはあったが、優勝を決めて祝福した僕たちがグアルディオラ監督のチームを倒せると思う人はあまり多くないだろうと思っていた。そう考えた人々は正しかった。

シティはピッチに出る僕たちを、花道を作って迎えたが、あまり嬉しそうではなかった。彼らはハーフタイムには3対0でリードし、オックスレイド・チェンバレンのオウンゴールで4点目を加えた。あの晩のエティハド・スタジアムは、いい鬱憤晴らしになっただろう。また、彼らがいかによいチームかを思い出させる試合だった。

そのあとは、いつもどおり試合に臨むことができた。本拠地でアストン・ヴィラを下し、そのあと、7月8日にアメックス・スタジアムでブライトンと対戦した。78分までは順調だった。開始8分で2点をリードする。そのうち1点はペナルティエリアの端から僕が決めたカーブをかけたシュートだった。3対1とリードした試合残り12分で、僕はイヴ・ビスマのボールを取りに行った。

ひどいタックルではなかった。もっと強烈なタックルはいくらでもあるし、お咎めもなかった。ただ下手な足のつきかたをして、膝に違和感を覚えた。音が聞こえ、すぐに痛みを感じた。恐怖がよぎったが、それを振り払うようにプレーを続けた。十字靱帯だろう。しばらく足を引きずって歩いたが、交代せざるをえなかった。更衣室で腰を下ろすと、タオルで頭を包んで、僕は泣きはじめた。リーグ優勝決定から、まだ2週間も経っていない。この2週間は交じり気のない幸福を味わっていたが、それももう終わりだ。さまざまな悪い予感が頭をよぎった。今シーズンすべてと、来シーズンの半分以上は欠場することになるだろう。僕がピッチを去ったときの様子を、ユルゲンがメディアに語っているのが聞こえてきた。

「みなとても心配している。倒れたときは大変なことになったと思った。すぐに異変に気づいたよ。ドイツでは、ヘンドは動物と呼ばれてる。何が来ても、ひるむことはないからだ。痛みがあっても、絶対に自分からは言わない。痛みを押し殺そうとする選手だからこそ、あの瞬間はぞっとしたよ」

僕はすぐに、数か所にメッセージを送った。そのひとりが、かつてリヴァプールの医療チームを率いており、そのときはアーセナルにいたクリス・モーガンだった。困難なときにずっと近くにいてくれたこともあり、彼のことは心から信頼している。何時であっても電話に出てくれたし、いつも僕のことを考え、多くの時間を割いてくれた仲間だ。今回は、この怪我をどう診断するかを尋ねた。答えるのを嫌がるかもしれないが、その場面の試合映像を見れば検査をしなくても診断できるだろう。彼はタックルを受けた選手が倒れる姿を見るだけで、どの程度の怪我かを判断できたりするのだ。だが彼からは、君に直接伝えることはできない、と告げられた。監督に対してならともかく、直接は言えない、と。

無理を承知で、さらにせがんだ。「頼むから教えてほしい。どうしても気になるんだ」。腫れをとるためのアイシングマシーンを膝に巻き、杖をついてアメックス・スタジアムを出た。最悪の事態を心配していた。周囲の反応には触れないようにして、怪我の映像を確認すると、不自然な体重移動をしていた。やはり、不自然なときは、決していいことがない。僕は、怪我をするとなかなか楽観的になれない。違和感があったら、悪いほうにとってしまう。身体的な痛みには強いほうなのだが、何かよくない情報が耳や目に入れば、最悪のことが頭をよぎる。

クリスはそのとき、まもなくリヴァプールに復帰することになっていた。彼の伝えかたはいつもポジティブで、これからやるべきことを知らせてくれる。そうやって、うまく選手を安心させてくれる。ともかく、画像での診断が出るまでは、心配してもしかたがなかった。結局、診断結果は、よいものではないにせよ、最悪の可能性からすればかなりましだった。最も恐れていた前十字靭帯の断裂は回避できた。

靭帯損傷はあるものの、手術の必要はなかった。リハビリで回復可能な症状だ。欠場期間は7、8か月を想定していたが、実際には7、8週間ですんだ。監督からメールが来た。「すばらしい。最善のシナリオだ」。あとで聞いた話だが、メルウッドで、わずか8週間で復帰するとユルゲンが伝えると、選手たちから大きな歓声が起こったそうだ。

救われた。だが、気になることもあった。僕は怪我に強くないのだ。欠場するのは嫌だった。数日後にはもう、安堵感は薄れて欲求不満が襲ってきた。残りのシーズンに出場できないことを考えはじめた。それから、最終戦のチェルシー戦のあとでプレミアリーグのトロフィーを掲げるまであと2週間もないが、僕はユニフォームを着られないのだと思った。監督からは、優勝セレモニーの準備のために、いつ杖がいらなくなるかと何度も確認された。

いまだかつて、無人のスタジアムでトロフィーが掲げられたことはなかった。プレミアリーグから希望の場所について質問され、国中がロックダウンのさなかにあることを考慮して、更衣室でやりたいと返答した。だが、リーグ側からは現実的ではないと指摘された。正式な授与式が行われるほか、カメラが入ることになっていた。また感染予防の面からも、狭い空間での開催は認められないとして、却下された。

僕はコップ・スタンドで行うことを提案した。コップ・スタンドはクラブの中心だ。そこでトロフィーの授与式を行えば、ファンとともにそれを掲げるのに近づけられるだろう。こうした経緯で、コップ・スタンドはバナーで装飾され、ヒルズボロの悲劇で亡くなった人々に捧げる言葉が掲示されることになった。スタンドの真ん中には、授与式のための表彰台が設置された。それこそ僕たちの19度目のトップリーグ優勝によるトロフィーを掲げるのに最も適した場所だと感じられた。

授与式は特別なものにしたかった。市当局は選手の家族にトロフィー授与式への出席を認めたが、試合観戦は認めなかった。そのふたつは別々のイベントとみなされた。試合には500人の入場が認められ、試合——ちなみに、5対3の勝利だった——が終わったあと、家族たちがメインスタンドのラウンジに入った。そのときには、杖が不要になり、膝を固定具で保護していた。授与式に出席する15分ほどならば、固定具の代わりに膝をテープで固めておけば大丈夫だろうと理学療法士から言われていた。僕はこのときも、トロフィーを受けとる役目をミリーに託そうとした。入団してから、彼にはさまざまな面で助けてもらった。自らを最大限に生かしたキャリアを積んできた一流選手だが、実力に見合った評価を受けていない。一緒にプレーしたなかで、プロ意識の高さではいちばんだ。彼はすべてをきちんと行う。このチームの成功にも欠かせない存在で、人の目につかない裏側でさまざまな貢献をしている。勤勉でリーダーシップがある選手だという評判は耳にするが、実は認識されていないだけで、世界最高の選手のひとりなのだ。ジェームズ・ミルナーはほかには存在しない。それだけははっきり言える。

「おまえが掲げるんだ。俺が下になって肩車するのならありかもしれないが、ともかくトロフィーを掲げるのはおまえだよ」

試合が終わるころ、膝の調子はよかった。とはいえ、終わったばかりの試合に出場していないのにユニフォームを着ているのは奇妙な感覚だった。まるで選手のふりをした偽物の気分だった。また僕のいつもの癖が出ていた。リーダーにはなりたがるが、スポットライトを浴びるのは心地よくない。だが、これはだまし取ったものではない。この優勝にはしっかりと貢献している。その点は心配していなかった。だがいつものように、貢献はしたが、こうして特別な役割を与えられるほどではないと考えてしまった。昔ながらの感覚が湧いてくる。僕がこれをもたらしたわけじゃない、と。テニスやゴルフのような個人スポーツならば問題ない。だがサッカーはチームでするものだ。トロフィーを勝ち取るのはチームであって、個人ではない。これはみんなのものだ。みんなが同じように身を捧げてきた。僕はただ、優勝したチームの主将だったにすぎない。歴史に残るのはこのチームであって、僕ではない。誰からも賞賛されるが、僕は納得していなかった。

ユルゲンは主将をあまり重視していない。少なくとも、イングランドに来たときはそうだった。ドイツには、最も長く在籍している選手が主将になるという文化がある。だからイギリス人のような、主将に対する思い入れはなかった。だがしだいに、その文化の相違を理解するようになっていったのだろう。リヴァプールには偉大な主将の系譜があった。このクラブでは、主将は特別な存在だ。そして、主将になることを望んだのは僕自身だが、仲間を導き、助けたいと思っただけで、特別な存在になろうと思ったわけではない。

優勝したという事実、このチームの一員であること、そしてクラブチームとして最高峰の大会で優勝し、敬意を勝ち得たことだけで、僕にとっては十分な栄誉だ。それ以上は求めていなかった。同じくらいチームを引っ張っているミリーがトロフィーを受けとってはいけない理由などないはずだ。身をもって範を示し、ほかの選手たちの力を引き出すこと、そうしたチームの文化を支えるうえで、その働きは僕に劣らなかった。

フィルジルも、ロボもそうだ。チームにはたくさんのリーダーがいる。それは成功するチームには欠かせないものだ。そして得がたいものでもある。あのときユルゲン・クロップに出会っていなかったら、僕は選手としても人間としても、主将としても、いまのようにはなっていなかっただろう。彼は僕が成長し、そうした役割をこなせるようになるための力添えをしてくれた。彼こそトロフィーを掲げるにふさわしいのではないか。この優勝は彼がいたからこそ、また仲間たちがいたからこそ達成できたのだ。僕がいたから、ではなく。

監督の指示に従い、できるかぎりの行動とプレーをしてきた。だがそれは、ほかのみんながいたからこそできたことだ。同じことが#PlayersTogetherの活動にも言える。ほかのキャプテン全員がいなければ実現しなかった。だからシーズンの終わりに、僕がFWA年間最優秀選手賞に選ばれたのはまったく意外だった。衝撃を受け、謙虚な気持ちになった。これはとりわけ、過去の受賞者として並ぶ偉大な選手たちを見ると、大きな栄誉だ。

コップ・スタンドに授与式のために特別に設置された舞台に上った。クラブのエンブレムが描かれたマスクをつけて、ケニーが立っているのを見たとき、膝の怪我のことは頭から吹き飛んだ。彼は僕を見るとハグをして、僕を誇りに思うと言ってくれた。このことの意味は計り知れない。彼がいなければ、僕はそもそもここにはいないのだから。それからプレミアリーグの最高経営責任者、リチャード・マスターズからメダルを手渡され、その当時のやりかたに従って、自分で首から下げた。それから台座に置かれたトロフィーを持ち、選手たちが待っている舞台に乗った。

ボビーはクールなサングラスをかけ、フィルジルは両手を空に上げて感謝している。ロボは足踏みをし、サディオとカーティス・ジョーンズ、ナビはそれを自分のスマホで撮影している。モーは首から旗を下げ、ディヴ（オリギ）は髪を銀色に染め、アリーはその場で飛び跳ね、ミリーは笑い、ユルゲンは黒いベースボールキャップを逆さにかぶり、後ろのほうにいる。

こうしてコップ・スタンドに勢揃いしていることが、信じられないほど感動的なことに思えた。ファンの思いが感じられるようだった。現在のファンだけでなく、すでに亡くなったファンの思いも。長い年月のあいだにコップ・スタンドで応援した人、テラス席に立った人も席にすわった人もすべて。「ユール・ネバー・ウォーク・アローン」を聞いた全員。土曜の午後や水曜の晩に無数のスカーフが高く掲げられるのを見た全員――そのひとり残らずが、僕がトロフィーを空高く掲げ、チームが勝利の雄叫びを上げたあの瞬間を分かちあった。僕はサンダーランドから、いつの日かリーグ優勝したいと願ってリヴァプールにやって来た。その思いはいま、現実になった。

第16章
逆境での強さ

2020-21シーズンの開幕前には、フィルジルとジョー・ゴメス、ジョエル・マティプをバックアップするセンターバックを獲得しようとしたが、期限に間に合わなかった。それでも、さほど心配していなかった。その当時、クラブは長期的な戦略として、厳格な基準で契約する選手を選んでいた。そのため、選手獲得まで忍耐強く待たなければならないこともあったが、チームにとって有効な方針であることは間違いなかった。このときもそうした忍耐のいる状況だったが、僕はむしろ、実際に契約できた選手のことに意識が向いていた。チアゴ・アルカンタラとはかなり若いときに対戦したことがあり、すばらしいミッドフィールダーであることは知っていた。

チアゴはバイエルン・ミュンヘンでチャンピオンズリーグを制覇したばかりだったが、僕がいちばん鮮明に覚えているのは、2011年の夏にU21欧州選手権でスペインと戦ったときのことだ。リヴァプールと契約したばかりで、ちょっと得意になっていた時期に、チアゴと対峙することになった。相手のスペインは優れたチームだった。中盤にはファン・マタ、ハビ・マルティネス、ボージャン・クルキッチ、アンデル・エレーラがいた。ゴールはダビド・デ・ヘアが守っていたが、チアゴは彼らのなかでも図抜けていて、一段上のレベルだった。ボールの扱いが巧く、僕は近寄ることさえできなかった。視野の広さとタッチは際立っていた。あんな選手とは対戦したことがなかった。試合後も、ずっとその悪夢が消えなかったほどだ。1対1で引き分けたが、その結果は僕たちにとって幸いだった。

このときは自分の実力を突きつけられた。未熟さを思い知らされる経験は何度かしてきたが、これもそのひとつだった。それからは、彼のプレーを追いかけ、気に入ってずっと見ていた。そんな選手が突然、リヴァプールに来ることになったのだ。興奮が抑えられなかった。彼は並外れた存在で、これまでなかったものをチームに加えられる選手だ。

シーズンの出だしは上々だった。マルセロ・ビエルサ率いるリーズとの本拠地での開幕戦は、冷や冷やしたが、モーが終了間際にハットトリックを決め、4対3で振りきった。開始から終了まですばらしい試合で、リーズには感銘を受けた。強烈なプレーがいくつかあった。その後、敵地のチェルシー戦と本拠地でのアーセナル戦に勝利を収めた。ここまでは昨シーズンと同じだった。だが、つぎの敵地のアストン・ヴィラ戦は2対7で敗れた。

この試合については、もし無観客ではなくサポーターの前であれば結果はちがっただろう、という以外に説明のしようがない。試合前日にアリソンを怪我で欠いていたことも痛かった。準備が終わったあとで、これほど存在感がある重要な選手を失ってしまえば、チームはどうしても不安定になる。

サポーターのいないスタジアムでプレーしていることが稀な結果をもたらすこともあった。すでに書いたように、ストライカーは普段はしないようなプレーを試みるようになり、また負けているチームにはスタジアムのファンからの後押しがなかった。これは言い訳ではなく、状況の説明だと思ってほしい。このアストン・ヴィラ戦と同じ日に、マンチェスター・ユナイテッドは本拠地でスパーズに1対6で敗れている。当時はこうしたありえないはずの結果が出ることもあった。

しかし、アストン・ヴィラ戦の2対7の敗北も、つぎのグディソン・パークでのエヴァートン戦と比べればたいしたものではなかった。開始わずか3分で、ロボが左サイドで抜けだし、サディオにクロスを上げた。サディオはゴールエリアの縁から、ネットの上部に突き刺さるシュートを決めた。やはりファンはいなかったが、ダービーのゴールの喜びはこの上ない。好スタートから、僕たちはさらに優位を築こうとした。

ところが3分後に、悲劇が起こった。ファビーニョがエヴァートンの守備の裏に巧みなクロスを上げ、フィルジルがそこに走りこんだ。ジョーダン・ピックフォードはゴールから飛び出し、フィルジルめがけて飛んだ。そして彼の左足がフィルジルの膝に当たり、フィルジルの体全体をなぎ倒した。ひどい交錯だった。一発でレッドカードに値するプレーだったが、ジョーダンにはイエローカードさえ出なかった。そのとき、僕は状況やタックルのひどさがわかっていなかった。ただ、フィルジルの痛がりかたはひどく、交代するしかなかった。そのときは、まずいことになったと思っただけだった。試合は2対2で終了したが、もうひとつおまけに、終了直前の決勝点を僕が決めたはずだったのだが、VARでサディオが際どいオフサイドと判定され、得点が取り消されていた。さらに悪いことに、リシャルリソンとの交錯による怪我でチアゴを欠くことになった。リシャルリソンは当然だが退場になった。

アストン・ヴィラ戦の結果は残念なものだったが、今回は不当な結果だと思われた。更衣室に戻ると、フィルジルは押し黙っていた。それに、更衣室そのものが静かだった。引き分けという結果のためではない。タックルの映像は、顔を両手で覆うほどひどかった。なぜVARは見逃したのか。更衣室は痛ましい雰囲気に包まれていた。フィルジル自身もかなりよくない状況だと自覚していた。ジョーダンはすぐあとに、故意ではないと僕に伝えてきたが、謝罪が必要なのは僕に対してではなかった。また、それをフィルジルに伝えるにはタイミングが悪かった。彼は経験から、長期の離脱になると覚悟していた。

現実的な面でも、彼の存在の大きさはわかっていたし、欠場はひどい痛手になるだろう。このダービーの翌日、最大の不安が現実になってしまった。画像診断の結果、フィルジルは前十字靭帯の損傷で、手術を要することがわかったのだ。それを聞くなり、今シーズンは全休になると悟った。受け入れがたかったのはフィルジルが怪我をしたという事実だけではなく、その経緯についてだった。たぶんフィルジルも、理解しがたいと感じただろう。あの状況で、怪我をさせた選手がなぜ罰を受けなかったのか。選手として、怪我はサッカーの一部だとわかってはいるが、不問に付されたことで、彼にとってはさらに受け入れがたくなっただろう。

チームのセンターバックはあと2人になった。デヤン・ロヴレンはその夏、ゼニト・サンクトペテルブルクに移籍していたから、残っているのはジョー・ゴメスとジョエル・マティプだけだった。緊急事態になれば、ファビーニョもセンターバックに入れるし、そこでただの代役以上の働きをすることはわかっていたが、彼を中盤から失うことはできれば避けたかった。だが、ひと月も経たないうちに、チームはさらなる打撃を受けることになった。ジョー・ゴメスと僕が、代表戦によるリーグ中断のため、セント・ジョージズ・パークのトレーニング場でアイルランド戦の準備をしていたときのことだった。

その前日、僕はジョーと日曜日のマンチェスター・シティ戦後のリカバリー・ランをしていた。10月の代表戦による中断のあと、22日間で7戦ほぼフル出場していたジョーはいいプレーが目立ち、調子も上がっていたので、そのことを伝えた。フィルジルが不在のあいだに、レベルが上がり、目立つ存在になりつつあった。僕はつねに、世界最高級のセンターバックになりうる能力があると思っていたが、チームで連続出場することで、それを証明しはじめていた。

その翌日、トレーニングをしているとき、彼はインステップで、20メートルほど先でディフェンスラインのあいだにいる僕にパスをしようとした。だがそのとき、キックの瞬間に音が聞こえ、彼が声を上げて地面に倒れた。何が起こったのかわからなかったが、猛烈に苦しんでいるのは明らかだった。サッカーをやっていて、あれほど痛々しい場面は見たことがなかった。

膝の痛みを訴えたので、理学療法士が酸素マスクを着けてガスを吸わせた。僕はしばらくその場にいたが、医療班が仕事をする場所を空けるためにその場を離れた。僕は頭に手を当てた。ショックを受けていたが、何よりジョーのことを思うとつらかった。最高の仲間がまたしても災難に見舞われたことが信じられなかった。

彼は担架で屋内に運びこまれた。ガレス・サウスゲート監督は選手たちの心配を察知して、早めに練習を切りあげた。そのあとジョーに会ったときは、ともに悔しさをかみしめた。彼は妻のタマラと電話で話したあと、救急車に運びこまれた。これで彼のシーズンは終わった。

リーグ戦が再開されたとき、チームのセンターバックは本職のジョエル・マティプと、代役のファビーニョしかいなかった。実際にはジョエルもさまざまな故障に苦しんでいて、チームを外れることもあった。年末年始には鼠径部の怪我で3週間出場できなくなり、そのときは僕が間に合わせでセンターバックを務めた。それどころか、僕がセンターバックの一番手で、隣でプレーする選手を選ばなくてはならないことさえあった。それほど苦しいチーム状況だった。

ユルゲンには以前から、センターバックでの出場もありうると言われていた。それを聞いたときは葛藤があった。自分自身を大事にして、リーグ制覇を果たした慣れた役割を諦めたくないという利己心が湧いてきたのだ。自分の力がいちばん発揮できる場所でプレーしたいという思いもあった。だがそれよりも、チームのために守備をしなければならないという考えのほうが大きかった。監督がセンターバックでプレーする必要があると言うなら、それに従わなければならない。それでも当然、僕とファビーニョが欠けた中盤をどうするかという問題が生じた。

それまでにセンターバックで出場したのは1度、前シーズンのドーハでのクラブワールドカップ準決勝のモンテレイ戦で、フィルジルがウイルスに感染して欠場したときだけだった。ありがたいことに1試合だけだった。僕はまずまずのプレーをし、2対1で勝って決勝に進出した。ロボには試合前にこう言っていた。「いつものような攻撃参加はやめてくれ。俺の脇にいて、このサイドは絶対に突破させるな」

あのときは1試合だけだったから、喜んで引き受けた。だがそのポジションでずっとプレーすると思うと頭が混乱した。だが監督は、この苦境のなか、トップチームの選手をできるだけ多く出場させることが最優先だと考えていた。チームは危機的状況にあり、重要な選手を何人も欠いている。だからまず大事なのは、実力のある選手で固めることだった。たとえその結果、不慣れなポジションにつくことになるとしても。

1月末には、先発センターバック3人全員が、シーズン終了まで欠場することになった。ついに、ジョエルまで失ってしまった。苦しい戦いが続くなか、スパーズ戦のハーフタイム前に、両膝を故障したのだ。両方の脚を同時に怪我したのか、片脚ずつだったのかはわからない。いずれにせよ、医療用の固定具をふたつ装着してグラウンドを去ることになった。

いまではこのときの様子が笑い話になっている。僕にとっては罪悪感も交じる逸話だ。怪我をしたとき、彼は理学療法士に、「大丈夫、大丈夫だよ」と言った。理学療法士は「いや、大丈夫じゃない」と答えたのだが、選手不足という状況もあり、僕は理学療法士に向かって、本人が大丈夫と言ってるんだからやらせてくれ、と言ってしまったのだ。その発言の過ちに気づいたのは、ジョエルが2本の固定具をつけてピッチを離れたときだった……。

僕はクリスマスからほぼ毎週、センターバックとして出場した。どうにかこなせた試合もあったし、いずれにしても最善は尽くした。それでも、有力選手の欠場が多すぎた。高いボールの処理はそれほどむずかしくはなかったが、あの時期のあと、本職のセンターバックへの敬意は、それまでよりはるかに高まった。まあ、フィルジルはきっと笑うだろうが。むずかしかったのは、ラインを上げてのプレーだった。いつラインを下げるか、いつ高いラインを保つか、相手が攻撃してきたときにいつオフサイドトラップをしかけるか。相手が余裕を持ってボールを持ち、誰かがマークに行ったとき、ラインを下げるか、自分も寄っていくかどうかの判断はむずかしい。背後にスペースが空いている場合もあるし、これまでの経験を判断材料にするだけの蓄積もないからだ。

　ペナルティエリア内にクロスを上げられたときの位置取りも困難だった。自陣からの展開はたやすいことだった。そしてそれこそ監督が重視していたことだ。僕にとってはなんでもない。それはうまくいったのだが、守備の重要な場面に対処するのはむずかしかった。シーズン途中まで、チームは好調だった。12月を首位で迎え、クリスマスの前週には、敵地セルハースト・パークでのクリスタル・パレス戦で7対0の勝利を収めた。首位のまま新年を迎えたが、そこから5戦勝利がなく、複数の選手が新型コロナ感染によって離脱したことでさらに弱体化した。この状況に対応できず、チーム状態は一挙に下がりはじめた。2月から3月には、本拠地でのブライトン、マンチェスター・シティ、チェルシー、フラム戦を含む、リーグでの7戦中6戦を落とした時期もあった。順位は8位まで落ちた。結局、信じられないことにアンフィールドでシーズンを通して6敗を喫した。これではリーグタイトルを守るどころか、チャンピオンズリーグ出場権さえ容易ではなかった。

　そのときには、僕のシーズンも終わっていた。2月20日、エヴァートンに敗れたマージーサイド・ダービーの前半に、内転筋の肉離れを起こして手術が必要になったためだ。その夏のユーロには間に合うかもしれないというわずかな望みはあったが、リーグ戦はこれで終了になってしまった。ところが、僕の国内シーズンにはまだ続きがあった。困難続きだったこの年に、さらに大きな問題が降りかかってきたのだ。エランド・ロードでのリーズ戦の前日だった4月18日日曜日に、イングランド、イタリア、スペインの12のクラブが創設メンバーとなり、新たな欧州スーパーリーグを立ち上げ、リヴァプールもそれに参加するというニュースが流れたのだ。

リヴァプール、アーセナル、チェルシー、マンチェスター・シティ、マンチェスター・ユナイテッド、トッテナムというプレミアリーグの6クラブが、ユベントス、ACミラン、インテル・ミラノ、バルセロナ、レアル・マドリード、アトレティコ・マドリードとともに新リーグに参加する契約を結んだという報道だった。創設メンバーである12クラブは、降格の恐れがない「クローズド・リーグ」を設立するという。すぐさま、リヴァプールを含むこの12のクラブは、「ダーティ・ダズン（卑劣な12クラブ）」と名づけられた。

チームがこうした構想に参加するなど、信じられなかった。クラブがそれに関連しているとされていることにも、またそれに伴って僕自身が関与しているとされていることにも失望させられた。監督も僕も、またリヴァプールの選手の誰ひとりとして、スーパーリーグのことは聞いていなかった。

このときは、心が傷つけられた。とくにこの騒動に巻きこまれた自分たち自身のことを考えて、感情があふれ、不安が高まった。時間を置き、冷静になって考えてみれば、たぶんオーナーたちにこの責任の少なくとも一端があったのだろう。彼らから事前に話はなかったのだから、少なくとも状況がよくわかっている人には、僕たちに罪はなく、いっさい関与していないことはわかるだろう。選手に対しても代理人に対しても、なんの勧誘もなかったし、甘い誘いも、僕たちの人気を利用してサポーターの気持ちを動かそうという試みもなかった。それでも、その当時は絶望的なほど困難な状況にいると感じた。当然ながら、この計画は広範囲な非難を浴びた。イングランドのファンは、スーパーリーグへの反対者を集めて設立阻止の運動を展開したことで、世界一であることをあらためて示した。

スーパーリーグ設立に反対という点で、ほぼすべてのサッカーファンが一致していた。個人的には、自分のクラブがチャンピオンズリーグを無にするような計画に加わっていたことが信じられなかった。サポーターとともに人生最高の晩を過ごしたあのエスタディオ・メトロポリターノでの経験から、まだ2年も経っていないというのに。マドリードで掲げたあのトロフィーは、僕のすべてなのだ。

アンフィールドの、ビル・シャンクリーの銅像からあまり離れていない場所に、クラブの死を宣告するバナーがファンの手で掲示された。「恥を知れ。安らかに眠れ、リヴァプールFC（1892-2021）」。すぐに大規模な抗議活動が開始された。いまもサポーターのひとりである僕自身も、彼らの発言を理解し、尊重し、また共感した。当然のことだ。スポーツの枠組みは不変のものではないし、サッカー界が変わってしまうこともあるだろう。そしてそれが、当初きわめて不人気であっても、最終的に成功を収める可能性もある。だが今回はあまりに変化が大きく、突然で、また手法も拙劣だった。リヴァプールの歴史のことがやはり頭に浮かんでくる。ヨーロピアン・カップはクラブのアイデンティティを作りあげるうえで非常に大きな意味を持っていた。同じやりかたで、同じ人々が運営する同じ大会が永遠に続くと考えるほど僕は楽天的ではないけれど、こんなふうにそれを無にしてしまうのが正しい方法ではないということには、絶対の確信があった。

いちばん気に入らないのは、クローズド・リーグになるという点だった。参加する20チーム中15チームには、毎シーズン降格の恐れがないというのだ。僕にとって、サッカーの本質はスポーツの高潔性にある。大切なのは、ビッグクラブであろうとなかろうと、優れた者を高く評価することだ。そして、レスターのようなチームがリーグ優勝したり、上位4位を確保してチャンピオンズリーグに出場したりする道が開けていることだ。

チームがなぜそれに参加したのか、まるで理解できなかった。オーナーのマイク・ゴードンとジョン・W・ヘンリー、トム・ワーナーとはさまざまな機会に話をしてきたが、知識が豊富で聡明な人々だし、これまでにはクラブにとって有益なことを数多く行ってきた。僕が知っている彼らの人となりと、この計画はどうしても結びつかなかった。彼らのやりかたを理解しようとさんざん考えた。もしかしたら、自分たちが革新的なオーナーだということ、そしてあまりに困難な、もしくは非難を浴びる決断だとして普通は怖じ気づくような場面で、それを実行する勇気を持っていることを誇示したかったのかもしれない。多くの場面で、それが成功してきたことは認めなければならない。だが今回は大きな失敗だった。

報道の翌日、敵地エランド・ロードでリーズと対戦した。創設メンバーに加わっているリヴァプールは欧州スーパーリーグへの反対運動の標的にされた。コーチや選手はブーイングを浴び、スタジアムに着くと「人でなし！」と口々に罵られた。バスを降りるとき、リヴァプールファンがバナーを掲げた。「強欲と腐敗によって破壊された、労働者階級のスポーツを愛する。記憶をありがとう。安らかに眠れ、リヴァプールFC」

僕は怪我をしていたことに加え、新型コロナの規制もあって、ヨークシャーへ移動することは許されなかった。だがあとで聞いたところでは、更衣室に入ると、各選手のロッカーのハンガーにTシャツがかけられていたそうだ。その前面には、チャンピオンズリーグのロゴと、「自分で勝ち取れ」という文字が書かれていた。リーズの選手たちはそれを着てウォームアップをしていた。僕は仲間たちの受けた仕打ちや、彼らが標的にされたことに怒りを覚えた。これでは選手たちが今回の構想に加わっていたかのようだ。自分で勝ち取らなければならないことは、誰だってわかっている。僕たちはいつもそれを目指している。勝ち取ることこそが僕たちを突き動かしているのだ。こんなものを突きつけられる理由はなかった。計画を進めたのはリヴァプールの選手ではない。欧州各地のオーナーだ。12のクラブに向けられた怒りはさらに大きくなった。ガリー・ネヴィルらは、スーパーリーグ構想と契約を結んだクラブは勝ち点を没収するべきだと語った。ユルゲンは構想について質問され、あなたは数年前に欧州スーパーリーグに反対の声を上げたはずですが、と指摘された。

考えは変わっていない、と彼は答えた。いまも反対だ、と。「ファンの不満は理解できる。わたしはクラブとは立場がちがう。すべての情報を知っているわけじゃない。12のクラブがこれを行った理由はわからない。チャンピオンズリーグはわたしたちの目標だ。そこで指揮を執りたいと思っている。競争があることが好きなんだ。来シーズン、ウェストハムが出場できるかもしれないのは嬉しいよ」

1対1の引き分けに終わった試合のほうは、あまり注目されなかった。リヴァプールはチャンピオンズリーグに参加しないのだから、出場権を獲っても意味はないと揶揄された。その日キャプテンを務めたミリーは、試合後のインタビューで、スーパーリーグについて質問され、こう答えた。

「僕は自分の見解を述べることしかできません。僕は嫌だし、そうならないことを望んでいます」

仲間たちが標的にされたことに対する怒りがつのった。クラブの職員も不快な思いをしていた。アンフィールドへの出勤途中に嫌がらせを受けるようになったのだ。僕はまだFSG側から何も聞いていなかったから、マイク・ゴードンに電話をかけ、少し時間をいただけますかとメッセージを残した。彼は折り返し電話をかけてきて、開口一番、選手たちをこんな状況に追いこんでしまって申し訳ないと謝罪した。また、僕も選手たちも、スーパーリーグについて好きなように発言してかまわない、と言った。クラブの公式見解をなぞる必要はない。もし反対だと述べても、不利な扱いを受けることはない、と。

僕にとって、これはきわめて重要なことだった。マイクはいつも、リヴァプールでは自分の意見を述べるのは単に推奨されるだけではない、それは義務なんだとはっきりと述べている。だがそうは言っても、今回ほど主張の食いちがう問題が起こったときにそれを貫けるかどうかはまた別問題だった。このときや、ほかにも数多くの経験から、僕は現在まで変わることなくマイクを大いに尊敬している。彼はこう語った。企画に問題があったうえ、発表も時期尚早だった。また、ＦＳＧと欧州サッカー連盟のあいだには問題が生じていて、スケジュールについても、この計画が適切に運べば、長期的にはリヴァプールだけでなくイングランドの下部リーグまで含めたプロサッカー界全体が利益を得ることになるだろう、と。

たしかに、同意できる部分もあった。現状の運営方法がすべて完璧なわけではない。年間の試合数や、サポーターの扱いといった点は、どんな改革案を出すにせよ真っ先に挙げられるべき問題だし、あらゆる面でサッカーのレベルは最高の水準に保たれなくてはならない。僕たちはつねに試合の質を向上させることを目指し、改善しうるあらゆる面を探さなければならない。さまざまなアイデアや新たな思考を促さなければならない。そうでなければ、スポーツは停滞し、行き詰まってしまう。イノベーションは歓迎されるべきだ。ただ、スーパーリーグ構想に関しては、見過ごせない点が３つあった。第１に、それが突然始められたこと。第２に、事前の相談がまったくなかったこと。そして第３に――これが僕にとっては最も重要なのだが――絶対に譲れない原則であるスポーツの高潔性に則っていないこと。それに関して、これまでもこれからも、僕の考えは何があっても変わらない。

どんなリーグであれ、そこでプレーする権利が無条件に与えられるということは、あってはならない。アメリカでは状況が異なることは知っている。四大スポーツであるNFL、NBA、NHL、MLBはクローズド・リーグだ。そうしたリーグについてはまったく問題ないし、非常に大きな成功を収めている。だがそれは僕たちの文化とは異なるし、できることならその点は変わってほしくない。

あるクラブがあらかじめ参加する権利を与えられ、しかもそれを失うことはないという発想は、まったく僕の理解を超えている。スポーツ選手として、納得いく方法ではない。僕は欧州サッカー連盟の競技団体としての失敗や、プレミアリーグの投票権や収益の分配に関する問題について自分の見解を述べることも、議論を戦わすこともできる。だがひとりのスポーツ選手として、今回の構想のクローズド・リーグという側面は受け入れられなかった。

その時点で本拠地での試合はまだ開催されていなかったが、ファンがこの状況への強い怒りを表明した、あのスタジアム外のバナーはまだ外されていなかった。多くの選手たちは構想に反対の立場で、見解を表明するべきだという重圧をサポーターから受けていた。選手によるミーティングを開き、集団としての立場を投稿することになった。

まずは僕がツイッター（現・X）で投稿しようと提案した。そうすれば、反響は僕のところに集まる。結局、僕がまず投稿し、それからほかの選手たちは、自分の判断で再投稿しても、しなくてもいいと決まった。オーナー側と再契約などで交渉をしている選手もいたが、これはそれ以上に重要な案件だとみなが感じていた。僕たちはスポーツの観点からこの案に反対であり、その見解を表明する。チーム全体が反対であるという立場を、僕は火曜の夜9時に投稿する。その文面はこうだった。「僕たちはそれを好まず、その実現を望まない。これはチームの統一見解だ。クラブとサポーターに対する僕たちの献身は絶対であり、無条件のものだ。君はひとりじゃない」

その晩にはもう、スタンフォード・ブリッジでチェルシーがブライトンを迎えた一戦に先だって抗議行動が起こっていた。チェルシーのレジェンド、ペトル・チェフが群集のなかに入っていき、騒動をやめるよう説得する場面も見られた。またすでに、マンチェスター・シティは構想から外れるという報道が流れていた。そしてチェルシーもそれに続くことが明らかになった。構想は崩壊しつつあった。僕たちが声明を発表した2時間後には、FSGも欧州スーパーリーグ構想からの脱退を表明した。

火曜の晩までに、欧州スーパーリーグ構想に参加したイングランドの6クラブすべてが撤退し、サポーターに謝罪した。この大規模なサポーターによる抗議行動で、またしてもファンの力と重要性が明らかになった。サッカーは彼らのものなのだ。そして彼らは、自らの声を届かせた。

水曜日の午前、ジョン・W・ヘンリーは騒動に幕を引き、クロップ監督やビリー・ホーガンCEO、選手、ファンに謝罪するためにビデオ・メッセージを発表した。そのなかで彼は、「リヴァプールFCのすべてのファン、サポーターに対し、わたしが引き起こしたこの48時間の騒動を謝罪したいと思います」と述べた。

言うまでもないことですが、ファンの支持がなければ今回の計画は立ちゆきません。イングランドでは、それは当然のことです。この48時間に、あなたがたは不支持の立場を明確に表明しました。

その声はわたしたちに届きました。わたしに届きました。

またわたしは、ユルゲンとビリー、選手たち、そしてファンの期待に応えるためにリヴァプールFCで懸命に働くすべての人々に対し謝罪したいと思います。彼らは今回の騒動に関して、いっさい責任がありません。彼らは不当にも、今回大きな混乱に巻きこまれました。このことを非常に心苦しく思っています。彼らはこのクラブを愛し、ファンの期待に応えられるよう、毎日働いていています。

リヴァプールFCは、信頼を取り戻してもう一度前に進む力や、リーダーシップ、情熱を備えているものと思います。10年以上前、危機に陥ったこのクラブの経営を始めたとき、わたしたちの夢はあなたがたの夢と一致していました。そしてわたしたちは、あなたがたのクラブを改善するために努力してきました。その努力は、まだ完結していません。理解していただきたいのは、過ちを犯したときでも、わたしたちはクラブにとっての最善を目指していたのだということです。その試みのなかで、わたしはあなたがたを失望させてしまいました。

もう一度謝罪します。この数日に起こった、降って湧いたような出来事の責任はすべて、わたしひとりにあります。このことを、わたしは決して忘れません。この出来事が、ファンの力を示しました。その力は現在だけでなく、当然今後も変わることはないでしょう。この大きな過ちが明らかにしたことがあるとすれば、それはこのスポーツにとって、またあらゆるスポーツにとって、ファンがいかに重要かということです。空になったすべてのスタジアムを見ればわかるでしょう。この1年、わたしたちは厳しいときを過ごしてきました。影響を受けていない人はいないほどです。大切にすべきは、リヴァプールに関わる人々が無事で、活力を維持し、いま世界中で起こっていることに尽力すること。また地域では思いやりのある、支えあいの行動をとることです。わたしはそれを推し進めるために全力を尽くすことを約束します。お聞きいただき、ありがとうございました。

この行動は重要で、また好意的に受けとめられた。ジョン・W・ヘンリーはこの一件で矢面に立った数少ない人物のひとりであり、僕はそれを尊敬すべきことだと思う。ほかのクラブにはこうしたリーダーシップを発揮する人はいなかった。オーナーが公に責任の所在を明らかにしたことは、クラブのためになった。だが、これで問題が終わったわけではなかった。10日後、オールド・トラッフォードでのリヴァプール対マンチェスター・ユナイテッド戦は延期されることになった。オーナーであるグレイザー家とスーパーリーグ構想への抗議のため、数千人のファンがスタジアム外に集結し、数百人が侵入してグラウンドを占拠したからだ。このこともまた、イングランドのトップリーグにおいて、オーナーとサポーターの信頼関係は絶対のものではないことを示す一例だった。僕にとって唯一の慰めは、FSGがすでに損なわれた関係の修復に取りかかっていることだった。人は誰でも、僕自身も例外ではなく、過ちを犯すことはありうる。だが、過ちを犯した人はそこから学ぶことができるということも歴史が証明している。この行動によって、FSGはリヴァプールが世界最大の、最も力あるクラブのひとつだという評価を取り戻した。僕はスーパーリーグ構想に心を痛めたし、それが過ちだと考えているが、それでもつねに、オーナーたちがリヴァプールFCにとって最善だと信じる行動をとっているのだということは疑わなかった。彼らはただ、ひどい過ちを犯してしまっただけだ。

5月13日に延期された試合が行われたとき、プレミアリーグの順位表でチームは6位に位置し、4位のチェルシーには7ポイント差をつけられていた。ただしこちらは、彼らよりも2試合多い4試合が残されていた。この困難な状況からチャンピオンズリーグ出場権を勝ち取るには残りを4戦全勝で終わる必要があった。オールド・トラッフォードでは4対2で勝利を収めたが、その3日後、敵地でのウェスト・ブロム戦では、4位以内という目標は潰えたかと思われた。開始早々にハル・ロブソン・カヌに先制点を奪われ、30分過ぎにモーが試合を振り出しに戻したものの、アディショナル・タイムに入っても同点のままだった。引き分けでは足りない状況だ。

アディショナル・タイムが5分過ぎたところで、コーナーを得た。アリソンが上がってくる。チームはこのシーズン、結果もよくなく、ひどい状態が続いていたが、アリソンの身には、それよりはるかに痛ましいことが起こっていた。ブラジル出身の彼の家族は強い絆で結ばれているが、数か月前に父親を水泳の事故で亡くしていたのだ。悲しみのほどは、僕も知っていた。その後数か月、ピッチ上で彼が見せてきたパフォーマンスはただ賞賛するばかりだった。アリソンは世界最高のゴールキーパーだが、人間としてはそれ以上にいい奴だから、みなが悲しみを分けあっていた。しかも、新型コロナによる渡航の制限があり、葬式に出席することもできなかった。

トレントがコーナーを蹴り、アリソンが最初に触った。わずかに方向を変えるすばらしいヘディングで、ネットの後ろに突き刺さった。センターフォワードでも、このゴールは誇りに思っただろう。これが最後のプレーになった。集まった選手たちのなかから出てくると、アリソンは指を空に向け、上を見た。1892年の創設以来、リヴァプール史上はじめてのゴールキーパーによる公式戦の得点だった。

これで残りは2試合で、4位のチェルシーと1ポイント差、3位のレスターとは3ポイント差の5位になった。

「僕の人生では、説明できないことがたくさん起こる」と、アリソンはその後語った。「それは神の御業だ。今日は、神が僕の頭に手を置いたんだ。ここ数か月、僕と家族には悲しいことが起こっていたから、冷静ではいられないよ。サッカーは僕の人生だ。記憶があるかぎりずっと、父さんとプレーしてきた。できればここで見ていてほしかったね。でもきっと、向こうで神とともに祝ってくれているだろう」

ユルゲンの母も数か月前に亡くなっており、やはり葬式には出席できなかった。アリソンの悲劇は彼にとっても大きかった。「彼のことはよく知っているつもりだから、あのゴールがどれだけの意味を持つかはわかっている。すばらしい、感動的なゴールだった。ただのサッカーとはいえ、わたしたちにとってはとても重要なものなんだ」

最終節前の敵地でのバーンリー戦に勝って4位に浮上した。レスターとは勝ち点で並び、得失点差4点の差でかわした。本拠地での最終戦、クリスタル・パレス戦は2対0で勝ち、3位でシーズンを終えた。その試合は新型コロナ蔓延以後はじめて、1万人のファンが来場した。まるで10万の観衆のような声援だった。そのときのアンフィールドでの「ユール・ネバー・ウォーク・アローン」は、そのシーズンのさまざまな出来事、多数の人々を巻きこんだ悲劇を経てきた人々に深い感動をもたらした。

ジニはリヴァプールでの最後の出場を果たし、これまでの活躍にふさわしい餞別を受けとった。困難な状況のなか、シーズン後半にセンターバックとして驚異的な働きをしたナット・フィリップスとリース・ウィリアムズは、大人へと成長して最も必要な時期にクラブを助け、何度も無失点で切り抜けた。嵐のあとに、すばらしい快晴が待っていた。

あらゆる悪夢を詰めこんだようなシーズンだったが、どうにか混沌と痛みを通り抜け、最後にすばらしい結果を手に入れた。「どうしようもない状況からチャンピオンズリーグ出場権を勝ち取ったのは大きな成果だ」とユルゲンは言った。「これだけの状況でも戦い抜き、3位で終えられた。それは人生で学びうる最高の教訓だよ」

第17章 PK

あまりよい晩ではなかった。ミドルズブラのリヴァーサイド・スタジアムで行われた、ユーロ2020に向けた強化試合、イングランド対ルーマニア戦で、僕はベンチにすわっていた。選手たちが試合前に膝をつくと、スタジアム中から野次が飛んできた。まえの週のオーストリア戦も同様だった。これはなんなんだ？　大きな大会を直前に控えて、こんな反応をされるとは。あまりよい気分ではなかった。

試合は悪くない出来だった。親善試合だから、ペースは落ち着いていた。僕は後半からカルヴィン・フィリップスに代わって入ったが、これは重要なチャンスだった。ガレス・サウスゲート監督が本大会で使えるかどうかを試すために僕に与えた時間は45分だった。ガレスとの関係はうまくいっていた。本調子にあることを是が非でも証明したかった。

復帰は嬉しかったが、ぎりぎりここに間に合わせたというのは誰もが知っていた。2月末のマージーサイド・ダービーで負傷し、鼠径部の手術を受けていた。シーズンはそれで終わり、そのあとのユーロに間に合うかどうかは予断を許さなかった。この大会は、自分たちのほとんどの試合がウェンブリーで行われることもあり、また決勝に進出すれば自国でプレーできることになっていたので、みなこの大会に懸けていた。僕はリハビリ中にもガレスと会い、やれるというところを見せようとしていた。関係が良好だったこともあり、調子が整っていることを証明する機会を与えてくれた。

だが実際には、体内での治癒を促すために、腱が糸で巻かれている状態だった。糸が入っていても、何も問題がないこともあるが、体が異物に反応し、傷口から自然とそれを外へ押し出そうとすることもある。驚くべきことに、僕の体もこの仕組みに従って、糸を押し出そうとしていた。

そうなるといつも、染み出てきた液体のせいで傷口がふさがらなくなる。抜糸しないかぎり治らないことはわかっていたが、この大会に出場したければ、終了までそのままでいなければならなかった。それで我慢するほうを選んだ。つまり、きちんと処置をして抜糸できるときまで、傷口を抱えたまま過ごすということだ。

ほかにも気になる点はあった。医療チームの助けで、鎮痛剤と抗炎症剤を摂っていた。オーストリア戦で少し出場するつもりだったのだが、試合前に鼠径部に違和感を覚えたため自重した。数日後、怪我の状態はよく、自信を持てたので、プレーできると感じた。試合は問題なかった。68分にジャック・グリーリッシュへのファウルでPKを得て、マーカス・ラシュフォードが蹴った。キーパーの左に低い球が決まり、先制した。ひと仕事終えたマーカスはその直後に下がった。

その交代の数分後、ドミニク・キャルバート・ルーウィンがファウルをもらい、もう一度PKを得た。たぶん自分で蹴るつもりだった彼に、俺が蹴る、と言った。それは自分らしくない行動で、振りかえれば、あまり冷静ではなかった。ゲームのなかで印象を与える働きをして、チームでの居場所を確保したいと思ったのだが、愚かなことだった。

理由はもうひとつあった。僕は代表58キャップで、まだ得点を記録していなかった。それで大会前にひとつ決めておきたかったのだ。こうして、僕がPKを蹴ることになった。強い球でキーパーの右を狙ったが、予測を当てられ弾かれた。リバウンドが転がってきたが、蹴り損なった。

試合は1対0で勝った。試合後のインタビューでは、PKのミスは小さなことだと答えたが、内心はかなり熱くなっていた。いったい何をやってるんだ！ チームにさほど大きな迷惑はかけていないし、ただの親善試合だという言い訳もできる。だが、問題はそこではなかった。失望を与えたうえ、チームよりも自分を優先してしまったのだ。記憶にあるかぎり、僕はそんなことをしたことはなかった。われながら信じられないふるまいだったし、自分の行動が許せなかった。

のちに、テレビでロイ・キーンが分析している映像を見た。彼はいつもどおり率直で、僕のことを知り尽くしていた。

「ジョーダンは不調だ」と彼は言った。「チームから外したほうがいい。入れるのは正しくない。いるだけで価値があると言う人もいるだろう。だが、なんのために？ トランプで手品でもするか？ 歌をうたうか？ 夜になったらクイズをするか？ きっと本人も、チアリーダーみたいな役割でそこにいたいとは思わないだろうね」

だが、僕はチームに入った。新型コロナによる特例で通常よりも3人多い選手がベンチ入りを認められたため、外れるはずだった選手の枠ができ、そこに滑りこんだのかもしれない。僕は自分に言い聞かせた。かりに最初は先発できなくても、数試合こなすうちにトレーニングをして、出場時間を延ばして、できればトーナメントの後半には先発できるようにしよう。

どうしても参加したかったのは、ヨーロッパ各地で試合が行われる大会だが、イングランドに拠点を置けるということに加えて、優勝できると思っていたからだ。短期間の大会では、勝つためには全員が役割を果たさなければならない。たとえあとからチームに加わった選手でも、声がかかったときには誰もが万全で出場できる状態を作りたかった。

大会初戦はウェンブリーでのクロアチア戦だった。予想どおり、僕は控えだった。フォーバックの前の守備的ミッドフィールダーとして先発したカルヴィンとデクラン・ライスはふたりともすばらしかった。カルヴィンは激賞され、ラヒームが得点して1対0で勝利を収めた。焼けつくように暑い、過酷な状況で、堅調なパフォーマンスを見せる順調な滑り出しだった。スタジアムにはしっかりと観客も入っていた。少しずつ日常が戻ってきたようだ。

僕はスコットランド戦も控えで、鼠径部にはまだいくぶん違和感が残っていた。試合は僕の誕生日の翌日だったから、ガレスが「チームの年寄り」のためにみんなで歌おうと声をかけ、祝ってくれた。試合には出場せず、0対0の引き分けだった。グループリーグの最終戦はチェコ戦だった。メイソン・マウントとベン・チルウェルが新型コロナの規定により隔離措置となった。早い時間にラヒームが先制点を挙げた。ハーフタイムにガレスから、デクランに代わって入ると告げられた。僕はほっとして、落ち着くことができた。試合はそのまま終了した。ブカヨ・サカはすばらしかった。これで決勝トーナメントに進出し、相手はドイツに決まった。この一戦の意味は、みなよくわかっていた。

ドイツ戦となると、つねに重要な試合での対戦成績の悪さが話題になる。だがチームはかなり前向きだった。戦いかたも固まってきたし、国内の雰囲気も変わりつつあった。ドイツ戦では、膝つきに対して誰もブーイングをしなかった。選手たちはみな、1年3か月ぶりの大観衆の前でのプレーで、会場は試合開始から沸いていた。こんなウェンブリーを見たことはなかった。まさに揺れるようで、鳥肌がたった。終了15分前にラヒームが大会3得点目を挙げ、さらに残り4分には、ハリー・ケインがジャック・グリーリッシュのクロスからのヘディングで試合を決めた。そのとき、僕はちょうど交代で入ろうとしていたところで、ハリーが合わせたボールがゴールに入るのを見て、感情が抑えられなくなった。ガレスをつかみ、がっしりと抱きしめ、彼の体が浮きそうなほど力をこめた。

88分に、この日もすばらしい出来だったデクランと代わった。彼がイエローカードをもらっていたこともあった。この試合は危なげなく、相手を封じこめた。終わったときの高揚感はすさまじかった。つぎの準々決勝は、唯一ウェンブリー以外での開催となるウクライナ戦だ。

金曜日にローマに入った。僕は日ごとに調子を上げていた。この日もやはり控えで、中盤の底はデクランとカルヴィンだった。ジェイドン・サンチョも先発で起用された。チームには大きなことを成し遂げられるという雰囲気が生まれていた。スタディオ・オリンピコでの僕たちは、さらに一段レベルが上がり、一瞬たりとも不安は感じなかった。この準々決勝のパフォーマンスは3年前のロシア・ワールドカップでのスウェーデン戦よりもさらによかった。

開始早々、ハリー・ケインがラヒームの巧みなパスをゴールにねじこみ、先制した。ハリー・マグワイアが後半早々にヘッドで2点目を決めた。50分にハリー・ケインが3点目のヘッド。僕は57分にデクランと代わって入った。その6分後、右のコーナーキックを得た。メイソンが蹴りこんだ球に僕が走りこんだ。ノーマーク、距離は5メートル。ぴったりと頭で合わせ、左を狙った。キーパーはどうすることもできない。

ついに代表でゴールを決めた。ようやくだ。少しまえに、番組の撮影のためにセント・ジョージズ・パークを訪れていたピーター・クラウチから、もし得点を決めたら、どんなパフォーマンスをするかと尋ねられたことがあった。僕は普段から決まったやりかたがあるわけではないから、たぶん、何も考えずに叫ぶだろうと答えていた。いよいよその場面が来たわけだ。ジョン・ストーンズが抱きつこうとしたが、振りきった。たまっていたものが爆発した。何度も空に拳を上げた。やっと望みどおりチームに貢献できて、心地よかった。ピッチの脇から試合を見ているのはつらい。たとえ自分の状態が完全でなくても、やはり出場したかった。チームの進化を見ているのはすばらしいものだが、とくに大会後半に入ってからは、そのなかでもっと大きな役割を担いたいと思っていた。

これでつぎはウェンブリーに戻り、デンマークとの準決勝だ。彼らは勢いに乗り、いいサッカーをしていることに加え、多くの人々の感情を味方につけている。大会初戦のコペンハーゲンでのフィンランド戦で、クリスティアン・エリクセンが倒れるという出来事があったためだ。デンマークチームと優秀な医師たちが彼の命を助けた。ピッチ上で彼が処置を受けているとき、チームは周囲に立って彼を守った。彼らはみな、英雄だった。

「デンマークは試合を失ったが、命を救った」と、あるデンマーク紙は見出しを打った。中立のファンが彼らを後押ししたくなるのも当然だ。デンマークは30分過ぎにミッケル・ダズムゴーのすばらしいフリーキックで得点した。ところが前半のうちにブカヨ・サカのクロスを防ごうとしたシモン・ケアーが、カスパー・シュマイケルの守るゴールに入れて同点に追いつく。

試合は延長戦に入った。5分過ぎにガレスから交代の指示があった。デンマークは疲れている。今回は決定的な仕事ができそうな感覚があった。疲れている相手に対し、僕は全力で走っている。延長戦のハーフタイム直前に、ラヒームが反転して相手ゴールに向かい、ペナルティエリア内で倒された。ハリー・ケインがPKを蹴り、一度はシュマイケルが防いだが、ケインがリバウンドを蹴りこんだ。これで2対1。そしてこのリードを守りきった。イングランドは1966年のワールドカップ優勝以来はじめて、主要な国際大会で決勝に進出した。

いまあのときのことを言葉にするなら、試合終了のホイッスルが鳴った瞬間に感じたのは、圧倒的な誇りだった。まず声を上げて勝利を祝い、それが収まるとみな、スタジアムの角の、家族たちがいる場所へ向かった。僕はすぐに、試合観戦に訪れていたふたりの娘、エレクサとアルバを探した。そのときまだ1歳4か月だったマイルズは自宅で待っていた。サッカーで何が起ころうと、子供たちはいつも喜びを与えてくれる。僕のいまの行動は、すべてが子供たちのためだ。

娘たちは妻のレベッカとともにいた。彼女は多くのことを犠牲にして、僕がつねに最高の調子を保てるようにしてくれている。若いときに一緒にリヴァプールに引っ越してきたときから、ずっと支えてくれている。母親としても最高だ。僕はいつも子供たちが安全で、愛され、問題もないと安心して仕事に取り組める。そんなふうに穏やかに過ごせるのは、決して当然のことではない。とくに、僕が敵地の試合で家にいないときの大変さはよく知っている。誤解しないでほしいのだが、わが家はとても恵まれていて、彼女はいつも子供たちのそばにいてあげられる。それでもやはり大変なのだ。

娘たちの隣、かなり前のほうの席に、母と妹のジョディがいた。僕にただひとり厳しく接し、きちんとしたものを食べさせてくれたのが母だった。子供のころは友人と遅くまで外出することは許されず、苦手を克服する練習をするようにといつも言われていた。母は自分でもバスケットボールとテニスをかなりのレベルまでやっていて、幼いころにはネットボールやバスケットボールの観戦に行った記憶がある。僕はエネルギーと熱意、競争心を母から受け継いだ。ネットボールやバスケットボールをしていても、母はそうした点が際立っていた。いま、近づいていくと、母と妹は心からチームを祝福していた。それを見て、家族や友人、そして国全体に僕たちがもたらした喜びがどれほどのものだったかに気づいた。トロフィーを掲げることができれば、想像を超えた盛り上がりになるだろう。

チームはイタリアとの決勝という舞台にふさわしいレベルにあった。勝てるだけの才能ある選手も揃っていた。開始2分で、ルーク・ショーが先制して最高の出だしを決めたときには、優勝は実現すると思われた。チームは乗っていた。ただひとつ悔やまれることがあるとすれば、試合を支配していたのに2点目が入らなかったことだ。チャンスをものにできなかった。後半に入ると、リードを守るという意識になった。ラインは下がりがちになり、後半半ばにはコーナーからのレオナルド・ボヌッチのヘッドで同点にされた。セットプレーでは優位に立っていたから、納得できない失点だった。

その後まもなく、僕はデクランに代わって入り、同点弾を食らったチームを落ち着かせようとした。危険な時間帯だったが、自分を取り戻し、結束を固めなおした。延長戦に入っても得点は奪えなかった。残り1分で、電光掲示板に僕の番号が表示された。マーカスと交代だ。このことはわかっていたし、理解していた。チームでいちばんＰＫが上手な選手のひとりであるマーカスを出場させるためだ。

　ＰＫ戦の進行を眺めながら、僕はキッカーの度胸を賞賛していた。外してしまった選手の気持ちはわかった。その恐れと不安、罪悪感は知っている。同じ痛みを感じたことがあるし、２０１８年のモスクワでのあの晩のことは、いまでも隅々まですべて思い出せる。

　目の前で、夢が手をすり抜けていった。僕はどうにかコメントを絞り出し、ＰＫを蹴った勇気ある選手たちにメッセージを送った。そのとき、マーカスとブカヨ、ジェイドンに向けられた人種差別的な罵声が聞こえてきた。

　もし勝っていれば、彼らは英雄だった。ところがいま、試合に負けたとたん、臆病な愚か者たちがぞろぞろと姿を現し、醜態をさらしている。僕には理解できなかった。今後もずっと、理解することはないだろう。わかっているのは、人種差別との闘いはずっと続くということだ。

第18章 マラソンマン

2021-22シーズンが始まるとき、誰もリヴァプールが優勝するとは予想しなかった。候補に挙がったのはチェルシーやマンチェスター・シティ、さらにはマンチェスター・ユナイテッドだった。久しぶりに、あまり注目されない立場だった。

チーム状況は万全ではなかった。それは誰の目にも明らかだった。評価が低い理由は理解できた。先シーズンは中心選手に怪我があいつぎ、苦しみのすえ、ようやく4位以内に滑りこんだ。チャンピオンズリーグを制したチェルシーは、夏に高額の移籍金でロメル・ルカクを獲得し、優勝候補の筆頭に挙げられていた。

個人的には、ユーロに間に合わせるための肉体的苦闘を乗り越えたことは嬉しかった。決勝までの戦いに参加できたことはすばらしい経験だったし、体力を回復して、新シーズンへの準備にしっかりと取り組んでいた。怪我で欠場するのはもうたくさんだ——僕はプレーしたくてうずうずしていた。

ユーロのあとは休暇をとらなかった。それに、とりたいとも思わなかった。家族で滞在しているマヨルカ島に理学療法士を帯同し、プレシーズンのトレーニングにいい状態で入れるよう、体を動かしつづけた。ユーロ２０２０の決勝の日には、すでにクラブは始動していたので、２週間ほど遅れて参加することにした。一緒に過ごした理学療法士はマット・コノピンスキーだ。リヴァプールにいたときよく診てもらっていて、怪我でつらい時期に大いに助けてもらった。マットは気配りが細やかで、あらゆる可能性を試して原因を突きとめようとする。そうした信頼があったので、家族も含めてマヨルカ島に招待し、トレーニングの補助と鼠径部の治療に手を借りた。午前にセッションを行い、それ以外の時間は家族と過ごしてもらった。

その初日に、ビデオ通話をつないだ外科医の指示を受けながら、マットが鼠径部の抜糸をした。すでに書いたように、ユーロのまえに糸を抜く余裕がなかったため、イタリアとの決勝のあとすぐに処置をすることにした。体内の糸を抜いた傷がふさがったあと、皮膚を縫合していた糸を抜いてもらった。それから10日間は有効なトレーニングを積み、チームに参加する準備が整った。

最初の数日、U23のチームに加わったあとで、オーストリアでのキャンプから戻った一軍に合流した。監督からは、チーム練習をしていないから、開幕から2、3試合は出場させないと言われていた。初戦のノリッジ戦はベンチ外だったが、一軍に負傷者が何人か出たため、つぎの本拠地でのバーンリー戦は先発し、２対０で勝った。

徐々に、チームは波に乗った。とくにモーは絶好調だった。10月のアンフィールドでのシティ戦は２対２の引き分けだったが、モーは相手数人をドリブルでかわして驚異的なゴールを決めた。その３週間後には、オールド・トラッフォードでマンチェスター・ユナイテッドを相手に、5対0という、まるで物語の1ページのような勝利を収めた。

ユナイテッドの調子が万全ではなかったこともあるが、あのスタジアムではこれまで、歴史やライバル関係もあって、なかなかいい結果が出ていなかった。ユナイテッドに勝つのはいつも特別なことだが、この日はまさに特別な一日になった。チームにも自分にも満足できた。5点目のモーの得点につながったスルーパスは賞賛された。ディフェンダー数人の裏に出したパスに、モーが走りこみ、美しいゴールを決めた。長いあいだ一緒にやってきたことで、たがいへの理解は深まっていた。つぎの展開が、本人より先に予測できるのだ。

僕はモーがどこへ走るかわかっていた。ランはつねに、パスよりも重要だ。的確に走ってくれれば、パスは簡単に出せる。僕たちのように、練習や試合でともにしてきた経験が長いチームならなおさらだ。仲間が走る先や考えることが自然と読みとれるようになる。

モーとは相性がいい。サッカーの点では、僕たちは右サイドで並びあっている。僕が8番でプレーするときは、モーとトレントとそのサイドのユニットを組む。たがいの長所や短所、ひとりが走ったときのカバーや補助のしかたは共有されている。モーとはフィールド外でも仲がよく、一緒にどこかに出かけるわけではないものの、サッカーに対する考えは共通している。彼は冗談が好きで、謙虚だが、サッカーに関しては突き詰めて考えるタイプだ。そこがたがいによく似ている。誰よりも早くジムにやって来るし、サッカーのために生きている。

モーはあらゆる細部まで完璧なプロフェッショナルで、その点も共感する。つねにつぎの試合までのリカバリーの方法を改善しようとしている。僕もたくさんのことを教わったおかげで、シーズンを通じてプレー時間を増やすことができた。あるとき、試合の翌日にモーとサディオに会うと、ふたりはもうすぐに試合に出られそうだったのに、僕はまだ疲れが抜けていないことがあった。たしかに役割もポジションもちがっているし、彼らにとっては持続力よりも速度が重要なのだが、それでもリカバリーについて新たなことを教えてくれた。

試合後、モーはすぐにプールで泳ぐ。僕はアイスバスに入っていたのだが、効果は不十分だった。もちろん、人によってやるべきことは異なる。僕は夜の試合のあと、眠ることができない。どの試合もそうなのだが、ナイトゲームはとりわけだ。アドレナリンが噴きでて、よかったことや悪かったこと、あするべきだった、またはするべきではなかった、といった考えが頭を離れない。そこで、ベッドで寝返りを打ったり、ネットフリックスを観たりしているよりは、その時間でリカバリーをしようと考えた。モーからプールを勧められたから、本拠地の場合は、試合後のマッサージのあと、アンフィールドのプールで泳ぐことにした。敵地の場合は、戻ってきてからトレーニング場に行き、午前2時か3時にプールに入る。ここ2年ほどはそれでかなりうまくいっている。

調子について語るなら、どうしてもチームでもかなり重要な役割を果たし、お世話になっている人物について触れなければならない。リヴァプールで20年以上働いているポール・スモールだ。何千時間という単位で、マッサージと軟部組織セラピーをしてもらってきた。何よりありがたいのは、必要なときにつねに待機してくれているという点だ。

僕は運よく、選手生活を通じて最高の技術を持った裏方の人々に支えられてきた。スモールは間違いなくそのひとりだ。裏方のスタッフを支え、彼らがシーズンを通してしてくれている働きを認めることは欠かせない。僕はその点で、できるかぎりのことはしているつもりだ。主将である以上、選手たちの力になることは当然だが、スタッフの力になり、待遇を改善することもつねに考えている。スモールたちスタッフは選手がつねに全力を出せるように気を配ってくれている。彼らの役割は相当なものだ。自宅から遠く離れた場所への移動、それにかかる時間は負担になっているにちがいないが、そんなそぶりは決して見せない。彼らは特別な存在だ。

11月上旬にウェストハム、12月下旬にはレスターに敗れたが、その後はシーズン負けなしで通した。そして優勝争いはお馴染みのパターンであるシティとの一騎打ちに落ち着いた。だが、1月中旬には14ポイントの差をつけられたこともあった。こちらが2試合多く残してはいたが、優勝争いはもう終わったという声も聞こえてきた。そのころ、ユルゲンがミーティングを開いた。

1月16日のブレントフォード戦を控え、彼は語った。「シティとは差がついているが、試合はまだ多く、未消化試合もある。失うものは何もない。誰もがわたしたちを軽視しているから、重圧もない。計算してみてくれ。14ポイント差だが、未消化の2試合に勝てば差は8、4月のエティハド・スタジアムでの直接対決に勝てば5。見た目ほどに差がついているわけじゃない。この数週間で、状況はがらりと変わるぞ。向こうがポイントを落としたらどうなると思う?」

ユルゲンは自分なりに、ファンに対してもメッセージを送った。そのブレントフォード戦で3対0の勝利を収めたあと、彼はコップに向かって3度、ガッツポーズをして、ファンの気持ちを盛りあげた。彼は特別なときにしかこうした行動はとらない。そして、それは効果を発揮した。

4月10日のエティハド・スタジアムでのシティ戦は引き分けたが、それまでにあと1ポイント差まで迫っていた。その試合は最高のパフォーマンスにはほど遠く、それで優勝を逃したと言う人々もいた。だが、ユルゲンがよく言うように、シティ戦でも勝ち点は3、バーンリーやブライトン戦でもやはり勝ち点は3なのだ。心理的な違いはあるにせよ、勝ち点についてはほかの試合と変わらない。シーズン全体からひとつかふたつの試合を指して、あれが優勝を逃した原因だ、などと言うのは正しくない。サッカーとは、そんなものじゃない。勝たなくてはならない試合で負けることもある。できるのは、すべての試合に全力で臨むことだけだ。

シーズン2度目の2対2の引き分けとなった敵地でのシティ戦は、シーズン終盤の優勝争いのなかで、チームの出来が最もよくなかった。自分たちの力を示せなかった。シティの実力もその原因のひとつだっただろう。2度リードされて追いついたから、気持ちの強さは十分にあった。だが、試合を支配することはできなかった。あの日は勇敢さに少しだけ欠けていた。彼らはボールを持つと力を発揮する。ボールを保持して、こちらを疲れさせる。強引に攻めてこないから、ボールを追って走りつづけることになる。アンディ・ロバートソンは、フィジカルでいちばん相手を追いこむチームはリヴァプールで、メンタルでいちばん相手を追いこむチームはシティだと言ったが、僕も同意したい。

ほかのチームは、僕たちと対戦するときにはカウンタープレスから強い重圧をかけられることを知っていて、どこにいても2、3人の選手が向かってくるような印象を持つだろう。一方シティとの対戦では、メンタルの闘いになる。一瞬の隙も見せずに、自分たちのやりかたを手放すことなく、集中力を保って追いかけなければならない。この試合、クロップ監督はチームが普段ならできることができず、相手の術中にはまったことに落ちこんでいた。彼らにはチャンスが多く、こちらはうまくプレーできなかったから、引き分けはむしろありがたい結果だった。その後FAカップの準決勝でシティに勝ったときは、もっとチームの特徴を出すことができた。

シーズン全体でリーグでの敗戦はわずか2回。年明けからは、すべての大会を合わせても、チャンピオンズリーグの決勝までに負けたのは同じ大会のベスト16、第2戦のインテル・ミラノ戦だけだった。だがそれも、第1戦で2対0の勝利を収めていたので問題はなかった。国内カップ戦はさらにすばらしい記憶となった。その山場が、チェルシーと戦った、カラバオカップとFAカップの2度のウェンブリーでの決勝戦だった。国内戦で優勝トロフィーを手にできるのは限られた選手だけだが、僕はリヴァプールでこの3か月で2度、その機会を手にした。とくにFAカップ制覇は大きな意味があった。これで僕たちは、過去5年間に、出場したすべての大会での優勝を達成したことになる。サッカーではいくら優勝してもこれで満足ということはない。それこそサッカーであり、それがあるからこそいつも上を目指すことができる。それでも、この5年間はクラブの黄金期だったことは記憶に留めるべきだ。その一員だったことを光栄に思う。

僕たちは挑み、前進し、全力を尽くしてシティに重圧をかけ、隙が生まれるのを待った。彼らがポイントを落とせば首位を奪えるように、追いかけつづけた。しかし、シティはポイントを落とさなかった。何度も負けてくれるようなチームではなかった。2チームは切磋琢磨することでともに高いレベルに到達していた。負けられないことはどちらもわかっていた。負ければ相手にリードを奪われ、それを取り戻すチャンスはなかなかめぐってこない。僕たちは懸命に重圧をかけつづけた。この状況は、以前にも経験している。もう、わずかに及ばないまま最終日を迎え、僅差で優勝をさらわれるのは嫌だった。だが、シティはあまり多くのチャンスを与えてくれるチームではなかった。

シーズン終盤、試合後にキャラガーのインタビューを受けているとき、シティの試合を見ているかどうかを聞かれた。このときの回答は誤解を招いたようだ。ほとんど見ないようにしている、と僕は言った。「シティのプレーを見てもいいことはない。だから子供番組をつけてるよ」。シティのサッカーは魅力的ではないと批判しているのだと考える人もいたが、そんなつもりではなかった。シティのサッカーには敬意を抱いている。すばらしい選手たちとずば抜けた監督がいる驚異的なチームだ。あの言葉は、むしろ賛辞なのだ。観戦したら、きっと彼らが勝つだろうと考えざるをえない。優勝を争う相手がひたすら勝ちつづけるのを見る気になんてなれないだろう。それよりも、子供と一緒に何かを観て、体を休めつつ、彼らの強さを意識から消してしまったほうがいい。

僕たちは5月7日、本拠地でのスパーズ戦で1対1と引き分けて勝ち点を落としたが、それは恥でもなんでもない。スパーズは前季もエティハド・スタジアムでシティを下している。アントニオ・コンテ監督によるカウンター攻撃は強力で、チームにも合った戦術だった。ハリー・ケインが下がって、やはり世界的な選手であるソン・フンミンにボールを送る。スパーズは深く守って相手にリードを許さない。またコンテは勝者の精神を備えた監督で、選手の力をすべて発揮させる。彼らは4位争いに加わっていたから、強い意欲を持ってアンフィールドに乗りこんできた。そしてソンが得意のカウンター攻撃から先制点を奪った。終了15分前にルイス・ディアスが同点にし、さらに全力で攻めたが、勝ち越し点は奪えなかった。勝てたはずだとは思ったが、実際にはあれより悪い結果もありえた。しかも、はるかに悪い結果が。

3試合を残し、優勝がむずかしいのはわかっていたが、わずかな希望は残っていた。引き分けの勝ち点1を加えて、得失点差で首位に立ったが、シティは未消化だった1試合をしっかりと勝った。シティがもししくじれば、僕たちが優勝するだろう。しっかりと背後に張りつき、後ろを意識せざるをえないようにした。相手のグアルディオラ監督も、1敗すれば、優勝を逃すことになると何度も語っていた。それほど際どい争いだった。

ほぼシーズンを通じて、シティを背後から追いかけてきたが、彼らも僕たちがついてきていることはわかっていた。勝ち点を落としたとき、僅差であれば、リードが縮まったことによる心理的なダメージが与えられるだろうが、彼らは精神的にも強者だった。必要なときにチームを立て直せる。僕は彼らに、大きな敬意を抱いている。その点は、ここまでで伝わっていればと思う。ペップ・グアルディオラはこれまで率いたすべてのチームで結果を残してきた、戦術の天才だ。いちばん好きな選手を聞かれたら、ケヴィン・デ・ブライネを挙げるが、あのチームからひとりを選ぶのはむずかしい。彼のポジションについてはよく知っているし、8番としてのプレーは大好きだ。僕よりも攻撃的で、能力の高さ、試合を動かせる点、得点力、アシスト、運動量もすばらしい。世界最高の選手のひとりだ。僕にとって、選手として際立っている。そして繰りかえすが、ひとりを選ぶのはむずかしいほど、優秀な選手が揃ったチームだ。

このシーズンも、やはり最終節までもつれこんだ。それは必然だった。僕たちはアンフィールドでウルヴァーハンプトン戦、シティはエティハドで、スティーヴン・ジェラードが率いるアストン・ヴィラとの対戦だ。彼らは勝てば優勝が決まる。試合前、もちろんスティーヴィーにメールは送らなかった。シーズン中にアストン・ヴィラに加入していたフィリペ・コウチーニョにも。スティーヴィーはこの試合の重要性を知っている。僕がメールするまでもない。また、彼らはリヴァプールのためではなく、自分のために勝つ必要があった。誰にどう影響するかではなく、自ら勝ちを求めて戦う誇りを持っていた。

2018-19シーズンにも似たような状況があり、あのときはブライトンでのシティ戦を気にしていて、アンフィールドの歓声や流れてくる情報に気を取られてしまった。ただ気を散らし、失望しただけだった。今回こそ失敗することはないと思っていたが、観衆が他会場の結果で騒ぎはじめれば、それもむずかしくなるだろう。結局、同じことにはならなかったが、それほど変わりはなかった。この試合では自分たちのプレーができなかった。早々に失点したが、追いついてハーフタイムを迎え、一方シティは0対1でリードされていた。トレントは、ハーフタイムではシティが負けているということしか知らなかったが、彼らはそこから状況を変えられるチームだから、気にしてもしょうがない、と言った。

シティが立てつづけに2、3点取ることもできるチームだということはわかっていた。これまでもそうだった。とにかく、自分たちが勝つことに集中しようと自分に言い聞かせた。アストン・ヴィラがさらに得点し、2対0になると、声はどうしても聞こえてきた。たぶん、僕たちが得点したときより、さらに大きな歓声が上がっていたと思う。それから、ウルブスのファンが歓声を上げたので、シティが得点したのだろうと思ったが、確信はなかった。かなり混乱していた。終了6分前にモーが決めて2対1とリードしたとき、彼はリーグ優勝を決めたといった様子でゴールを祝った。彼はシティがまだ2対2だと思っていたのだが、そのときシティは5分間で3点を挙げ、優勝に手をかけていた。

僕は優勝を決めたものとしてゴールを祝うことはしなかった。慎重で、悲観的になっていたからだ。年齢のせいもある。アンフィールドの観客の反応は、リーグ優勝を決めたといった熱狂的なものではなかった。試合後、ペップ・リンダースにシティ戦の状況を尋ねると、3対2でシティが勝っていた。

できるだけ気にしないようにしようとしたが、得点の経過は気になった。アストン・ヴィラはシティの勝利が決まったあと、点を返しただけかもしれない。更衣室に戻って、アストン・ヴィラは残り15分まで2対0で勝っていたのだとわかると、つらさは増した。より耐えがたくなった。

本拠地で観戦していたリヴァプールファンの気持ちは想像を絶するほどだ。きっと拷問のようだっただろう。アンフィールドの更衣室は打ちのめされていた。決勝戦で負けたチームの更衣室だ。22人の選手と、12人のスタッフがほとんど集まっていた。40人が身を寄せあう狭い空間で、針が落ちる音さえ聞こえそうなほど静かだった。ユルゲンが前に立ち、話しはじめた。われわれはリーグカップとFAカップを制したんだ。イングランドのチームとしてはじめて、すべてのトーナメントとリーグで最後まで戦うという快挙を成し遂げた。

率直に言おう。それはまるで、世界の終わりのようだった。シーズンを通して大きな努力を重ねて、全身全霊を注ぎこみ、リーグ最終日に1ポイント差で優勝を逃したのだ。しかし、ユルゲンはいつものように、より大きな視野から物事を捉えていた。彼はイングランドのどのクラブも達成したことのない、3つのトーナメント戦とリーグのすべてで最後までトロフィーを争ったことを誇りに思うと言った。チームの回復力と献身、これまでに成し遂げたすべてを誇りに思う。さあ、とユルゲンは言った。パリでのレアル・マドリードとのデート、チャンピオンズリーグ決勝まであと1週間もないぞ。

第19章

絶望的な場所で見つけた愛

パリの交通渋滞にはまっていた。そのことに気づいてはいたが、あまり気にしてはいなかった。ロボとトレント、ミリー、僕はいつも、試合に向かうバスのなかでは寛いで、テネブルというクイズゲームをする。もちろん、真剣勝負だ。ロボのスマートフォンにゲームのアプリが入っている。司会は俳優のウォーウィック・デイヴィス。出されるのは、たとえばこんな問題だ。「『am』または『er』が末尾につくイングランドの競馬場を10場挙げよ」。または、「題名に鳥の名前が入っている本を10冊挙げよ」

ロボは最高の男だ。チームの切り札で、更衣室ではみなの士気を高める。趣味はテネブルのほかに、ときどき、映画『スチュアート・リトル』の主人公であるおとなしいネズミの物まねをすること。なかなか上手だ。だが苦手な話題になると、普段は話の止まらない男が、急に無口になる。

クイズのことはともかく、ロボは僕と共通した経験をしている。2017年、リヴァプールに来たばかりのころは苦しみ、あまり出場できなかった。そのころはふるまいもかなり控えめだったのを覚えている。だがしだいに力を発揮しはじめ、いまや更衣室のリーダーのひとりになっている。いつでも自分の味方に置いておきたい男だ。

テネブルのおかげで暇つぶしができ、笑いの種や話題には事欠かなかった。だから、周囲で起こっていることにあまり意識は向いていなかった。パリの環状道路で渋滞につかまっていることに気づいていなかった。ファンがバスのまわりを走っていたことや、少し予定に遅れていることもわからず、ファンがのちに危険に巻きこまれるなど、思いもよらなかった。

チャンピオンズリーグの決勝ともなると、試合前には自分の世界に入っている。あの晩、現地時間午後9時の試合開始からおよそ1時間20分前にスタッド・ド・フランスに到着したとき、リヴァプールのファンが付近の狭い場所で行列をなし、スタジアムの入場口の外で待たされているのは目に入らなかった。

僕たちは少し遅れたが、レアル・マドリードの選手たちはすでに着き、ピッチのまわりを歩いていた。だがそれも、たいしたことだとは思わなかった。僕は自分の世界に入り、試合に集中していた。その殻の外側の情報は、ほとんど遮断されていた。普段どおりの手順で、着替えてピッチに出てウォームアップをした。

この5年で、チャンピオンズリーグ決勝に出るのは3度目だ。対戦するのは、クラブチームの最大のトロフィーを勝ち取ることにかけて芸術的なまでの強さを発揮するチームだ。言い古されたことだが、この大会において、彼らは最高のクオリティを誇っている。勝ちかたを知っている。2019年の準決勝で僕たちは、バルセロナとの第1戦で0対3とリードされ、アンフィールドでの第2戦で逆転するという奇跡を演じて決勝進出を果たした。今度はマドリードが奇跡を起こしていた。パリ・サンジェルマン、チェルシー、マンチェスター・シティを相手に、驚異的な終盤の得点で決勝まで勝ちあがっていた。

こちらのほうが順調だった。決勝トーナメントではインテル、ベンフィカ、ビジャレアルと対戦し、簡単ではなかったものの、延長戦にもつれこむことはなかった。あのバルセロナ戦のような劇的な勝利はなかった。

チームではあの決勝戦のリベンジだと話しあっていた。2018年にキーウでの決勝で敗れたとき、セルヒオ・ラモスが前半30分にモーを柔道のように投げ飛ばしていたからだ。モーは肩を痛め、直後に交代を余儀なくされた。僕たちには痛手だった。もちろん、1対1の同点からガレス・ベイルが決めた絶好のオーバーヘッドキックは非の打ちどころがなかった。最後は1対3で敗れた。

とはいえ、僕にはもう恨みなどなかった。モーは少しちがったかもしれないが、僕にはやり返そうという気持ちはひとかけらもなかった。彼らはいま、あのときとは異なるチームだ。クリスティアーノ・ロナウドは退団したし、肝心のラモスもいなくなっている。それに、チャンピオンズリーグの決勝を戦うというだけで、これ以上、自分を掻きたてる必要はない。クラブチームの最高峰の舞台。すでにやる気は十分だ。

ウォームアップに出てきたとき、スタジアムのリヴァプール側にあまり観客が入っていないことに気づいていたかという質問をよく受ける。正直なところ、答えはノーだ。試合に集中していて、外で問題が起こっていることは耳に入っていなかった。

気になっていたのは、チアゴとナビ・ケイタのことだった。この試合への準備期間、チアゴの調子がかなり悪く、ウォームアップでもナビが先発組に加わり、チアゴはひとり離れた場所にいた。調子の確認をしているようだった。

チアゴがナビのところへ行き、腕をまわして何かを話しかけた。それを見て僕は、自分は出られないから頑張ってくれ、と伝えているのだと思ったが、それは間違いだった。更衣室に戻ると、チアゴは鎮痛剤を打ち、上着を脱いでユニフォーム姿になった。

屋内に戻ると、試合開始が15分遅れると告げられた。そのときはじめて、何かが順調ではないことに気づいた。ただ、遅延について聞いただけで、その時点では何も心配していなかった。観客の入場に問題が起こったのだろうと思っただけだ。地下鉄のストライキが計画されていることは知っていたから、それが原因かもしれない、と。

スマホはしまっていて、メッセージを確認していなかったし、ラジオも聞いていなかった。ただ試合に意識を集中していた。ほかの選手も、外部との通信はしていなかったと思う。母と父、妻と娘たちは全員スタジアムに来ていた。問題が起こっているとは、誰からも聞いていなかった。伝えられたのは、ただスタジアムに観客を入れる必要があるからという曖昧な説明だけだった。

その時点では、問題が起こっているようには感じなかった。２０１９年にマドリードで行われたスパーズとの決勝で、エスタディオ・メトロポリターノのピッチに入場したときは、会場の雰囲気に打たれた。今回はそれよりも静かだったが、ウォームアップに集中していた。ピッチに走りこむなり、アウェイ側のスタジアムがまばらであることに気づいたわけでも、おかしいと思ったわけでもなかった。

遅延を告げられたとき、僕はすね当てをはめていた。何があったのかと尋ねると、「ファンがまだ入っていない」と言われた。入場ゲートで問題が発生しているから、と。おそらく心配させないようにという配慮からだろう。ただ遅延があるとだけ告げられた。試合開始は9時15分になり、やがて9時30分になった。

ストレッチをしたり、音楽を聴いたりする選手もいた。ウォームアップをする場所があったから、僕はそこに入り、ストレッチをしてまた更衣室に戻り、スパイクを履き直した。そして2度目のウォームアップに出ていった。最初からすべてを繰りかえすのではなく、「体を動かしてパスをまわすだけでいい」と指示された。アウェイ側スタンドに目が行ったのはそのときだった。おかしなことに、満員になっていない。

スタジアムの両側にある電光掲示板に表示されたメッセージは読んでいなかった。あとになって、こう書かれていたと教えられた。「観客の到着が遅れたため、試合開始が遅れます。15分以内に詳細をお知らせいたします」

いまではそれが、フランス当局のごまかしだったことはわかっている。警察と政府は自分たちの無能さの責任をリヴァプールファンに押しつけようとしたのだ。彼らをスケープゴートにして、すべてを押しつけるという昔ながらのやりかたが、今回も簡単に通用すると思ったわけだ。

もちろん、リヴァプールファンは時間どおりに到着していた。彼らは1989年のヒルズボロの悲劇でも、いい加減な警察と原因を決めつけた政府、受け売りのメディアに非難された。犠牲者の家族を中心として正義を求める英雄的な戦いが行われ、30年以上の年月がかかって、ようやくすべての嘘が暴かれた。だが今回は、それほど長い時間はかからなかった。ソーシャルメディアには懸念されるべき理由もたしかにあるが、このときはそのおかげで、フランス警察がリヴァプールファンに責任をなすりつけたまま逃れることは許されなかった。また、ヒルズボロの悲劇ではメディアにも責任の一端があったが、今回のパリの出来事ではフランス当局の嘘を暴くのにひと役買うことになった。

そもそも、試合開始の遅延はファンが遅れて到着したためだ、という説明が嘘だった。試合後数日のあいだに、ジャーナリストやサポーターたちから話を聞くと、スタッド・ド・フランスへの到着が早すぎて追い返されたサポーターがいたらしい。問題はサポーターが着くのが遅すぎたために起こったのではない。原因は完全に、リヴァプールファンを煽った警察の無能で危険な行為、とりわけ通れないほど狭い場所に誘導し、必然的にサポーターが密集してしまったことによるものだ。

このことは、やはり入場しようとしてスタジアムの外にいたジャーナリストたちがいち早く報じた。「スタッド・ド・フランスのゲートUの脇の入場路で入場者が詰まり、混乱が起こっている」と、試合の1時間半前に、テレグラフ紙のサム・ウォレス記者がSNSに投稿している。「警備員が対処しているが、多くのファンがぎゅうぎゅう詰めになっている。とても不愉快な状況だ」

メール・オン・サンデー紙のロブ・ドレイパーは警察の関与について報告している。彼は試合開始の1時間前の光景に懸念を抱き、フランス人警察官に対して、制御不能の状況になるまえに、上司に報告して介入するべきだと願い出た。彼は書いている。「残念ながら、スタジアムの外は混沌に陥っている。警察は危険なまでに狭い通路へファンを誘導している——それは、警察車両が歩道をさえぎるように駐車されているためだ」

スカイスポーツの司会者でケニー・ダルグリッシュの娘であるケリー・ケイツもこの混乱に巻きこま

れたひとりで、こうSNSで投稿している。「入ることもできないし、どっちに進めばいいのかもわからない。入場しようとしている方は、どうか安全に。とても危険なことが起こらないともかぎりません」。ゲーリー・リネカーも周囲の混沌について投稿した。

あのパリの5月の晩に、またしても悲劇が起こりかねない状況だったことを思うと、いまも背筋が寒くなる。僕はリヴァプールの選手たちと更衣室にいて、スタジアム外のファンが催涙ガスを浴びせられ、攻撃されていたことも知らずにいた。そしてさらなる惨事の可能性があったことにぞっとする。

フランス当局は、スタジアムの外で、数千人のファンが狭い場所に何時間も足止めを食らった出来事について、リヴァプールファンを非難などできないはずだ。巻きこまれた人々が示した自制心と品位ある行動、サポーター同士の配慮に、ひざまずいて感謝しなければならない。

あの騒動を間近で見た人々はこう語っていた。リヴァプールファンはヒルズボロの悲劇の詳しい状況について熟知していた。だからこそあのような度外れた忍耐をもってふるまうことができたのだ、と。彼らの気高さがなければ、フランスの人々は大事故を目撃することになっただろう。

群集が押しあい、殺到するような事故の瀬戸際までどれほど迫っていたのかは、もうわからない。だがあとになって、ファンの苦しみやたがいに示した気づかいのことを聞いた。そのときほど、リヴァプールの選手であることを誇りに思ったことはなかった。あの日、そこにいた人々の思いやりや自制心によって、多くの罪のない命が救われた。

結局、試合は36分遅れで始まった。その模様を簡潔に物語るとすれば、僕たちはティボー・クルトワというゴールキーパーの生涯でも記念すべき試合のひとつにぶち当たった、ということになる。前半、彼はサディオのシュートを弾いて見事に防いだ。モーの至近距離からのシュートは、どうにか方向を変えてゴールを割らせなかった。

開始58分に、マドリードは右サイドから攻め上がった。フェデリコ・バルベルデが切れこみ、ゴール正面に鋭いボールを通した。トレントの前を通過し、遠いサイドでヴィニシウス・ジュニオールがそれをネットに蹴りこんだ。

そのゴールに関してトレントを責める人もいたが、正当な批判だとは思えない。背後にヴィニシウス・ジュニオールがいることに気づいていなかったと指摘されたが、いずれにしてもできることは何もなかった。バルベルデのクロスに触れれば、オウンゴールの危険もあった。トレントはどうすべきだったのだろうか。しっかりとボールを制御して危機を脱するというのは、かなりむずかしかった。入ってきたボールが強すぎたからだ。トレントは見送るしかなかった。たしかに僕は誰よりもトレントと仲がいいが、だから言っているわけではない。あのときはどうすることもできなかった。彼は試合中ずっといいプレーをしていた。まさに際立っていたと思う。

ところで、ヴィニシウス・ジュニオールはトップ中のトップの選手だ。あの試合に向けて最高に調子を上げていた。トレントはよく守っていた。トレントの守備に疑問が呈せられたのは不当なことで、むしろ守備力の高さを証明したと言えるほどだ。

何度も、僕たちはあわや同点の場面を作った。だがクルトワは、モーの強烈な曲がるシュートを弾き、その後もモーが遠いポストを狙ったボールを、手足を広げて防いだ。そして最高のセーブが最後に待っていた。ファビーニョからのハイボールをモーが受け、右足でシュートを放った。遠いコーナーに突き刺さるかと思われたが、クルトワは右手を伸ばし、外へ弾いた。モーは信じられないようだった。クルトワは、やはり信じられない思いの味方にもみくちゃにされた。そして結局、試合の流れに反して、マドリードは勝利をつかんだ。

更衣室に戻ってきたときは打ちのめされていたが、それから意識がべつの方向へ向けられはじめた。そのときようやく、スタジアムの外で起きたことが伝わってきたのだ。問題が起こっている、と誰かが言うのが聞こえた。リヴァプールファンが攻撃され、それが試合開始の遅延につながった、とべつの誰かが言った。また、スタジアムから外へ出るのにも問題が起こっており、さらにファンが攻撃されている、と人々が言っていた。

真っ先に子供たちのことを考えた。そのとき、ようやくスマホを見た。外で屈辱的な出来事が起こっているというメールがいくつも入っていた。ベックに電話をかけたが、つながらなかった。何が起きたのか、どこにいるのかと心配になってきた。選手の家族が集まる場所にいることを願った。選手の世話をするチームスタッフのジェーン・グリフィスに電話をした。彼女は家族たちと行動をともにしていた。電話がつながり、ベックはいますかと聞くと、僕の家族はみないる、とのことだった。ほかの選手の家族も、みな大丈夫だという。ちょっとした出来事は起こっているけれど、家族たちに大きな問題はなく、全員無事でいる、と。それで少し安心したが、そのあと、さらに詳しい情報が入ってきた。

何人かの友人に電話し、信じがたい出来事が外で起こっていることがわかってきた。うまく説明はできないが、サッカーの試合で目にした最悪の事態で、ファン側にはなんの落ち度もない、というのが全員の見解だった。僕は敗戦をようやく受け入れはじめたところだったが、実ははるかに重大な事態が起こっていて、家族の無事に感謝しなければならないことに気づいた。

僕の家族は、ほかのファンからすればごく些細な問題で、その出来事の雰囲気を味わっていた。ベックが娘たちとスタジアムに来ると、案内係や警備員はやけに態度が悪かった。そこにいたのは、僕の妻とふたりの娘、妻の父だった。警備員は、「あなたとお父さんが先に入って。娘さんはそのあとで入ってもらいます」と言った。

妻は、「いいえ、わたしの父が先に入ります。わたしは娘たちのあとから最後に」と答えた。親なら誰でもそう言うだろう。警備員はその時点ですでに苛立ち、敵意をむき出しにしていたそうだ。警備員は、言うとおりにしないなら入場を認めない、と言った。そこでベックは、それならば入らない、と答えた。娘たちと一緒でないなら、家に帰ったほうがましだから、と。

選手たちの家族に付き添っていたクラブの警備員があいだに入り、大人ふたりのあいだに娘たちを挟んで入場するよう話をつけた。こんな小さなことからも、何かがおかしく、警備員の態度が攻撃的で不快なものだったことがよくわかる。しかもこれは、警備員をつけている選手の家族の身に起こったことなのだ。

リヴァプールファンの過去の経験があったからこそ、悲劇は避けられたのだと思う。彼らはファンとして耐えられる限度を超えた仕打ちを受けたが、人を押さなかった。彼らはすばらしかった。地下鉄や高速鉄道に向かう帰り道には、さらにひどい攻撃にさらされていた。心に傷を残すような経験になってしまったが、少なくとも僕は感謝していた。あの晩、失われたのがトロフィーだけだったことはほんとうに幸運だった。

6週間後、フランス当局はようやくリヴァプールファンに対する非難を取り下げた。7月中旬に発表されたフランス上院の報告書では、サポーターが催涙ガスを浴びせられ、入場できないという混乱が生じた原因をサポーターや偽造チケットのためとしたのは誤りだったとした。フランスの調査当局は、この惨事は、リヴァプールファンのせいではなく、運営側の度重なる失敗によるものだと語った。

翌日リヴァプールに戻ったが、計画されていたパレードがあるのかわからなかった。チャンピオンズリーグの決勝で敗れたばかりだし、ファンは試合の前後にひどい出来事に遭っていたからだ。それでも、チームはカラバオカップとＦＡカップで優勝し、プレミアリーグとチャンピオンズリーグも優勝まであと一歩という成績を残していた。すばらしいシーズンだった。

いまではわれながら馬鹿馬鹿しいことだと思うが、パレードには誰ひとり現れないのではないかと思っていた。友人のひとりがパレードの経路で待っていて、道端に集まったファンの写真を送ってくれたのだが、そのとき僕は、人がどれくらい出ているか、ほんとうのところを教えてくれとお願いした。パレードのバスには、リヴァプールの大ファンである世界最高のＤＪ、カルヴィン・ハリスも乗っていて、曲を披露してくれることになっていたから、人出が少ないと申し訳ないという気持ちがあった。彼もたぶん、パレードをしてもいいのかと思っている選手がいることに気づいていただろう。

パレードは市の南側に向けて出発し、ピア・ヘッドやアルバート・ドックに近いストランド・ストリートを目指した。バスが進むにつれ、より多くのファンが通りに出てきた。その数はどんどん膨れあがり、ついにすごい人だかりに囲まれた。

その日、僕たちとＦＡ女子チャンピオンシップで優勝したリヴァプールＦＣウィメンを祝うために、

50万人のファンが繰りだしたそうだ。チャンピオンズリーグの決勝で、優勝を逃したばかりだというのに。それほどまでにチームを忠実に後押ししてくれるということは、僕にとっても選手全員にとっても、非常に大きなことだ。息をのむほどの感動だった。あの日は、僕の人生で最高の日のひとつになった。チームの1年間、1シーズンへの祝福であるだけでなく、これまでの蓄積へのねぎらいであり、人生で最良の時間を過ごせた。パリでの敗戦で地元の人々を失望させてしまったように思っていたのに、こんなふうに迎えてくれるなんて。この愛情を、「スカウス（リヴァプールっ子）の温かい抱擁」と表現する人もいたが、まさに抱きしめられたような感覚だった。

海岸沿いのストランド・ストリートに着くと、人だかりは最高潮に達した。発煙筒で空気が赤く染まったなか、見渡すと、人々はみな笑顔を浮かべている。このとき、サポーターたちの、このチームへの大きな献身を実感した。苦しい時代も、パンデミックのなかでも、もう優勝トロフィーを勝ち取ることはできないのではないかと思われていた年月にも。

そのとき、カルヴィン・ハリスが『ウィ・ファウンド・ラヴ』を演奏した。「わたしたちは愛を見つけた／絶望的な場所で」。選曲はまさに完璧だった。パレードに安堵し、周囲の仲間を見まわした。この選手たちの人間性と能力があれば、今後、こうした日をもっとたくさん過ごせるだろう。

チームは進化しつつある。サディオ・マネは去ったが、ベンフィカからダルウィン・ヌニェスが加入し、コミュニティ・シールドで強烈な印象を与えた。マンチェスター・シティに3対1で勝利したことで、つぎの章への準備は整っていることを示した。物語はまだ終わっていない。

謝辞

　この本を書くうえで、おそらくいちばん困難だったのが、この謝辞をまとめることだった。ここまで読んでくれた人は、僕が誰ひとり失望させたくない性格だということはわかってくれていると思う。もしこれまでの人生で力になってくれた人を残らず挙げようとしたら、ここまでと同じだけのページ数が必要になる。人生で何かを成し遂げるには適切な支えが必要であり、僕の場合ははじめから、最高のものが与えられていた。この本はあなたたち全員に捧げたい。

　サッカーは僕のすべてであり、なかでもこの7年間には、幼いころの夢をすべて叶える機会に恵まれた。そのどれひとつとして、最初の日から、サンダーランド、コヴェントリー、リヴァプール、イングランド代表のチームメイトとして僕のそばにいてくれた際立った人々がいなければ成し遂げられなかっただろう。リヴァプールには世界最高級の選手たち、本物の世界的スターや象徴的存在がひしめいているが、何より優先されるのはチームだ。僕たちはひとつの集団であり、ともに戦うことでこれまであらゆることを達成してきた。

　これほどの成功を収めることができたのは、ユルゲン・クロップ監督の指示に従ってきたからだ。僕はずっと、サンダーランドのロイ・キーンとスティーヴ・ブルース、コヴェントリーのクリス・コールマン、リヴァプールのサー・ケニー・ダルグリッシュとブレンダン・ロジャーズと、すばらしい監督に恵まれてきた。だが、2015年にユルゲン・クロップがリヴァプールに来たことは、まさにとんでもない当たりくじを引き当てたようなものだった。彼が信頼し、支えてくれたことはきわめて重要で、自分が手に入れたメダルを見るたびに彼のことを考える。

サッカー選手にとって、リヴァプールの主将ほど名誉な地位はあまりない。また、11年間にわたって胸に市のシンボルであるライヴァー・バードのエンブレムをつけてこられたのは、信じがたいほど光栄なことだ。このユニフォームを着て成功できると信じてくれた人々、困難なときに僕のそばにいて、支えてくれた人々、僕を信頼してくれたファンたちに感謝する。あなたたちのために勝利を収めることは代えがたい喜びであり、オープントップバスで赤い海を見渡したことは、僕の人生で最良の日のひとつだ。毎週このチームの一員としてピッチに駆けこむときに感じる誇りや、あなたがたが僕の物語でとても大きな意味を持っていることをわかってほしい。

本来、あまり人前に出たい人間ではないし、家族にも注目を集めたくないのだが、僕が注目してもらえるのは、彼らがこれまでに――そしてこれからもずっと――してくれたことのおかげだ。母と父には、適切な忠告をくれて、正しい道を示してくれたことに感謝する。妹のジョディは、僕の人生で大きな存在で、できるかぎり僕のプレーを観に来てくれる。

レベッカへ。君は僕の妻であり、エレクサ、アルバ、マイルズというかわいい3人の子供たちの母だ。僕がするすべてのことは君たちのためだ。

3歳からの親友、ライアン・ロイヤルは家族の一員のようなものだ。ライアン、君は僕の兄弟だし、ずっとそばにいてくれた。君がいなければ、何も成し遂げることはできなかっただろう。
チームワークの価値はよく知っているが、この本を作りあげる過程でも、それは最高の形で発揮された。ペンギン・ブックスのダニエル・バンヤードは一流だった。いつでも質問に答え、こちらが安心できるよう声をかけてくれたことが大いに力になった。作業はつむじ風のような忙しさで、さまざまなことを同時に処理しなければならなかったが、これ以上ない仕事ぶりで完成へと導いてくれた。

チームメイトはほかにもいる。校閲のサラ・デイ。エマ・ヘンダーソン、ニック・ラウンズ、ポーラ・フラナガン、エラ・クルキは編集作業を助けてくれた。ムバラク・エルムバラクはマーケティング、ギャビー・ヤングは宣伝に当たってくれた。ディアドラ・オコネル、ケイティ・コーコラン、ステラ・ニューイングは、重要なオーディオブックの製作を担当した。

リヴァプールのマット・マッキャンとトニー・バレットには、何度も原稿を読み直し、価値ある指摘をしてくれたことに感謝する。クリス・モーガンもつねに相談に乗り、僕のこれまでの怪我に関して、詳しく正確な情報を与えてくれた。忙しいから、と言われたことはない。一度として。

メール・オン・サンデー紙のスポーツ部門主任、オリー・ホルトの見解は、長年尊重してきた。また、猛烈な仕事ぶりで、ほとんど不可能だと思える締切に間に合わせてきた人物でもある。僕たちは何度か、すばらしい会話をした。夏のあいだに何時間も交わしたあの会話をまとめてくれたことは最高に嬉しかった。オリー、聞いてくれてありがとう。

デイリー・メール紙のドミニク・キングは２０１１年に、僕も加わっていたU21代表の記事を彼が書いたときからのつきあいだ。僕がリヴァプールとイングランド代表に所属しているあいだずっと携わってきた、信頼する記者だ。彼のファイルや記録はきわめて有益だった。もう、「スタットマン・ドム」のあだ名は拒めないだろう。彼はこれまで、僕がリヴァプールで選手として関わった大きな出来事のすべてを記事にしてきたが、その数が今後もさらに増えることを望む。

著者

ジョーダン・ヘンダーソン JORDAN HENDERSON

1990年6月17日イングランド、サンダーランド生まれ。サッカー選手。ポジションはMF。
2015年から2023年までプレミアリーグのリヴァプールFCの主将を務め、チャンピオンズリーグ、UEFAスーパーカップ、クラブワールドカップ、(クラブにとって30年ぶりの) プレミアリーグ制覇といったタイトルを獲得。2021-22シーズンにはFAカップとリーグカップの珍しい2冠を成し遂げる。サッカー以外の分野でも、LGBT+のコミュニティをサポートしているほか、新型コロナウイルス蔓延中にはイギリスの国民保健サービス (NHS) を援助する「Players Together」キャンペーンで中心的な役割を果たした。この働きが認められ、2021年に大英帝国勲章 (MBE) を与えられる。

訳者

岩崎晋也 IWASAKI SHINYA

書店員などを経て翻訳家。訳書に『アーセン・ヴェンゲル』『もうモノは売らない』『最先端の教育 世界を変える学び手』『RISE ラグビー南ア初の黒人主将 シヤ・コリシ自伝』(いずれも東洋館出版社)、『世界ではじめて人と話した犬 ステラ』(早川書房)、『世界を翔ける翼』(化学同人)、『旅は人生を変える』(エイアンドエフ) などがある。

THE AUTOBIOGRAPHY
by Jordan Henderson

CAPTAIN
ジョーダン・ヘンダーソン自伝

2024(令和6)年6月10日　初版第1刷発行

著者　ジョーダン・ヘンダーソン
訳者　岩崎晋也
発行者　錦織圭之介
発行所　株式会社 東洋館出版社
〒101-0054
東京都千代田区神田錦町2丁目9番1号 コンフォール安田ビル2階
(代表)　TEL 03-6778-4343／FAX 03-5281-8091
(営業部) TEL 03-6778-7278／FAX 03-5281-8092
振替 00180-7-96823
URL https://toyokanbooks.com/

装幀　水戸部功
印刷・製本　藤原印刷株式会社
ISBN978-4-491-05572-5 ／ Printed in Japan